Collins

Big book of Crosswords

Book 5

Published by Collins
An imprint of HarperCollins Publishers
Westerhill Road
Bishopbriggs
Glasgow G64 2QT
www.harpercollins.co.uk

HarperCollins*Publishers*
1st Floor, Watemarque Building, Ringsend Road
Dublin 4, Ireland

10 9 8 7 6

All puzzles supplied by Clarity Media

ISBN 978-0-00-832415-5

Printed and bound by CPI Group (UK) Ltd, Croydon CR0 4YY

A catalogue record for this book is available from the British Library.

If you would like to comment on any aspect of this book, please contact us at the above address or online.
E-mail: puzzles@harpercollins.co.uk

MIX
Paper from responsible sources
FSC™ C007454

This book is produced from independently certified FSC™ paper to ensure responsible forest management.

For more information visit: www.harpercollins.co.uk/green

PUZZLES

PUZZLE 1

Across

1 Official language of Pakistan (4)
3 Substance used for polishing (8)
9 Pointless (7)
10 Eighth Greek letter (5)
11 Male sheep (3)
12 Outstanding (of a debt) (5)
13 Faint bird cry (5)
15 Short and stout (5)
17 Display freely (5)
18 Stomach (3)
19 Constructed (5)
20 Concentrated on (7)
21 Ranks in society (8)
22 Small bunch of flowers (4)

Down

1 Incapable of being anticipated (13)
2 Piece of information (5)
4 Next to (6)
5 Branch of astronomy (12)
6 Tool that is useful for the Arctic (3,4)
7 In an inflated manner (13)
8 Occurring at the same time (12)
14 Boorish (7)
16 Small cake (6)
18 Enthusiasm (5)

PUZZLE 2

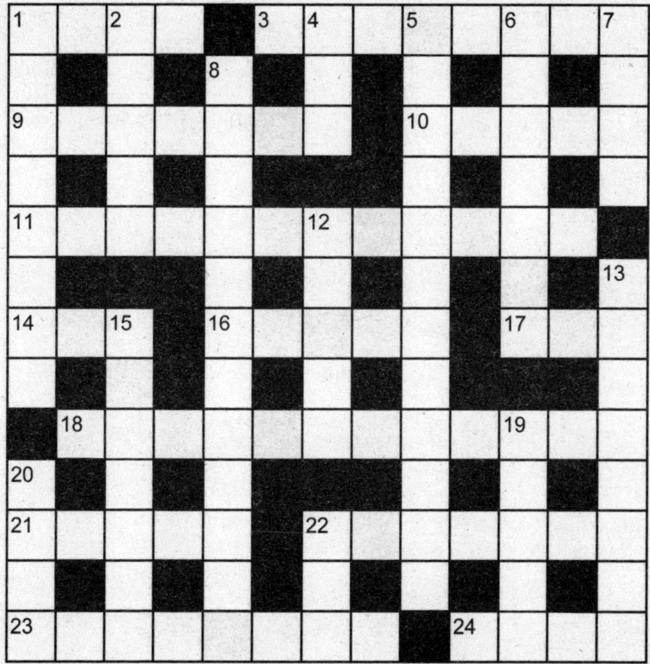

Across

1 Young lions (4)
3 Insincere and dishonest (3-5)
9 Freedom (7)
10 Lubricated (5)
11 Improvement in a condition (12)
14 Vital plant juice (3)
16 Long pointed elephant teeth (5)
17 Drink a little (3)
18 Prerequisite (12)
21 Artificial waterway (5)
22 Small flute (7)
23 Evacuating (8)
24 Requests (4)

Down

1 Cave in (8)
2 Religious book (5)
4 For what purpose (3)
5 Principal face of a building (12)
6 Insensitive and cruel (7)
7 Part of a pedestal (4)
8 In a creative manner (12)
12 Ascended (5)
13 Financial supporters (8)
15 Root vegetable (7)
19 Golf clubs (5)
20 Spots (4)
22 Animal enclosure (3)

PUZZLE 3

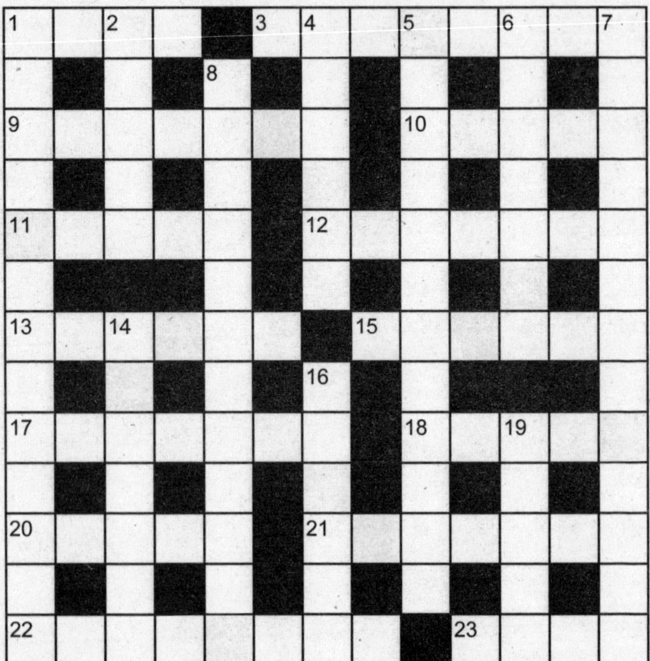

Across

1 Ring a bell (4)
3 State of the USA (8)
9 All together (2,5)
10 Arrives (5)
11 Musical form with a recurrent theme (5)
12 Tallest species of penguin (7)
13 Calamitous (6)
15 Swimming costume (6)
17 Defeated heavily (7)
18 Male aristocrat (5)
20 Type of coffee (5)
21 Vague and uncertain (7)
22 Boating (8)
23 Lyric poems (4)

Down

1 Conceptually (13)
2 Yellow citrus fruit (5)
4 Flattened out (6)
5 Person who receives office visitors (12)
6 Japanese warrior (7)
7 Aggressive self-assurance (13)
8 Amazement (12)
14 Living in water (7)
16 Border (6)
19 Run with leaping strides (5)

PUZZLE 4

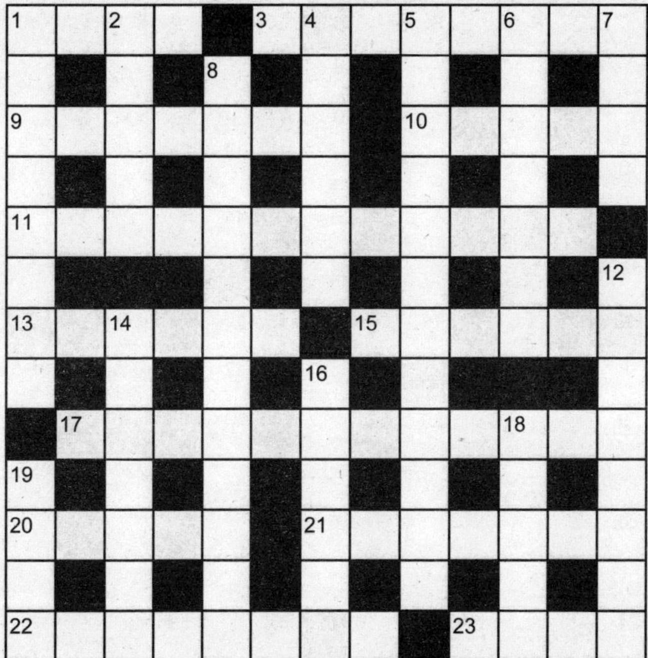

Across

1 Run quickly (4)
3 Ponder (8)
9 Massage technique (7)
10 Expels from a position (5)
11 The proprietor of an eating establishment (12)
13 Countenance (6)
15 Small arboreal ape (6)
17 Ugly (12)
20 Unfasten a garment (5)
21 The Windy City (7)
22 20th-century art movement (8)
23 Plant stalk (4)

Down

1 Show to be false (8)
2 Hits high up in the air (5)
4 Body of work (6)
5 Malfunction or fail (of an electrical device) (5-7)
6 Move; agitate (7)
7 Rough or harsh sound (4)
8 Starting here (anag.) (12)
12 Chamber leading to a larger space (8)
14 Type of quarry (7)
16 Blocks of fired clay (6)
18 Not suitable in the circumstances (5)
19 Sea inlet (4)

PUZZLE 5

Across

1 Artefacts (6)
4 Dodged (6)
9 Argues against (7)
10 Skilled worker (7)
11 Former name of the Democratic Republic of Congo (5)
12 Proceeding from the pope (5)
14 Dispose of (5)
17 Conceals (5)
19 Hands over (5)
21 Strut about (7)
23 Additions to a document (7)
24 Mixed up or confused (6)
25 Respect and admire (6)

Down

1 Renovate (6)
2 Ill-mannered person (4)
3 Long-bladed hand tools (7)
5 City in Bolivia (2,3)
6 Fated (8)
7 Rusted (anag.) (6)
8 Neutral (11)
13 Supplied with (8)
15 Sayings (7)
16 Large lizard (6)
18 Body of running water (6)
20 Scorch (5)
22 Movable barrier (4)

PUZZLE 6

Across

1 Financial sponsor (11)
9 Yearned for (5)
10 Eek (anag.) (3)
11 Capital of Egypt (5)
12 Performer (5)
13 The decade from 1990 - 1999 (8)
16 Thick drink (8)
18 Lowest point (5)
21 Thigh bone (5)
22 Beam of light (3)
23 Stanza of a poem (5)
24 Preference; liking (11)

Down

2 Concepts (7)
3 Sells abroad (7)
4 Obtain through trickery (6)
5 Country in southern Asia (5)
6 Dismiss from office (5)
7 200th anniversary of an event (11)
8 Triangular pyramid (11)
14 Penalty (7)
15 Hair-cleansing product (7)
17 Woman in charge of nursing (6)
19 Most respected person in a field (5)
20 Take delight in (5)

PUZZLE 7

Across

1 Pillager (6)
4 Arm joints (6)
9 Entrust a secret to another (7)
10 Of the stomach (7)
11 Ladies (5)
12 European country (5)
14 Toy bear (5)
17 Prophet (5)
19 Upper coverings of buildings (5)
21 Armed helicopter (7)
23 Icy (7)
24 Happenings (6)
25 Representatives (6)

Down

1 Small houses (6)
2 Noes (anag.) (4)
3 Competitor (7)
5 Rejuvenate (5)
6 Reading quickly (8)
7 The rear parts of ships (6)
8 Consequently (11)
13 Annul or abolish (8)
15 Expressing boredom with the mouth (7)
16 Shoe (6)
18 Matures (of fruit) (6)
20 Stretch (5)
22 Device sounding a warning (4)

PUZZLE 8

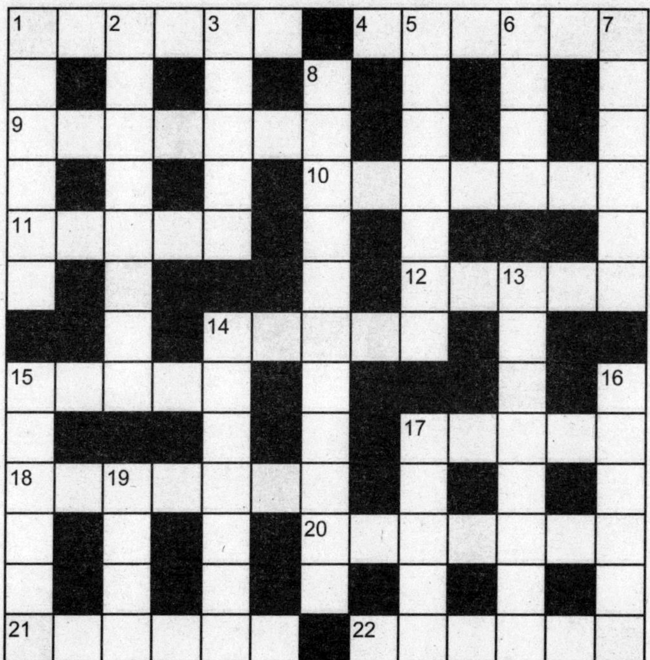

Across

1 Deliberative assembly (6)
4 Prance around (6)
9 Kind of whisky (7)
10 Bodies of writing (7)
11 Public disturbances (5)
12 Growing thickly (5)
14 Small woodland (5)
15 Filthy (5)
17 Balance (5)
18 Reassess financial worth (7)
20 Country in West Africa (7)
21 Perfumes (6)
22 Grown-ups (6)

Down

1 Residential district (6)
2 Overly anxious and sensitive (8)
3 Pipes (5)
5 Assign (7)
6 Greek spirit (4)
7 Written agreement (6)
8 Inept (11)
13 Bushy-tailed rodent (8)
14 Rider (7)
15 Bog (6)
16 Foot levers (6)
17 Gaped (anag.) (5)
19 Climbing plant (4)

PUZZLE 9

Across

1 Hinged; segmented (11)
9 Venomous African snake (5)
10 Snow runner (3)
11 Strong lightweight wood (5)
12 District council head (5)
13 Reproduce (8)
16 Wedge to keep an entrance open (8)
18 Insect larva (5)
21 Good sense; reasoning (5)
22 Net (anag.) (3)
23 Roman country house (5)
24 Admit to be true (11)

Down

2 Provide a substitute for (7)
3 People in jail (7)
4 Furthest; extreme (6)
5 Warning of danger (5)
6 Piece of writing (5)
7 Lower in rank (11)
8 Insults (11)
14 e.g. a bishop (7)
15 Method of presenting a play (7)
17 Make illegal (6)
19 Frenzied (5)
20 Place of refuge (5)

PUZZLE 10

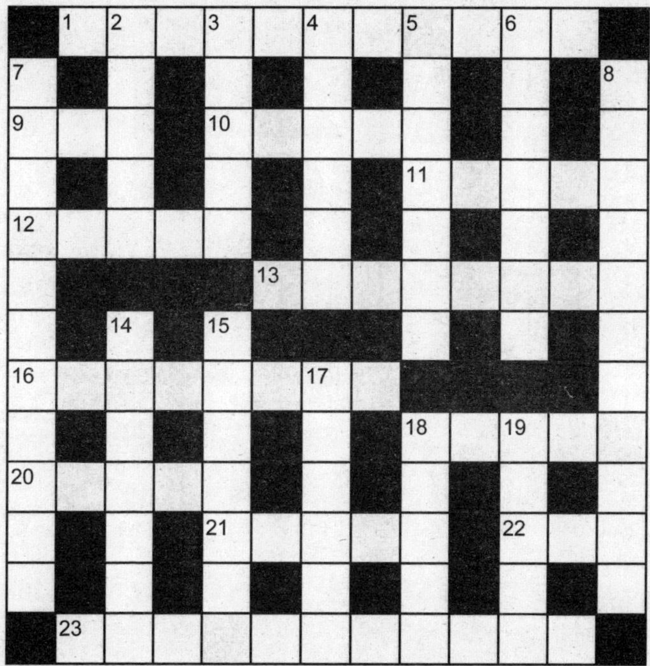

Across

1 Unimaginable (11)
9 Meat from a pig (3)
10 Positive electrode (5)
11 Royal (5)
12 Father (5)
13 Approximate (8)
16 Flight of steps (8)
18 Give a false notion of (5)
20 Select; choose (5)
21 Surface upon which one walks (5)
22 By way of (3)
23 Introductory (11)

Down

2 Titled (5)
3 Intoxicating (5)
4 Loops with running knots (6)
5 Sour in taste (7)
6 Pertaining to the tongue (7)
7 State of the USA (5,6)
8 Award for coming second (6,5)
14 Russian tea urn (7)
15 Visibly anxious (7)
17 In flower (6)
18 Element with atomic number 5 (5)
19 Crowbar (5)

PUZZLE 11

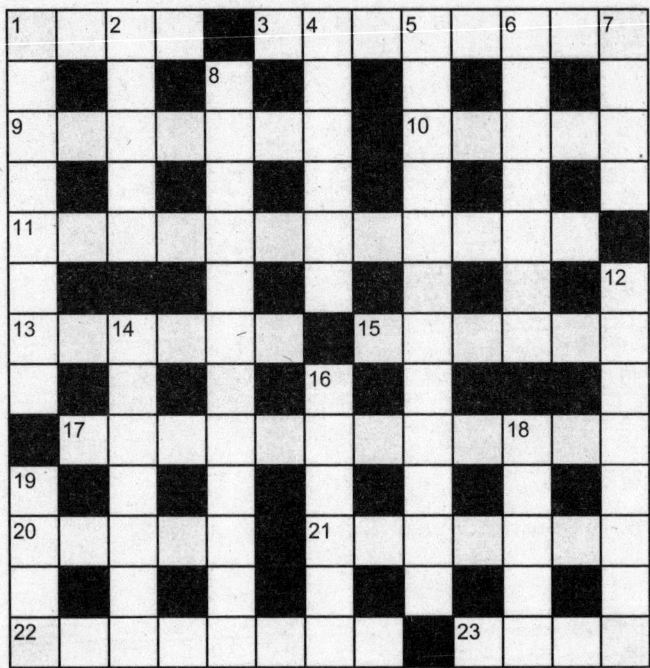

Across

1 Woes (4)
3 Sheath for a sword (8)
9 Obtained from a source (7)
10 Group of eight (5)
11 Minimum purchase cost at auction (7,5)
13 Very milky (6)
15 Ball-shaped object (6)
17 Quality of being genuine (12)
20 Accumulate (5)
21 State of disorder (7)
22 Memento (8)
23 Saw; observed (4)

Down

1 Circuitous (8)
2 Songbirds (5)
4 Club (6)
5 Pertaining to a person's life (12)
6 Prompting device (7)
7 Moral obligation (4)
8 Excessive stress (12)
12 Naive or sentimental (4-4)
14 Imitate (7)
16 Remove from a container (6)
18 Needing to be scratched (5)
19 Deficiency (4)

PUZZLE 12

Across

1 Respondent (8)
5 Corrosive substance (4)
9 Armistice (5)
10 Momentum (7)
11 Natural environment (7)
12 Type of tree (5)
13 Make an unusually great effort (6)
14 Stopped temporarily (6)
17 Sufficiently (5)
19 Shining (7)
20 e.g. Iceland and Borneo (7)
21 Ball of lead (5)
22 Makes a mistake (4)
23 Deluge (8)

Down

1 Medication for allergies (13)
2 Sleep (7)
3 Very exciting (12)
4 Survives; lives (6)
6 Quoted (5)
7 Disreputable (13)
8 Spotless (5-3-4)
15 Shoulder blade (7)
16 Prayer (6)
18 Directly opposite in character (5)

PUZZLE 13

Across

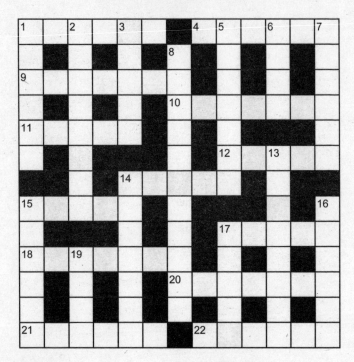

1 Best (6)
4 Nasal (6)
9 Swell with fluid (7)
10 Window furnishing (7)
11 Mournful poem (5)
12 Sweetener (5)
14 Perceives audibly (5)
15 Harsh and grating in sound (5)
17 Acoustic detection system (5)
18 Fear of heights (7)
20 Provoked or teased (7)
21 Nearer (anag.) (6)
22 Hit hard (6)

Down

1 Tentacle (6)
2 Disregards (8)
3 Wander off track (5)
5 Female inheritor (7)
6 Flaring star (4)
7 Lender (6)
8 These are put up at Christmas (11)
13 Strong glove (8)
14 Cleanliness (7)
15 Deep gorge (6)
16 Ranked based on merit (6)
17 View; picture (5)
19 Lion noise (4)

PUZZLE 14

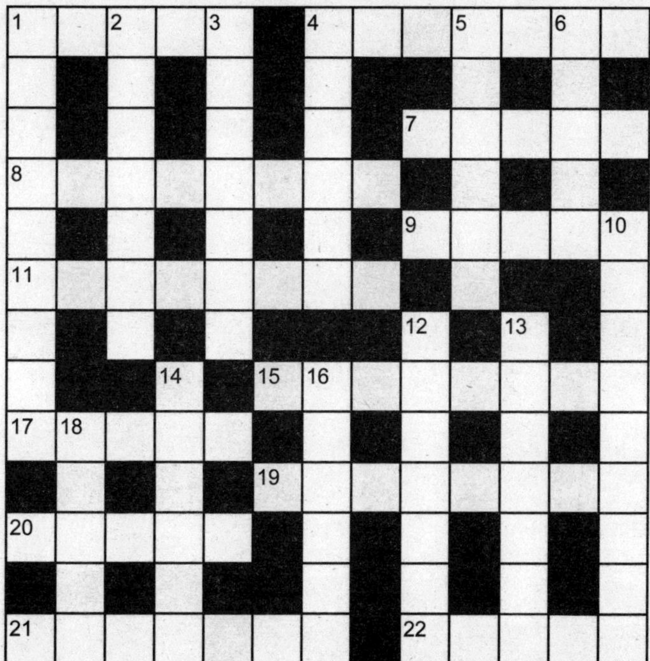

Across

1 Very loud (5)
4 Intense (7)
7 Part of a teapot (5)
8 Sliver of wood (8)
9 Scraped at (5)
11 People of olden times (8)
15 Navigable channel (8)
17 Swift (5)
19 Rigorous appraisal (4,4)
20 Ski run (5)
21 Able to read minds (7)
22 Tall and thin (5)

Down

1 A periodical that is usually daily (9)
2 Vary the pitch of the voice (7)
3 Not as old (7)
4 Warning (6)
5 Revoke a law (6)
6 Draw or bring out (5)
10 Explain or clarify (9)
12 Attentive (7)
13 Make more sugary (7)
14 Pertaining to life (6)
16 Very cold (of weather) (6)
18 Wrong (5)

PUZZLE 15

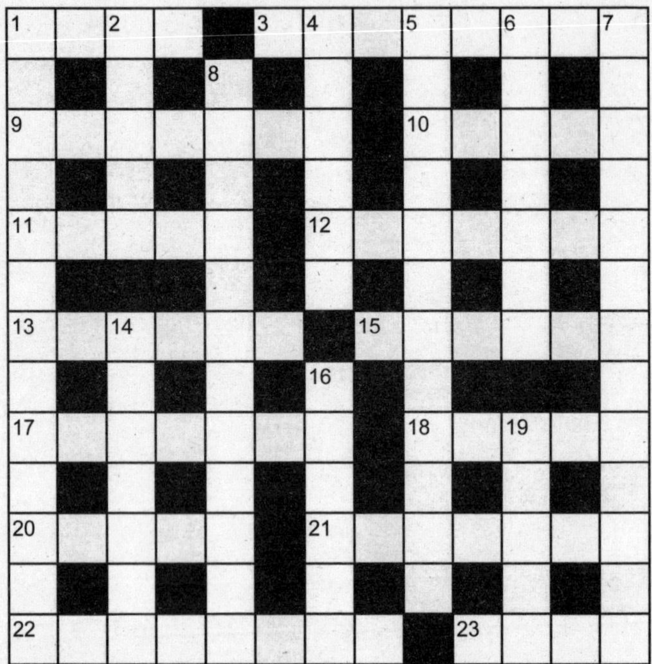

Across

1 Arrive (4)
3 Disloyal people (8)
9 Disguising; hiding (7)
10 Individual piece of snow (5)
11 Capital of Ghana (5)
12 Following (7)
13 Confine as a prisoner (6)
15 Struck by overwhelming shock (6)
17 Convent (7)
18 Distinctive design (5)
20 Promotional wording (5)
21 A rich mine; big prize (7)
22 Opposite of westerly (8)
23 Metal fastener (4)

Down

1 Friendly (13)
2 Agreeable sound or tune (5)
4 Legal entitlements (6)
5 Action of breaking a law (12)
6 Musical wind instrument (7)
7 Legerdemain (7,2,4)
8 Unpleasant (12)
14 Particular languages (7)
16 Token (6)
19 Religious doctrine (5)

PUZZLE 16

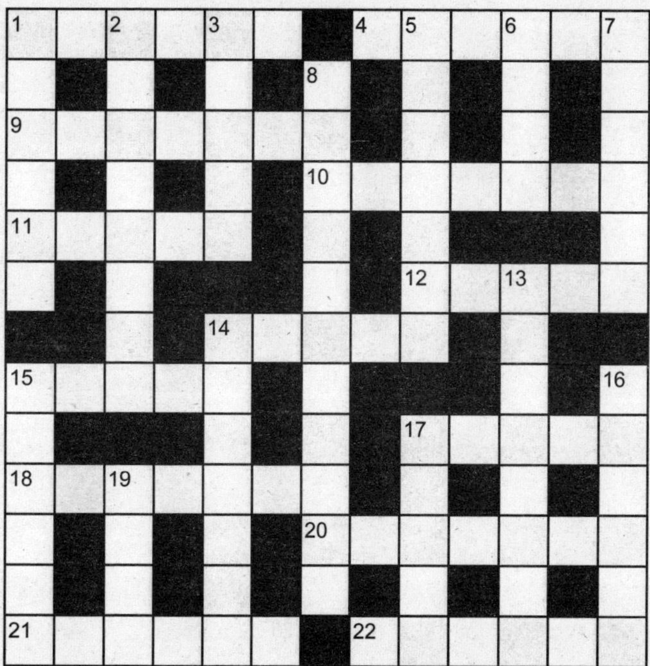

Across

1 Violin (6)
4 Loves dearly (6)
9 Government income (7)
10 Eyelet placed in a hole (7)
11 Legendary stories (5)
12 Finished (5)
14 Trudged through water (5)
15 A leaf of paper (5)
17 Tiny aquatic plants (5)
18 Musical composition (7)
20 Intrusions (7)
21 Layers (anag.) (6)
22 Mineral used to make plaster of Paris (6)

Down

1 Internet sites where users can post comments (6)
2 Fit together easily (8)
3 Touches down (5)
5 Removed from office forcefully (7)
6 Area of a house (4)
7 Expressed clearly (6)
8 Deception (11)
13 Simplified drawings (8)
14 Feminine (7)
15 Component (6)
16 Wreckage washed ashore (6)
17 Ordered arrangement (5)
19 Metal fastener (4)

PUZZLE 17

Across

1 Get temporarily (6)
7 Distinctive feature (8)
8 Enjoyable (3)
9 Japanese robe (6)
10 Underground chamber (4)
11 Vegetables (5)
13 Mandible (7)
15 Into parts (7)
17 Openings for air; outlets (5)
21 Dial (anag.) (4)
22 Getting older (6)
23 Chewy substance (3)
24 Opinionated and inflexible (8)
25 Warmed up (6)

Down

1 Happen to (someone) (6)
2 Fester (6)
3 Cry of excitement (5)
4 Distant runner-up in a horse race (4-3)
5 Friendly (8)
6 Cowardly (6)
12 Royal domains (8)
14 People who insist on sticking to formal rules (7)
16 Follow closely (6)
18 Gold lump (6)
19 Added together (6)
20 Soft fruit (5)

PUZZLE 18

Across

1 Alliance (11)
9 Composition for a solo instrument (5)
10 Hip (anag.) (3)
11 Corrodes (5)
12 Viewpoint or angle (5)
13 Debilitated (8)
16 Small loudspeakers (8)
18 Core group; basic unit (5)
21 Hang with cloth (5)
22 Long period of time (3)
23 Land measures (5)
24 Done without thinking (11)

Down

2 Last longer than (a rival) (7)
3 Spruce up (7)
4 Work hard; toil (6)
5 Submerged ridges of rock (5)
6 Dried kernel of the coconut (5)
7 Ornithologist (11)
8 Arousing pleasure but also pain (11)
14 Receiver (7)
15 Large Israeli city (3,4)
17 Network of rabbit burrows (6)
19 Looking tired (5)
20 Make law (5)

PUZZLE 19

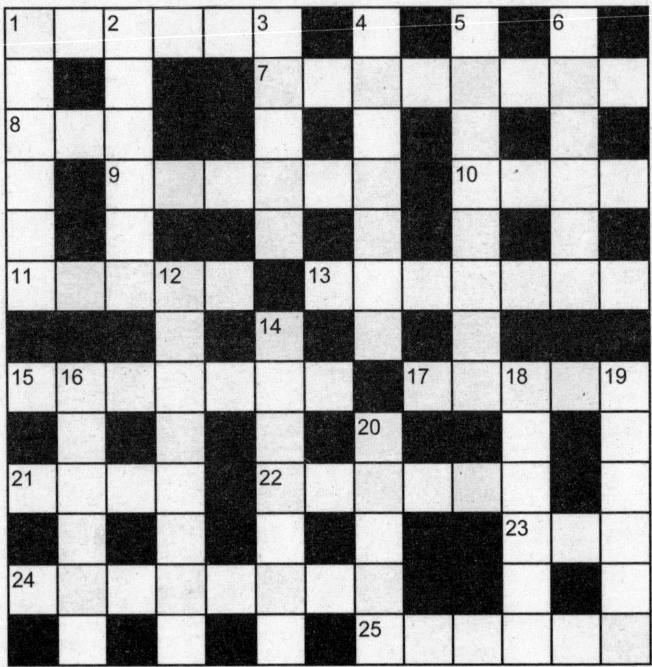

Across

1 Designated limit (3,3)
7 Chuckling (8)
8 Enemy (3)
9 The back of the neck (6)
10 Move like a wheel (4)
11 Ascends (5)
13 Act of stealing (7)
15 Sterile (7)
17 Barely sufficient (5)
21 Brass instrument (4)
22 Possessing (6)
23 Carry a heavy object (3)
24 Decade from 1920 - 1929 (8)
25 Intense dislike (6)

Down

1 Strongbox for valuables (6)
2 Dissertation (6)
3 Disregard the rules (5)
4 Clown (7)
5 Having a sweet nature (8)
6 Deer horn (6)
12 Outlines in detail (8)
14 Type of cell division (7)
16 Parrot sound (6)
18 Person who fishes (6)
19 Swollen; congested (6)
20 Grind the teeth together (5)

PUZZLE 20

Across

1 Expression of regret (4)
3 Took in (8)
9 Pertaining to warfare (7)
10 Locates or places (5)
11 Of recent origin (3)
12 Customary practice (5)
13 Make available for sale (5)
15 Instruct; teach (5)
17 Detection technology (5)
18 Dry (of wine) (3)
19 Special reward (5)
20 Become less intense (4,3)
21 Electrical component (8)
22 Small valley (4)

Down

1 Person who manages the affairs of an insolvent company (13)
2 Pointed projectile (5)
4 Trust or faith in (6)
5 Obfuscation (12)
6 Acts in a disloyal manner (7)
7 Rude and discourteous (13)
8 Type of cloud (12)
14 Formal speech (7)
16 Measure of how strongly an object reflects light (6)
18 Talked audibly (5)

PUZZLE 21

Across

1 Key details of a subject (5-6)
9 Variety show (5)
10 Frozen water (3)
11 Protective garment worn in the kitchen (5)
12 Group of shots (5)
13 Use something to maximum advantage (8)
16 Ursine (8)
18 Wanderer (5)
21 Lukewarm (5)
22 Slip up (3)
23 Explode (5)
24 Type of fat (11)

Down

2 Make better (7)
3 Having three sections (7)
4 Donating (6)
5 Individual things (5)
6 Spin quickly (5)
7 Petty (5-6)
8 Endorsed (11)
14 Chatter on and on (7)
15 River of South East Africa (7)
17 Follows (6)
19 Merriment (5)
20 Reside (5)

PUZZLE 22

Across

1 Make fun of (4)
3 Definite and clear (8)
9 Timidness (7)
10 Brown nut (5)
11 Division of a play (3)
12 Diacritical mark (5)
13 Cattle-breeding farm (5)
15 Follow stealthily (5)
17 Large indefinite amount (5)
18 One and one (3)
19 Hackneyed (5)
20 Greed (7)
21 Spattered with liquid (8)
22 Cultivated (4)

Down

1 State of the USA (13)
2 Vault under a church (5)
4 Lightweight cotton cloth (6)
5 Conjectural (12)
6 Excited agreeably (7)
7 Sweets (13)
8 Notwithstanding (12)
14 Pertaining to the skull (7)
16 Action of making use of something (6)
18 One who puts in a lot of effort (5)

PUZZLE 23

1		2			3	■	4	■	5	■	6	■
	■		■	■	7							
8			■	■		■		■		■		■
	■	9						■	10			
	■		■	■		■		■		■		■
11			12		■	13						
■	■	■		■	14	■		■		■	■	■
15	16						■	17		18		19
■		■		■		■	20	■	■		■	
21				■	22						■	
■		■		■		■		■	■	23		
24								■	■		■	
■		■		■		■	25					

Across

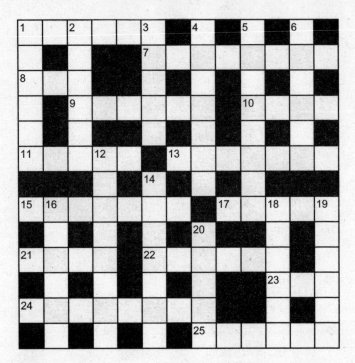

1 Multiples of twelve (6)
7 Fatherly (8)
8 Depression (3)
9 Large wasp (6)
10 Takes an exam (4)
11 Delay or linger (5)
13 Announcements (7)
15 Curving (7)
17 Suspend; prevent (5)
21 Garment of ancient Rome (4)
22 Appeared indistinctly (6)
23 Limb used for walking (3)
24 Lacking knowledge (8)
25 Injured (6)

Down

1 Take away (6)
2 Current of air (6)
3 Used up (5)
4 Stopping place for a train (7)
5 Unsullied (8)
6 Child's toy (6)
12 Object that gives out heat (8)
14 Insanitary (7)
16 Sufficient (6)
18 Extreme confusion (6)
19 Having a rough surface (of terrain) (6)
20 Opposite of north (5)

PUZZLE 24

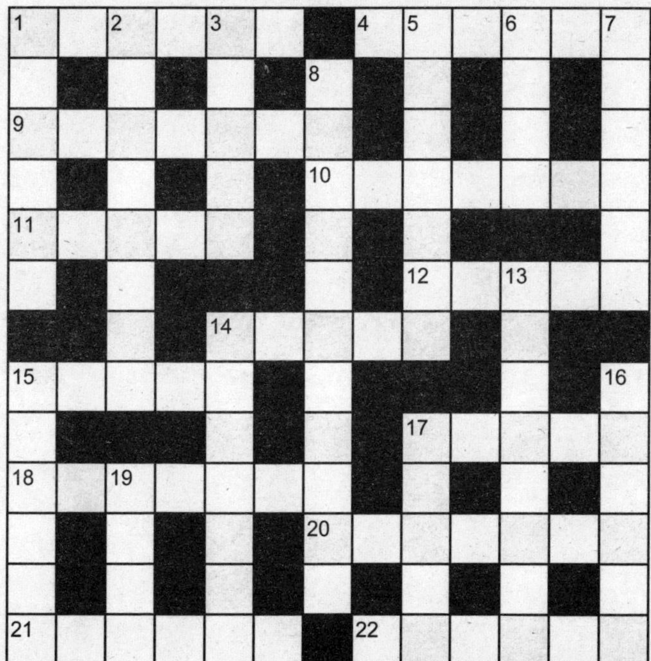

Across

1 Scuffle (6)
4 Shun (6)
9 Get ready (7)
10 Reduce the volume (7)
11 Receive a ball in one's hands (5)
12 Fun activities (5)
14 Wounding remarks (5)
15 Move on ice (5)
17 Foot-operated lever (5)
18 Unit of square measure (7)
20 Pasta strips (7)
21 Keeps away from (6)
22 Denier (anag.) (6)

Down

1 Themes (6)
2 Flowering plant (5,3)
3 Permeate gradually (5)
5 Money put aside for the future (7)
6 Search for (4)
7 Physical injuries (6)
8 Necessary condition (11)
13 Stringed musical instrument (8)
14 Acted properly (7)
15 Synopsis; diagram (6)
16 Opposite of open (6)
17 Lying flat (5)
19 Italian acknowledgement (4)

PUZZLE 25

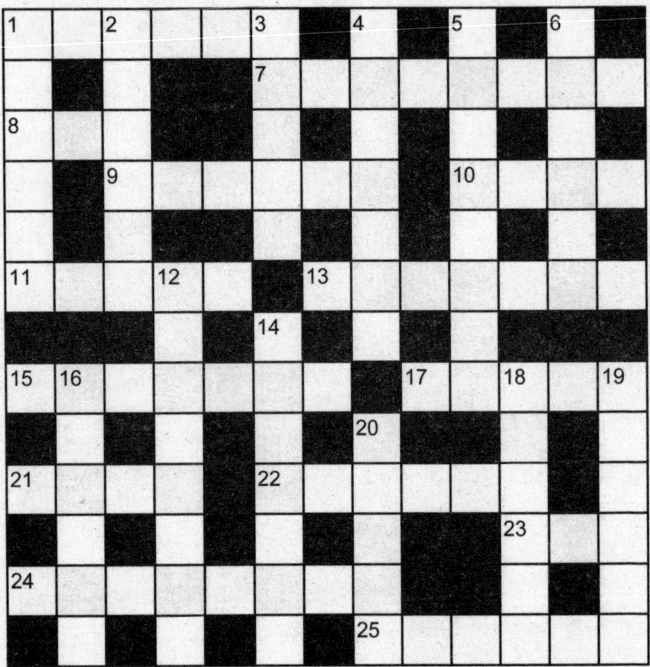

Across

1 Shapes in a fire (6)
7 Tract of land with few trees (8)
8 Month of the year (3)
9 Make a sound quieter (6)
10 Lots (anag.) (4)
11 TV presenters (5)
13 Exacted retribution (7)
15 Excluding (7)
17 Annoying insects (5)
21 Close securely; aquatic mammal (4)
22 Pressed clothes (6)
23 Small amount of something (3)
24 Struggling (8)
25 Poem of fourteen lines (6)

Down

1 Starve with hunger (6)
2 Poems; sounds alike (6)
3 Eat quickly (5)
4 Mislead on purpose (7)
5 Impressive manner of a person (8)
6 Doze (6)
12 Indefatigable (8)
14 Rude (7)
16 Street (6)
18 Saturated with liquid (6)
19 Water ice (6)
20 Awards (informal) (5)

PUZZLE 26

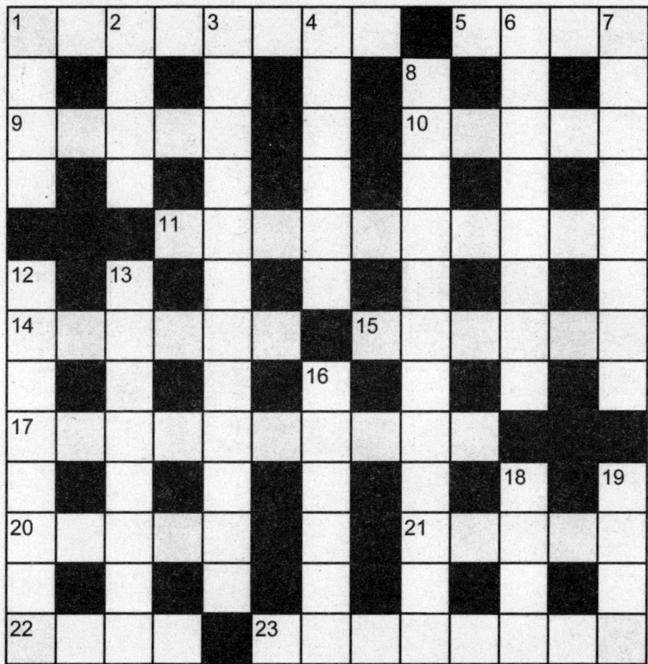

Across

1 International waters (4,4)
5 Matured (4)
9 Crucial person or point; axis (5)
10 Slopes (5)
11 Not alike (10)
14 Slander (6)
15 Makes more attractive (6)
17 Disparity (10)
20 Deliberate; cogitate (5)
21 Plant spike (5)
22 Intense anger (4)
23 Careless (8)

Down

1 Feeling of expectation (4)
2 Hand over (4)
3 Easy targets (7,5)
4 Superior of a nunnery (6)
6 People who place bets (8)
7 Stir dust (anag.) (8)
8 Planned in advance (12)
12 Cause resentment (8)
13 Changing (8)
16 Quick look (6)
18 Wander (4)
19 Burden (4)

PUZZLE 27

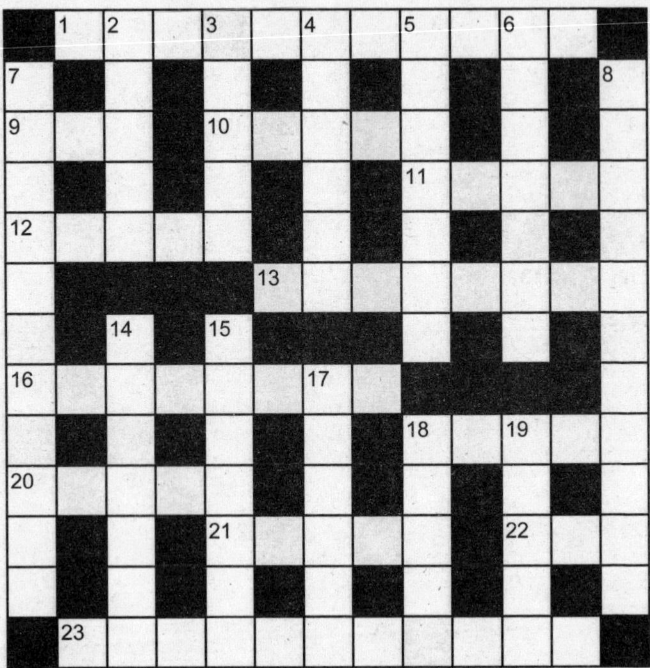

Across

1 Compose a dance routine (11)
9 Opposite of in (3)
10 Smiles broadly (5)
11 Outer layer of bread (5)
12 Lacking enthusiasm; weary (5)
13 Largest of the Canary Islands (8)
16 Old toll road (8)
18 Position carefully (5)
20 Regulations (5)
21 Trail (5)
22 Lyric poem (3)
23 Going on and on (5-6)

Down

2 Despised (5)
3 Stiff (5)
4 Bird with yellow and black plumage (6)
5 Salvaged (7)
6 Garden flower (7)
7 Speculative (11)
8 Easily angered (3-8)
14 Introductory piece of music (7)
15 Disciple (7)
17 Martial art (6)
18 Prodded (5)
19 Radon (anag.) (5)

PUZZLE 28

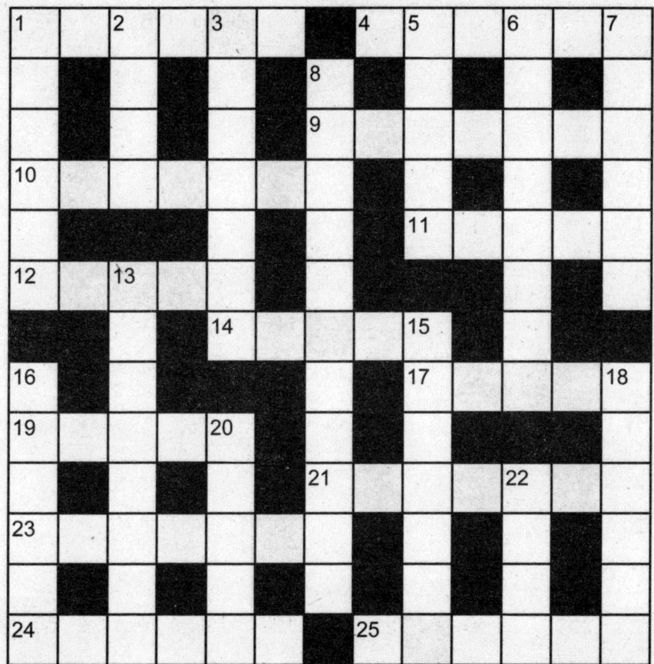

Across

1 Item thrown by an athlete (6)
4 Investigated in detail (6)
9 Deflect light (7)
10 Back pain (7)
11 Teams (5)
12 Not dead (5)
14 Ancient harps (5)
17 Intimidated and weakened (5)
19 Frozen dew (5)
21 Citrus fruits (7)
23 Caution (anag.) (7)
24 Dared; exposed to danger (6)
25 Season of the Church year (6)

Down

1 Plant of the daisy family (6)
2 Move in water (4)
3 Disentangle (7)
5 Fissures (5)
6 Pristine (5-3)
7 Hate (6)
8 Dimensions (11)
13 Bills (8)
15 Grazed (7)
16 Matter (6)
18 Cease (6)
20 Social division in some societies (5)
22 Donated (4)

PUZZLE 29

Across

1 Collapse disastrously (4,4)
5 Inspired by reverence (4)
9 Danes (anag.) (5)
10 Lines of equal pressure on maps (7)
11 Suit makers (7)
12 Person who goes on long walks (5)
13 Pay attention to (6)
14 Line of latitude (6)
17 With speed (5)
19 Decline gradually (4-3)
20 Connoisseur; gourmet (7)
21 Type of porridge (5)
22 Negative votes (4)
23 Inattentively; vaguely (8)

Down

1 Large sea (13)
2 Departing (7)
3 Ill-mannered (12)
4 Fanciful thing (6)
6 Strike very hard (5)
7 Shamefully (13)
8 First language (6,6)
15 Manufactured item (7)
16 Word that qualifies another (6)
18 Live by (5)

PUZZLE 30

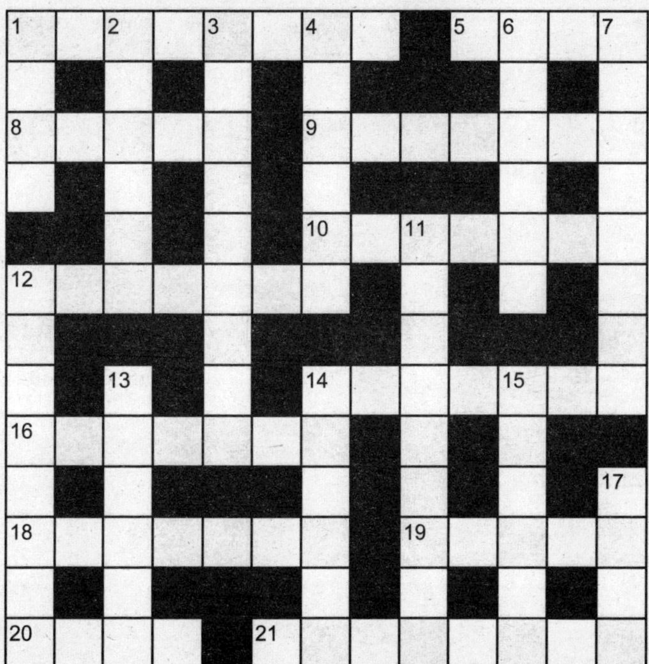

Across

1 Narrowly avoided accident (4,4)
5 Killer whale (4)
8 Position or point (5)
9 Give too much money (7)
10 Statement of commemoration (7)
12 Rambled (anag.) (7)
14 Goal; intention (7)
16 River of East Africa (7)
18 Devise beforehand (7)
19 Tiny (5)
20 Plant stem part from which a leaf emerges (4)
21 Frozen dessert (3,5)

Down

1 Invalid (4)
2 Secure a boat (6)
3 Relating to men (9)
4 Inclined (6)
6 Do the same thing again (6)
7 Not in a specific location (8)
11 Belonging naturally (9)
12 Almond paste (8)
13 Be imminent (6)
14 Meal eaten outdoors (6)
15 One's twilight years (3,3)
17 Edible fruit (4)

PUZZLE 31

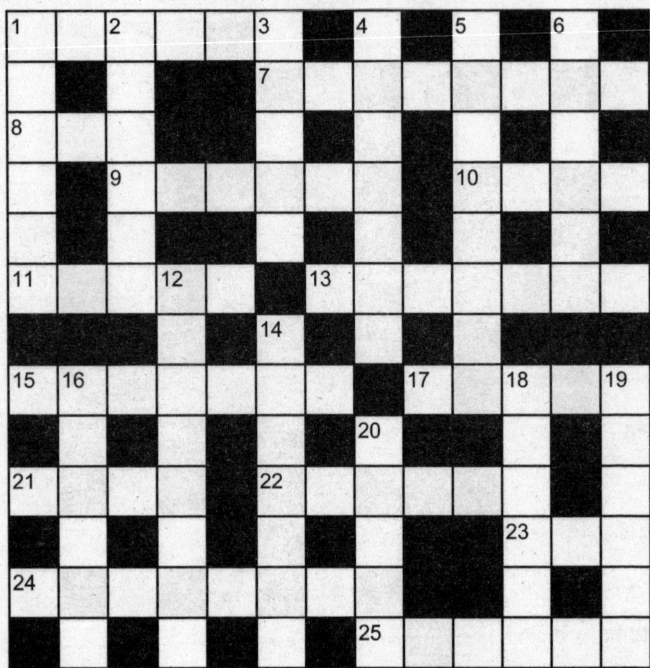

Across

1 Trios (6)
7 Lover (8)
8 Young dog (3)
9 Untape (anag.) (6)
10 Total spread of a bridge (4)
11 Bad-tempered (5)
13 Warship (7)
15 Farm vehicle (7)
17 Bites at persistently (5)
21 The actors in a show (4)
22 Opposite of top (6)
23 Lipid (3)
24 Flat image that looks 3D (8)
25 Removed the skin (6)

Down

1 Slender candles (6)
2 e.g. Eminem (6)
3 Slap (5)
4 Authors (7)
5 Oversight (8)
6 Gas with formula C_4H_{10} (6)
12 Place (8)
14 Attack continuously (7)
16 Explanation (6)
18 Quantity you can hold (6)
19 Moved over ice (6)
20 Remnant of a fallen tree (5)

PUZZLE 32

Across

1 Throb; dull pain (4)
3 Fade away (8)
9 Ancient galley (7)
10 Broadcast again (5)
11 Fence closure (anag.) (12)
14 Taxi (3)
16 Shrewd (5)
17 Possess (3)
18 Not intoxicating (of a drink) (12)
21 Capital of Vietnam (5)
22 One who places bets (7)
23 Neat and smart (5-3)
24 Performs in a play (4)

Down

1 Cunning; contrivance (8)
2 Verse form (5)
4 Compete (3)
5 Short poem for children (7,5)
6 Hot wind blowing from North Africa (7)
7 Volcano in Sicily (4)
8 Reduction in value (12)
12 Pertaining to sound (5)
13 Creatures with one horn (8)
15 Chocolate chewy cake (7)
19 Sweet-scented shrub (5)
20 Stylish (4)
22 Antelope (3)

PUZZLE 33

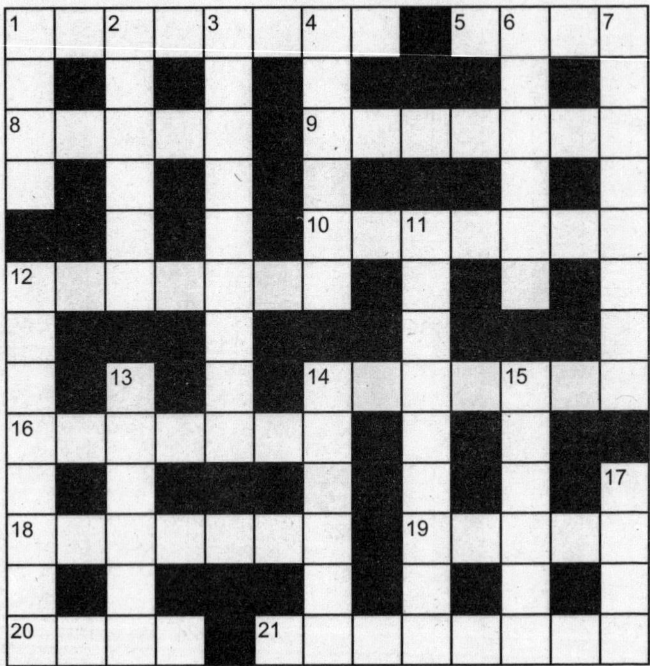

Across

1 Debris (8)
5 Goad on (4)
8 Urns (5)
9 Swimming costumes (7)
10 Less quiet (7)
12 Musical ending (7)
14 Lubricated (7)
16 Piece of furniture (7)
18 Livid (7)
19 Burdened (5)
20 Sodium chloride (4)
21 Increase (8)

Down

1 Prima donna (4)
2 Checked; examined (6)
3 Examples (9)
4 Refined in manner (6)
6 Expert in a particular subject (6)
7 Booked in advance (8)
11 Amongst other things (Latin) (5,4)
12 Lack of warmth (8)
13 Pertaining to a nerve (6)
14 Classifies; sorts (6)
15 Sporting venues (6)
17 A single time (4)

PUZZLE 34

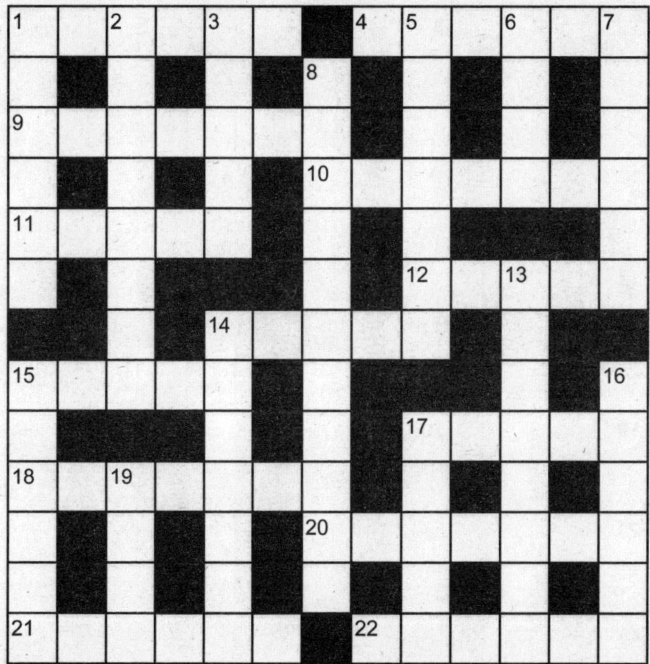

Across

1 Safe place (6)
4 Process of increasing in size (6)
9 Official instruction (7)
10 Sticks to (7)
11 Toys flown in the wind (5)
12 Female opera singers (5)
14 Legend (5)
15 Small group ruling a country (5)
17 Fire (5)
18 Fusion chamber (7)
20 Cure-alls (7)
21 Swollen edible root (6)
22 Ice shoes (6)

Down

1 Recreate (6)
2 Operate correctly; work (8)
3 Toothed wheels (5)
5 Untanned leather (7)
6 Wire (anag.) (4)
7 Makes a sibilant sound (6)
8 Crushed with sorrow (11)
13 Singer (8)
14 Agriculturalists (7)
15 Notebook (6)
16 Wild animals (6)
17 Quick and active (5)
19 Compassionate (4)

PUZZLE 35

Across

1 Pieces of tough fibrous tissue (6)
4 Protects from direct sunlight (6)
9 Accounts inspector (7)
10 Snuggles (7)
11 Ahead of time (5)
12 Mark or wear thin (5)
14 Looks after oneself (5)
17 Divided into two (5)
19 Floating platforms (5)
21 Form a mental picture (7)
23 Submarine weapon (7)
24 Relaxing (6)
25 Large strong boxes (6)

Down

1 Gives off light (6)
2 Common sense (4)
3 Wealthy (4-3)
5 Shrub fence (5)
6 Remove a monarch (8)
7 Flower arrangements (6)
8 Captivation (11)
13 Specified work clothes (8)
15 Scrape (7)
16 Contort (6)
18 Treatises (6)
20 Harsh and serious in manner (5)
22 Part of the eye (4)

PUZZLE 36

Across

1 Plan (6)
7 Assigns a job to (8)
8 Give a nickname to (3)
9 Capital of Greece (6)
10 Tiny social insects (4)
11 Apportions a punishment (5)
13 Joined to something (7)
15 Planet (7)
17 Closes securely (5)
21 Bond movie (2,2)
22 Surface film; coating (6)
23 Piece of wood (3)
24 Signal that danger is over (3-5)
25 Skates (anag.) (6)

Down

1 Boredom (6)
2 Metallic element (6)
3 Mark of insertion (5)
4 One event in a sequence (7)
5 Thing used for tying (8)
6 Unmoving (6)
12 Make gradual inroads (8)
14 Soothsayer (7)
16 Weirdly (6)
18 Deciduous flowering shrub (6)
19 Military blockades (6)
20 Celestial bodies (5)

PUZZLE 37

Across

- **1** Progeny (8)
- **5** Norse god of thunder (4)
- **9** Bonds of union (5)
- **10** Shutting (7)
- **11** Gardening tools (7)
- **12** Secret rendezvous (5)
- **13** Welcomes (6)
- **14** Small cave (6)
- **17** Modify (5)
- **19** Remove clothes (7)
- **20** Swinging bed (7)
- **21** Saying (5)
- **22** Clarets (4)
- **23** Household cooling devices (8)

Down

- **1** Codebreaker (13)
- **2** Annoying (7)
- **3** Long essay (12)
- **4** Reason for not doing something (6)
- **6** Hazardous or difficult (5)
- **7** Virtuousness (13)
- **8** Person studying after a first degree (12)
- **15** Adolescent (7)
- **16** Sand trap in golf (6)
- **18** Targeted (5)

PUZZLE 38

Across

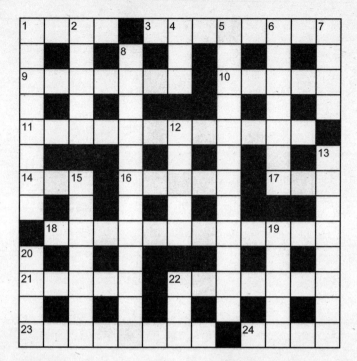

1 Talk wildly (4)
3 Vision (8)
9 Tries hard (7)
10 Tall plants of the grass family (5)
11 Directions (12)
14 Boolean operator (3)
16 Compass point (5)
17 Cereal plant (3)
18 Picture (12)
21 Smart; hurt (5)
22 Harvesting (7)
23 Glass-like volcanic rock (8)
24 Gelatinous substance (4)

Down

1 e.g. residents of Moscow (8)
2 Common cause of an illness (5)
4 Opposite of no (3)
5 Immediately (12)
6 Better for the environment (7)
7 Throw a coin in the air (4)
8 Ate too much (12)
12 Gold measure (5)
13 Adolescent (8)
15 Exchanges of several strokes in tennis (7)
19 Cake decoration (5)
20 Capital of Norway (4)
22 Long and narrow inlet (3)

PUZZLE 39

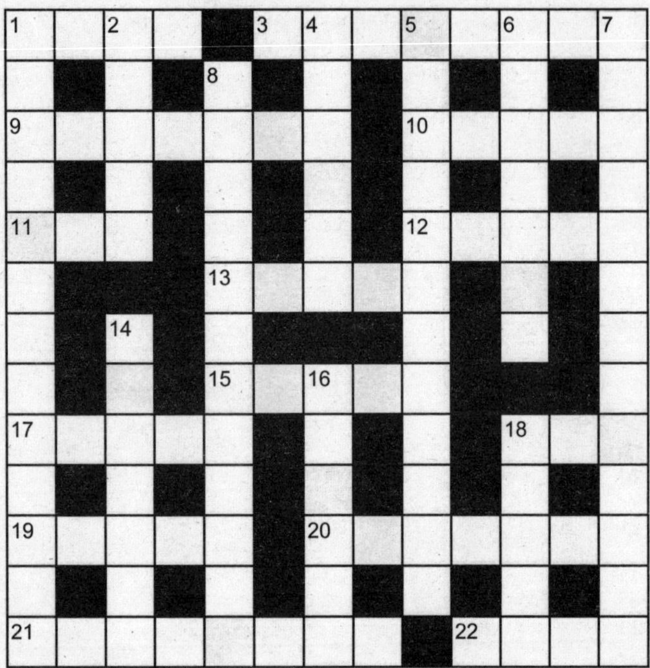

Across

1 Very small amount (4)
3 Sparkling (8)
9 SI unit of electric charge (7)
10 Christmas song (5)
11 Degenerate (3)
12 Flaring stars (5)
13 Stringed instruments (5)
15 Waggish (5)
17 Two times (5)
18 Bleat of a sheep (3)
19 Tool for marking angles (5)
20 Illness (7)
21 Cherish; preserve (8)
22 Cry of derision (4)

Down

1 Forever honest (13)
2 Have faith in (5)
4 Cup (6)
5 Heartbroken (12)
6 Prospered (7)
7 Amusement park ride (6,7)
8 Deceiver (6-6)
14 Robbers (7)
16 Get hold of (6)
18 Musical note (5)

PUZZLE 40

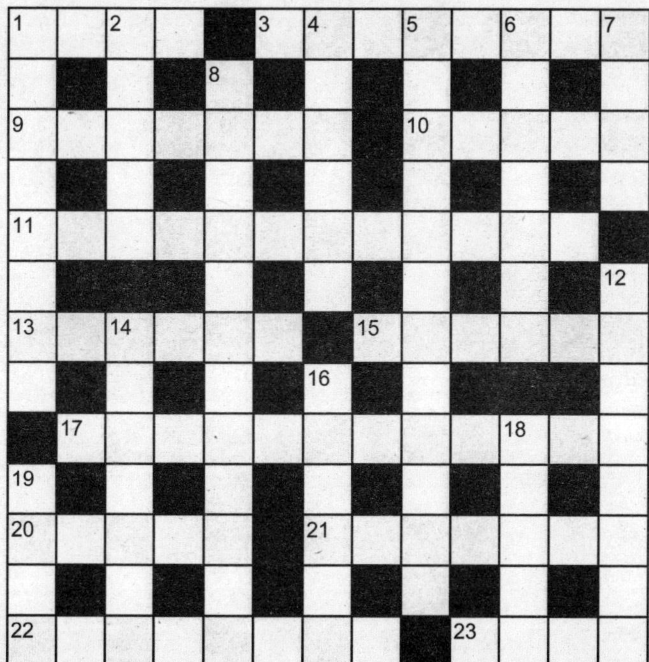

Across

1 Retained (4)
3 Yielded (8)
9 Damaging immune response (7)
10 Medicinal ointment (5)
11 Marksman (12)
13 Trigonometric function (6)
15 Establish by law (6)
17 Ability to acquire and apply knowledge (12)
20 Obsession (5)
21 Not limited to one class (7)
22 Alluring (8)
23 Ancient harp (4)

Down

1 Type of bag (8)
2 Lively Bohemian dance (5)
4 Sense of musical time (6)
5 Disheartening (12)
6 Volcanic crater (7)
7 Contest between two people (4)
8 Surpassing in influence (12)
12 Form the base for (8)
14 Word having a similar meaning (7)
16 Large container (6)
18 Anxious (5)
19 Leave out (4)

PUZZLE 41

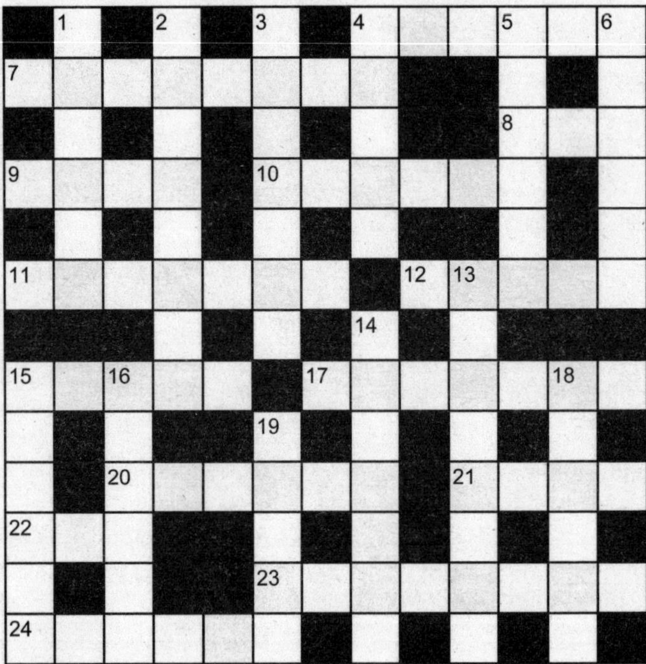

Across

4 Takes up (6)
7 Views (8)
8 Wonder (3)
9 Desert in northern China (4)
10 Margin of safety (6)
11 Distributing (7)
12 Alcoholic beverage (5)
15 Summed together (5)
17 Ear test (anag.) (7)
20 Capital of Austria (6)
21 Attack at speed (4)
22 Sound that a cow makes (3)
23 Formerly Ceylon (3,5)
24 Wildcat (6)

Down

1 Teachers (6)
2 Height (8)
3 The Netherlands (7)
4 Awry; lopsided (5)
5 Made a request to God (6)
6 Quidditch position in Harry Potter (6)
13 Break in activity (8)
14 Pertaining to the liver (7)
15 With hands on the hips (6)
16 Dedicate (6)
18 Crafty (6)
19 Anxiety (5)

PUZZLE 42

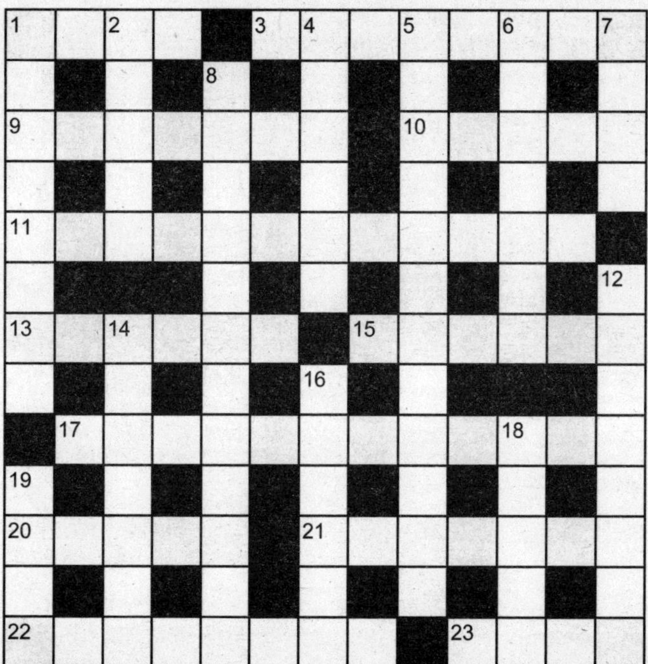

Across

1 Conceal (4)
3 Cuts into bits (8)
9 Newspaper audience (7)
10 Burning (5)
11 Someone skilled in penmanship (12)
13 Post (6)
15 Red salad fruit (6)
17 Understandably (12)
20 Greets with enthusiasm (5)
21 Taken as a whole (7)
22 Living thing (8)
23 Opening for air; outlet (4)

Down

1 Paper printout of data (4,4)
2 Speak in a slow manner (5)
4 Put inside another (6)
5 Having an acrid wit (5-7)
6 Grotesque monster (7)
7 Ooze (4)
8 Food shop (12)
12 Speaking many languages (8)
14 Joining together (7)
16 Overflows with water (6)
18 Hold responsible (5)
19 US state (4)

PUZZLE 43

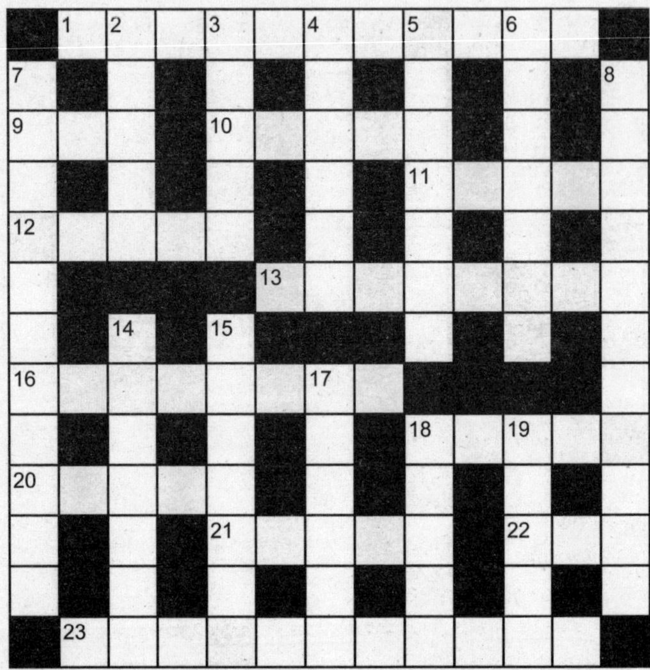

Across

1 Suggested or implied idea (11)
9 Father (3)
10 Internal parasites (5)
11 Roman cloaks (5)
12 Shyly (5)
13 Majesty (8)
16 Remote; cut off (8)
18 Side posts of doorways (5)
20 Destitute (5)
21 Dish of raw vegetables (5)
22 Longing (3)
23 Easily made angry (3-8)

Down

2 Strangely (5)
3 Recently (5)
4 Lethargy (6)
5 Challenging (7)
6 Got too big for something (7)
7 Serving to enlighten; instructive (11)
8 Upsetting (11)
14 Short story (7)
15 Look after an infant (7)
17 Symbol or representation (6)
18 Arbiter (5)
19 Perhaps (5)

PUZZLE 44

Across

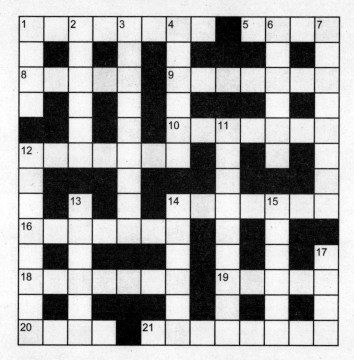

1 Took pleasure freely (8)
5 Areas of ground for growing plants (4)
8 Dramatic musical work (5)
9 Mexican spirit (7)
10 Meander (anag.) (7)
12 Classic James Joyce novel (7)
14 Feeling guilty (7)
16 Malady (7)
18 Elusive (7)
19 Restraint for an animal (5)
20 Chinese monetary unit (4)
21 Resolute (8)

Down

1 Type of golf club (4)
2 Boring; dull (6)
3 Revolting (9)
4 Goes inside (6)
6 Complex problem (6)
7 Reference point; norm (8)
11 Disco (9)
12 Inopportune (8)
13 Domesticated llama (6)
14 Feature (6)
15 Emperor of Japan (6)
17 At what time (4)

PUZZLE 45

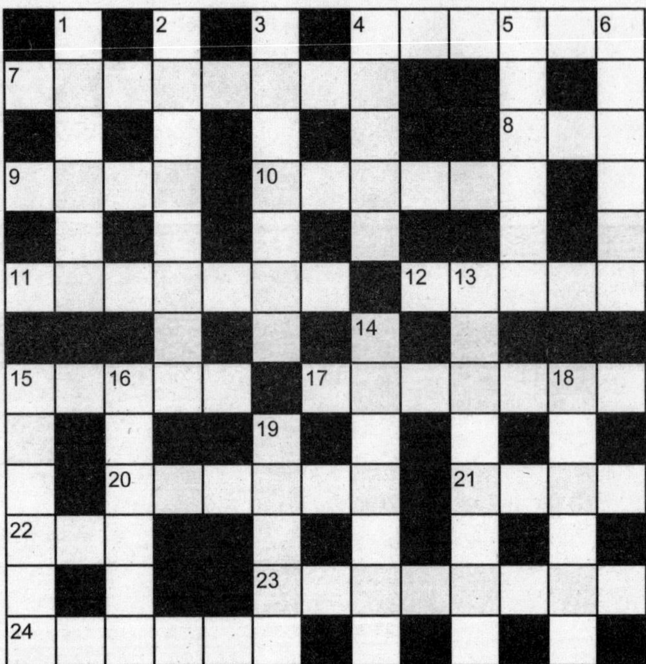

Across

4 Change rapidly from one position to another (6)
7 Process of sticking to a surface (8)
8 Very cold (3)
9 Decline (4)
10 Opposite of lower (6)
11 Small bone in the ear (7)
12 Determine the quality of an ore (5)
15 Cut (5)
17 Flamboyant confidence of style (7)
20 Tropical fruit (6)
21 Shaft on which a wheel rotates (4)
22 Thee (3)
23 Went beyond a quota (8)
24 Main meal (6)

Down

1 Models of excellence (6)
2 Large root vegetable (8)
3 Gently (7)
4 Unexpected catches (5)
5 Parts of church towers (6)
6 Accost; hold up (6)
13 Contents of the Mediterranean (8)
14 Hanging drapery (7)
15 Moved back and forth (6)
16 Call into question (6)
18 Shout (6)
19 A written document (5)

PUZZLE 46

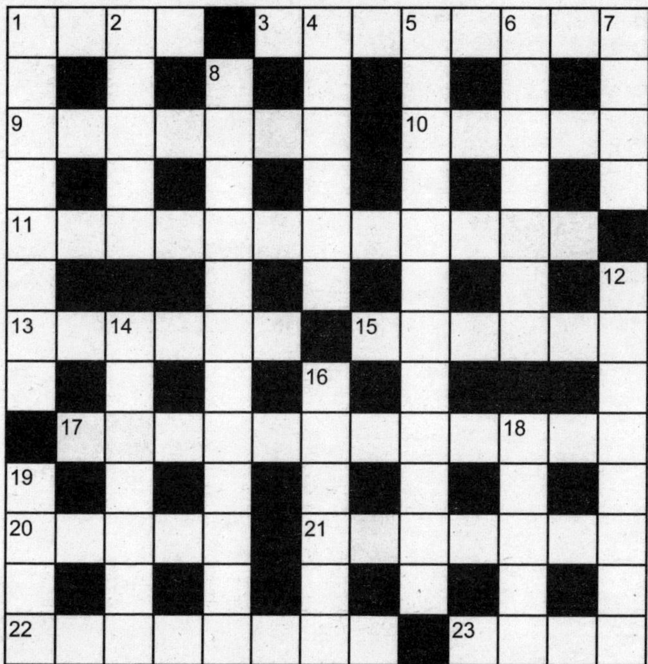

Across

1 Temperate (4)
3 Cartoon character who can fly (8)
9 Zeppelin (7)
10 Things to be done (5)
11 Impossible to achieve (12)
13 Expression of praise (6)
15 Get by with what is available (4,2)
17 Awe-inspiring (12)
20 e.g. incisors and molars (5)
21 Perplexed (7)
22 Female head of a town (8)
23 Circular movement of water (4)

Down

1 Gauges (8)
2 Insect grub (5)
4 Not yet settled (of a bill) (6)
5 Lavish event (12)
6 European river (7)
7 Prying (4)
8 Cameraman (12)
12 Obstinately (8)
14 Theft of property (7)
16 e.g. squares and triangles (6)
18 Ticked over (of an engine) (5)
19 Moat (anag.) (4)

PUZZLE 47

Across

1 Name for New York City (3,5)
5 Fertile type of soil (4)
9 Single-edged hunting knife (5)
10 Produce as a fruit (5)
11 Separation (10)
14 Small oval fruits (6)
15 Although (6)
17 Study of earthquakes (10)
20 Scowl (5)
21 Fad (5)
22 Get beaten (4)
23 Slight hints (8)

Down

1 Moves up and down on water (4)
2 Stare stupidly (4)
3 Decide in advance (12)
4 Situation that appears irresolvable (6)
6 Fully aware (4-4)
7 Think deeply for a period of time (8)
8 Based on legend (12)
12 Showing excessive pride in one's abilities (8)
13 Guests; callers (8)
16 Horn (6)
18 Open the mouth wide when tired (4)
19 Insects that make honey (4)

PUZZLE 48

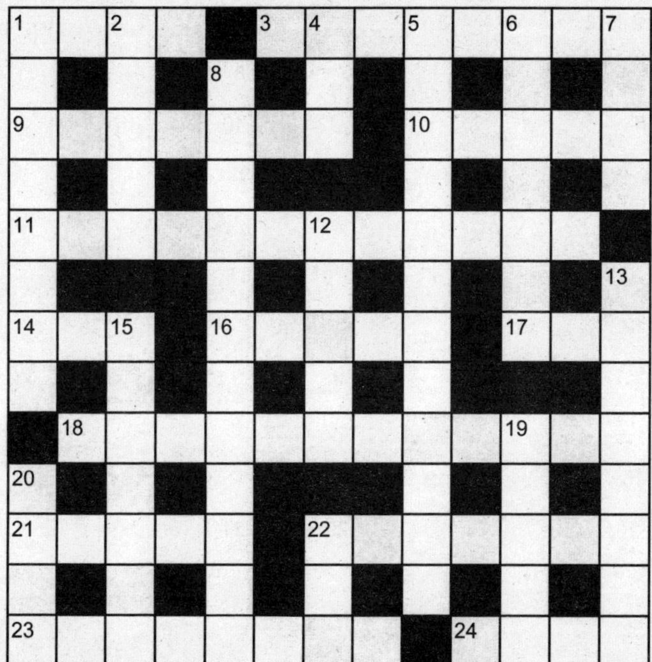

Across

1 Seed containers (4)
3 Try hard to escape (8)
9 Unfasten (7)
10 Expect to happen (5)
11 Shrewdness (12)
14 Born (3)
16 Assembly (5)
17 Seventh Greek letter (3)
18 Showing complete commitment (12)
21 Type of chemical bond (5)
22 Concerned just with oneself (7)
23 Our galaxy (5,3)
24 Bypass (4)

Down

1 Fattening (8)
2 Furnishings of a room (5)
4 First on the list (3)
5 Intolerable (12)
6 Recipient of funding (7)
7 Consumes food (4)
8 Carefree (5-2-5)
12 Fabric (5)
13 Great difficulty (8)
15 Type of alcohol (7)
19 Artifice (5)
20 Business (4)
22 Large body of water (3)

PUZZLE 49

Across

1 Of the eye (6)
5 Nay (anag.) (3)
7 Levies; chimes (5)
8 Secret agent (7)
9 Fragile (5)
10 Male comedian (8)
12 Myth (6)
14 Forces out (6)
17 Absurd (8)
18 Shifts (5)
20 State of the USA (7)
21 Really angry (5)
22 Fellow (3)
23 Country in Africa with capital Kampala (6)

Down

2 Customs of a society (7)
3 Putting into practice (8)
4 Musical staff sign (4)
5 Sideways; squinting (7)
6 e.g. primrose and lemon (7)
7 Walk (5)
11 Making big demands on something (8)
12 Arctic rodent (7)
13 Seriously (7)
15 Found out about (7)
16 Unit of capacitance (5)
19 Salvage (4)

PUZZLE 50

Across

1 Small storage space (11)
9 Observed (5)
10 Not new (3)
11 Remains somewhere (5)
12 Crime of setting something on fire (5)
13 Choosing to abstain from alcohol (8)
16 Act of moving around an axis (8)
18 Not in good physical condition (5)
21 Allow entry to (5)
22 Finish (3)
23 Retains (5)
24 Unfortunate (11)

Down

2 Exceeds; surpasses (7)
3 Retirement income (7)
4 Part of the eye (6)
5 Means of mass communication (5)
6 Secluded places (5)
7 Replaced with another (11)
8 Forever (2,9)
14 Variety of rummy (7)
15 Long distance postal service (7)
17 Strangest (6)
19 Type of confection (5)
20 Buyer (5)

PUZZLE 51

Across

1 Dejection (11)
9 Sphere or globe (3)
10 Entice to do something (5)
11 Long-legged bird (5)
12 Dizzy (5)
13 Wave or flourish a weapon (8)
16 Monument (8)
18 Darken (5)
20 Approaches (5)
21 Leg joints (5)
22 Interdict (3)
23 Type of artist (11)

Down

2 Receded (5)
3 Concise and full of meaning (5)
4 Quantity (6)
5 Wind together (7)
6 Pipe (7)
7 Flower (6-2-3)
8 Additionally (11)
14 Ban on publication (7)
15 Cut of meat (7)
17 Greek goddess of wisdom (6)
18 Beets (anag.) (5)
19 Moneys owed (5)

PUZZLE 52

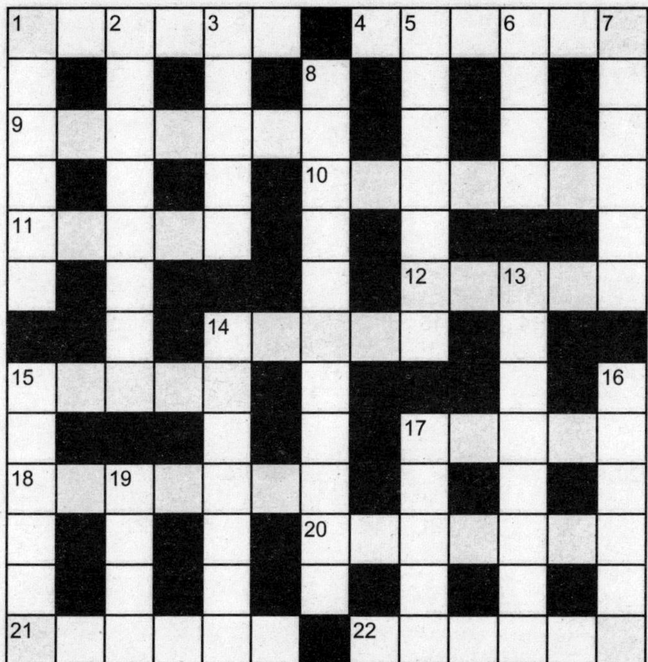

Across

1 Type of relish (6)
4 Uttered (6)
9 Gourd-like squash (7)
10 Crafty; cunning (7)
11 Assisted (5)
12 Impertinent; cheeky (5)
14 Settee (5)
15 Hit with the fist (5)
17 Humiliate (5)
18 Perfect happiness (7)
20 Tells off (7)
21 Putting a question to (6)
22 Expresses one's opinion (6)

Down

1 Softwood tree (6)
2 Decline (8)
3 Found agreeable (5)
5 Issue for sale (7)
6 Flightless bird (4)
7 Pleasantly (6)
8 Unintentional (11)
13 Catering to high-income consumers (8)
14 Reduce the price of (7)
15 Country in Central America (6)
16 As compared to (6)
17 Head monk (5)
19 Status (4)

PUZZLE 53

Across

1 Obscurely (11)
9 Female chicken (3)
10 Overly sentimental (5)
11 Smooth transition (5)
12 Hazardous; dangerous (5)
13 Getting away from (8)
16 During the intervening period (8)
18 Having three dimensions (5)
20 At that place; not here (5)
21 Tough fibrous tissue (5)
22 Single in number (3)
23 Reliable (11)

Down

2 Steps of a ladder (5)
3 Obnoxiously forward (5)
4 Urges to do something (6)
5 Extremely bad (7)
6 Listless (7)
7 Very charming (11)
8 Crises (11)
14 Ditherer (7)
15 Swears (7)
17 Tiny fish (6)
18 Crouch down in fear (5)
19 Type of soup (5)

PUZZLE 54

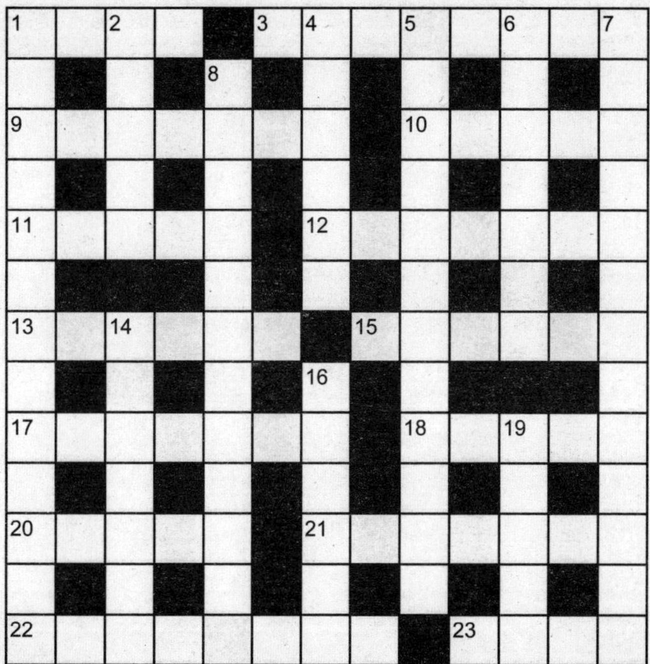

Across

1 Agreement (4)
3 People who clean with brooms (8)
9 A number defining position (7)
10 Bottle (5)
11 Fertile area in a desert (5)
12 Flexible (7)
13 Organ in the mouth of a mammal (6)
15 Concealed from view (6)
17 Aperture or hole (7)
18 Main artery (5)
20 In the company of (5)
21 Semiconducting element (7)
22 Improving the mind; enlightening (8)
23 Imitated (4)

Down

1 Corresponding (13)
2 Ciphers (5)
4 Pedestrian (6)
5 Vehemently (12)
6 Lived (7)
7 Complete in itself (of a thing) (4-9)
8 Modestly (12)
14 Capital of Kenya (7)
16 Wrestling hold (6)
19 Go over again (5)

PUZZLE 55

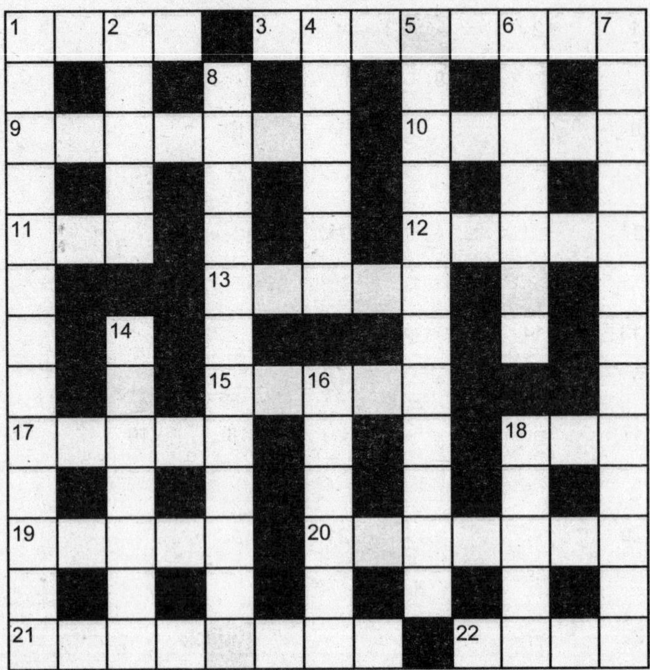

Across

1 Large washing bowl (4)
3 Musical pieces for solo instruments (8)
9 Tense (7)
10 Impersonator (5)
11 Your (poetic) (3)
12 Sudden forward thrust (5)
13 Small boat (5)
15 Slight error; oversight (5)
17 Ignite (5)
18 Commotion (3)
19 Sea duck (5)
20 Periods of instruction (7)
21 Remove from action (8)
22 Participate in a game (4)

Down

1 Copious abundance (13)
2 Shabby and worn (5)
4 Choice (6)
5 Entirety (12)
6 European country (7)
7 In a disbelieving manner (13)
8 Relating to farming (12)
14 Capital of Iraq (7)
16 What bees collect (6)
18 Coral reef (5)

PUZZLE 56

Across

1 Adds (4)
3 Theatrical (8)
9 Spoke (7)
10 SI unit of luminous flux (5)
11 Fire a weapon (5)
12 Foot support (7)
13 Reply (6)
15 Medical treatment place (6)
17 Spicy Spanish sausage (7)
18 Freight (5)
20 Urge into action (5)
21 Female parents (7)
22 Bonhomie (8)
23 Extremely (4)

Down

1 Deep consideration of oneself (4-9)
2 Saying; slogan (5)
4 Least polite (6)
5 A large number (12)
6 Type of monkey (7)
7 Prominently (13)
8 Male relation by marriage (7-2-3)
14 Eighth sign of the zodiac (7)
16 Standard; usual (6)
19 Pass a rope through (5)

PUZZLE 57

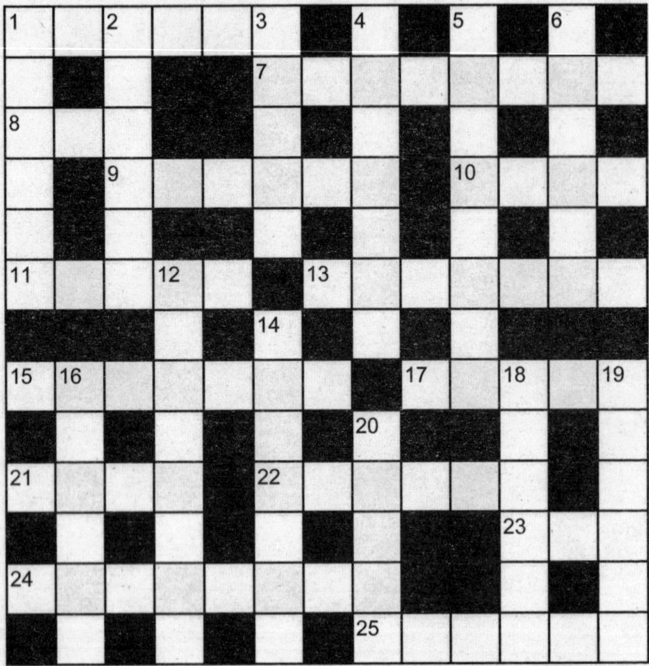

Across

1 Extraterrestrial objects (6)
7 Make beautiful (8)
8 Damp (3)
9 Oppose a plan successfully (6)
10 Parched (4)
11 Device used to sharpen razors (5)
13 Promises (7)
15 Workshop or studio (7)
17 Sailing ship (5)
21 Lesion (4)
22 Spanish title for a married woman (6)
23 Very small child (3)
24 Cartoon artist (8)
25 Composite fungus and alga (6)

Down

1 Escrow (anag.) (6)
2 Murmur (6)
3 Cover with liquid (5)
4 Fruitful; inventive (7)
5 Sit with legs wide apart (8)
6 Workplace (6)
12 State of the USA (8)
14 Degree of compactness (7)
16 Teaches (6)
18 Roofing material made of straw (6)
19 Move or travel hurriedly (6)
20 Growl with bare teeth (5)

PUZZLE 58

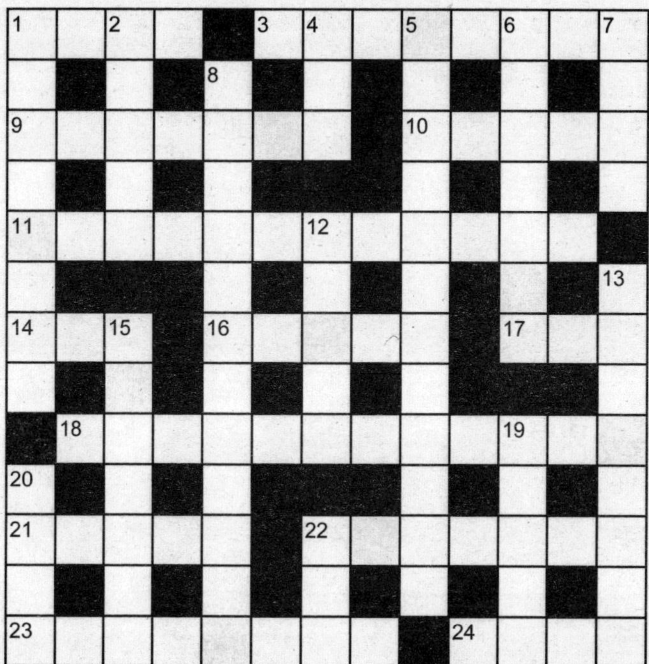

Across

1 Caribbean country (4)
3 Infatuated (8)
9 Water passage (7)
10 Devices that emit light (5)
11 Reticent; secretive (12)
14 Not on (3)
16 Big cat (5)
17 Tree (3)
18 Blends; mixtures (12)
21 Porcelain (5)
22 Uncomplaining (7)
23 Parts into which an item is divided (8)
24 Spheres (4)

Down

1 Dawn (8)
2 Shout of appreciation (5)
4 Slippery fish (3)
5 Destruction (12)
6 Painting medium (7)
7 Office table (4)
8 Animal lacking a backbone (12)
12 Church instrument (5)
13 Makes a high-pitched sound (8)
15 Foundation (7)
19 Take place (5)
20 Playing cards (4)
22 Become firm (3)

PUZZLE 59

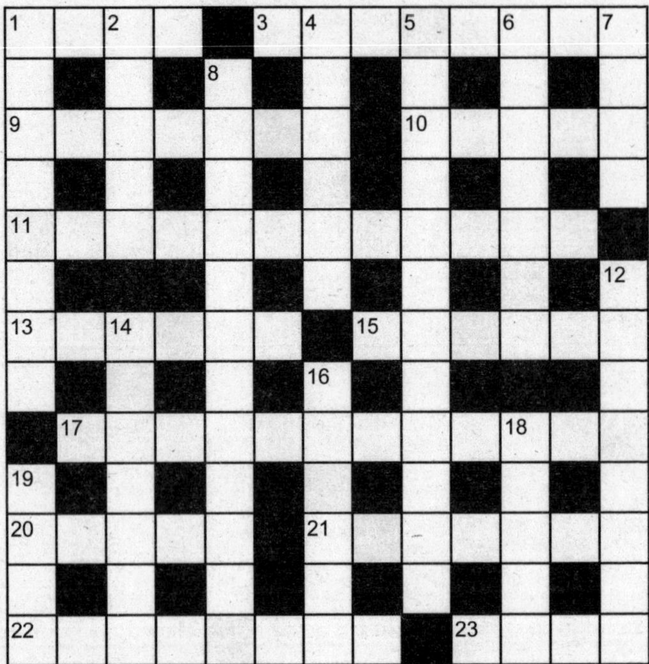

Across

1 Stage of twilight (4)
3 Ascot cat (anag.) (8)
9 Combatant (7)
10 More pleasant (5)
11 Boxing class (12)
13 Consider to be true (6)
15 Affluence (6)
17 UFO (6,6)
20 Kick out (5)
21 Surpass (7)
22 Diabolically cruel (8)
23 Worry about (4)

Down

1 Pessimistic (8)
2 Warning noise from an emergency vehicle (5)
4 Propels through the air (6)
5 Significant (12)
6 Intoxicating element in wine (7)
7 Belonging to us (4)
8 Feeling let down (12)
12 Least lengthy (8)
14 Crash together (7)
16 Go out of a place (6)
18 Escapade (5)
19 A person's individuality (4)

PUZZLE 60

Across

1 Cut across (8)
5 Drive away (4)
9 Belief in a creator (5)
10 Edge or border (5)
11 Intelligence (10)
14 Open a wine bottle (6)
15 Attack with severe criticism (6)
17 Unconventional (10)
20 Attractive young lady (5)
21 Declared solemnly (5)
22 Fishing sticks (4)
23 Exterior of a motor vehicle (8)

Down

1 Clean up (4)
2 Among (4)
3 Areas of commonality (12)
4 Split along a natural line (6)
6 Gathers in crops (8)
7 Supervisor (8)
8 In a greedy manner (12)
12 Long green vegetable (8)
13 Educated (8)
16 Embarrassing mistake (3-3)
18 Not stereo (4)
19 Accidental hole that lets liquid escape (4)

PUZZLE 61

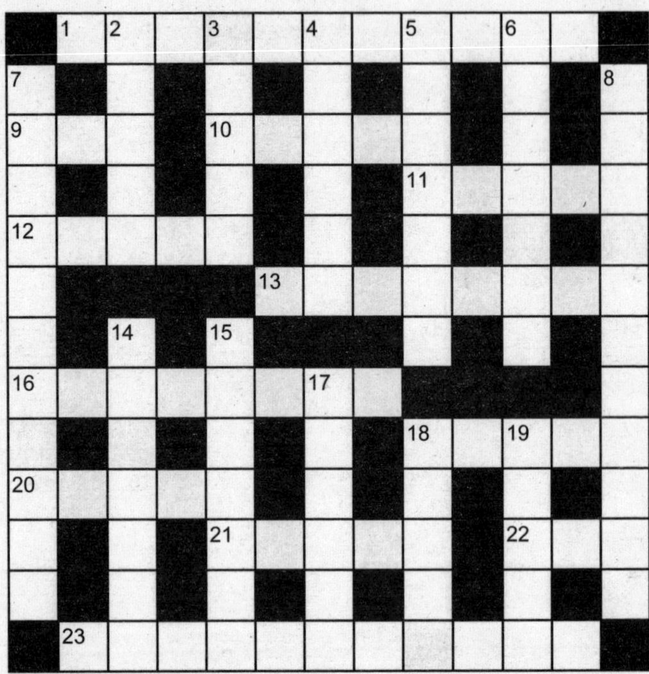

Across

1 Causing a blockage (11)
9 Damage (3)
10 Milky fluid found in some plants (5)
11 Follows closely (5)
12 Narrow passageway (5)
13 Short joke (3-5)
16 Device for spraying paint (8)
18 Compel (5)
20 Rescues (5)
21 Sheikhdom on the Persian Gulf (5)
22 Tap (anag.) (3)
23 Act of staying away from work (11)

Down

2 Precious stone (5)
3 Agree or correspond (5)
4 Improvement (6)
5 Fabric (7)
6 Brave (7)
7 Abashed (11)
8 Tools; utensils (11)
14 Saying (7)
15 Abrupt in manner (7)
17 Group of six (6)
18 Comic dramatic work (5)
19 Strong cords (5)

PUZZLE 62

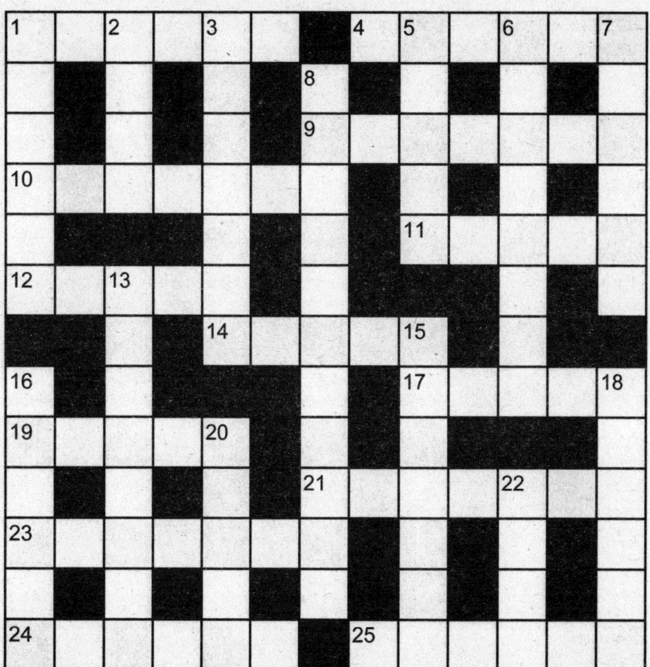

Across

1 Avaricious (6)
4 Relating to stars (6)
9 e.g. natives of Berlin (7)
10 Perennial plant with fleshy roots (7)
11 Show-off (5)
12 Lover of Juliet (5)
14 e.g. covered with bricks (5)
17 Remnant of a dying fire (5)
19 Individual things (5)
21 Not outside (7)
23 Enunciation of speech (7)
24 Frames used by artists (6)
25 Climb (6)

Down

1 Hot spice (6)
2 Deserve (4)
3 Grow more mature (7)
5 Parts (anag.) (5)
6 Assimilate again (8)
7 Opposite of winners (6)
8 Frustrating (11)
13 Curved surface of a liquid in a tube (8)
15 Numbs (7)
16 Small body of rainwater (6)
18 Took it easy (6)
20 Ability; talent (5)
22 Seep; exude (4)

PUZZLE 63

Across

4 Blunders (6)
7 Corrected version (8)
8 Bath vessel (3)
9 Kinswoman (4)
10 Meaning; purpose (6)
11 Strangely (7)
12 Destroyed by fire (5)
15 Remains (5)
17 Duties or taxes (7)
20 Cause resentment (6)
21 On top of (4)
22 Loud noise (3)
23 Large edible marine crustaceans (8)
24 Walk nonchalantly (6)

Down

1 Prove to be false (6)
2 Sororal (8)
3 Laughable (7)
4 Midges (5)
5 More obese (6)
6 Surrender (6)
13 Omnipresence (8)
14 Unrecoverable sum of money one is owed (3,4)
15 Moves smoothly (6)
16 Makes amends for (6)
18 Powdery (6)
19 Stomach (5)

PUZZLE 64

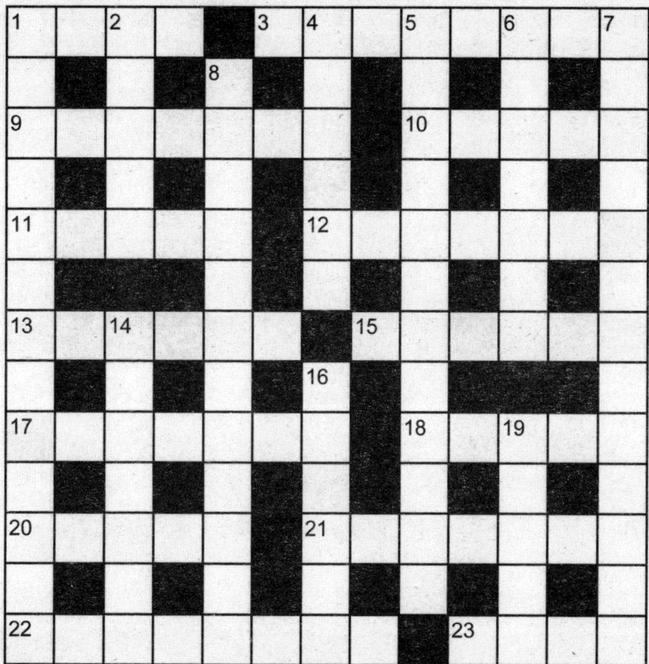

Across

1 Break suddenly (4)
3 Mad rush (8)
9 Mythical bird (7)
10 Projecting horizontal ledge (5)
11 State of the USA (5)
12 Vessel that cleans rivers (7)
13 Flourish (6)
15 Feeling of resentment (6)
17 Seed with a fibrous husk and edible white flesh (7)
18 Indifferent to emotions (5)
20 Levy (5)
21 Resident (7)
22 Process of becoming wider or more open (8)
23 Verge (4)

Down

1 Refined (13)
2 Smell (5)
4 Dinner jacket (6)
5 Give a false account of (12)
6 Came into view (7)
7 Fizz (13)
8 Awkward (12)
14 Musical performance (7)
16 Workplace for an artist (6)
19 Seeped (5)

PUZZLE 65

Across

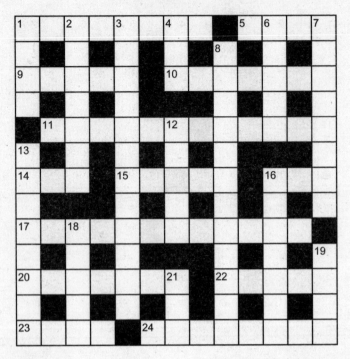

1 Move (8)
5 Applaud (4)
9 Appeal (5)
10 Talk foolishly (7)
11 Orcas (6,6)
14 Breed of dog (3)
15 Assertion (5)
16 Deep hole in the ground (3)
17 Build up again from parts (12)
20 Multiplied by two (7)
22 Culinary herb (5)
23 Insincere moral talk (4)
24 Sharp heel (8)

Down

1 Framework for holding things (4)
2 Starting up (of software) (7)
3 In a self-satisfied manner (12)
4 Key on a computer keyboard (3)
6 Name applied to something (5)
7 Organism that exploits another (8)
8 Relating to numbers (12)
12 Respond to (5)
13 Occasional (8)
16 Nationalist (7)
18 Stir milk (5)
19 Short note or reminder (4)
21 Small spot (3)

PUZZLE 66

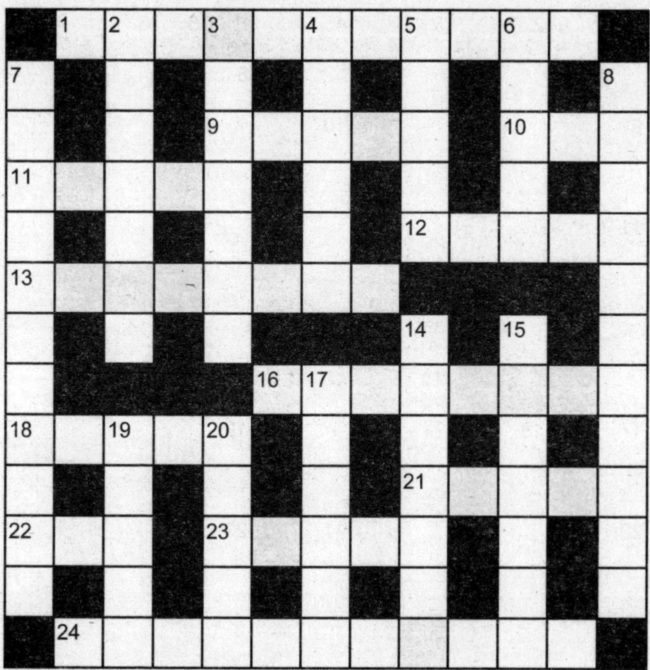

Across

1 Likeness (11)
9 Joining together with cord (5)
10 Former measure of length (3)
11 Passenger ship (5)
12 All (5)
13 Truthfulness (8)
16 Alluring (8)
18 Softly radiant (5)
21 Australian marsupial (5)
22 Aggressive dog (3)
23 Record on tape (5)
24 Correct to the last detail (4-7)

Down

2 Entrap (7)
3 Take out (7)
4 Plant disease (6)
5 Debate in a heated manner (5)
6 Thin pancake (5)
7 Action of being rescued (11)
8 e.g. Queen of Hearts (7,4)
14 Start (4,3)
15 Of great size (7)
17 Pasta strip (6)
19 In a slow tempo (of music) (5)
20 Gestured at (5)

PUZZLE 67

Across

1 Traipses (anag.) (8)
5 Metric unit of mass (4)
9 Collection of songs (5)
10 Lock of curly hair (7)
11 Connection; link (3-2)
12 Not bright; darken (3)
13 Fishing net (5)
15 Near (5)
17 Research place (abbrev.) (3)
19 Pledge (5)
20 Position on top of (7)
21 Cooks in the oven (5)
22 Prestigious TV award (4)
23 Tries (8)

Down

1 Playful trick (9,4)
2 Overthrow covertly (7)
3 Amorously (12)
4 Moon of the planet Jupiter (6)
6 Governed (5)
7 Process of transformation (of an insect) (13)
8 Hard to fathom (12)
14 Overly conceited and arrogant (5-2)
16 East (6)
18 Greenish-bronze fish (5)

PUZZLE 68

Across

1 Fears greatly (6)
7 11th sign of the zodiac (8)
8 Craze (3)
9 Raise up (6)
10 Apex or peak (4)
11 Eating plans (5)
13 Draws forth (7)
15 Orange vegetables (7)
17 Stitched (5)
21 Ingredient in vegetarian cooking (4)
22 Bigger (6)
23 Amp (anag.) (3)
24 Diligence (8)
25 Assorted; various (6)

Down

1 Resisted (6)
2 Undergo a hardship (6)
3 Rescued (5)
4 Immature and childish (7)
5 Vehicle with three wheels (8)
6 Beginning (6)
12 Full of twists and turns (8)
14 Service; state of being useful (7)
16 Exist in great numbers (6)
18 Heated up (6)
19 Profoundly (6)
20 Shallow food containers (5)

PUZZLE 69

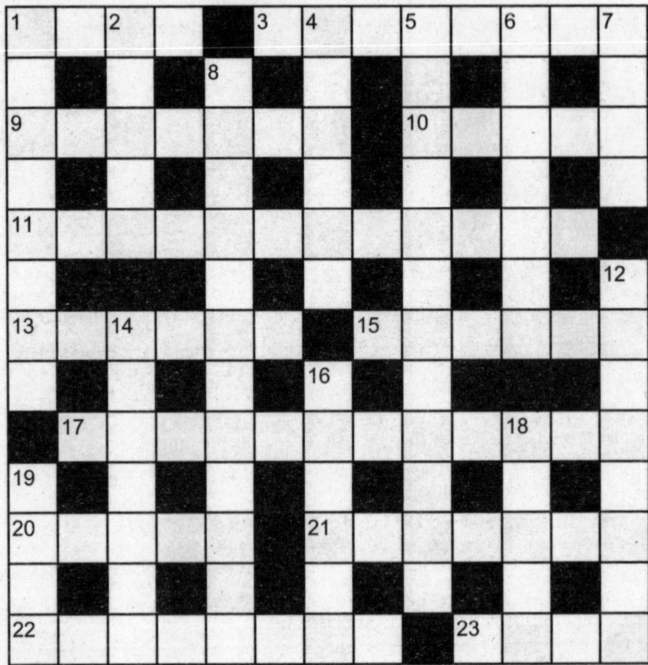

Across

1 Access illegally (4)
3 Physical power (8)
9 Feeling of hopelessness (7)
10 Stories (5)
11 And also (12)
13 Soak up (6)
15 Ice buildings (6)
17 Not catching fire easily (3-9)
20 Punctuation mark (5)
21 Caused to burn (7)
22 Final teenage year (8)
23 Dull heavy sound (4)

Down

1 Refuge (8)
2 Enclosed (5)
4 Intense fear (6)
5 Separation; alienation (12)
6 US space probe to Jupiter (7)
7 Jumble (4)
8 Unemotional and practical (6-2-4)
12 Climbed (8)
14 Impresario (7)
16 e.g. a dog (6)
18 Bungle (5)
19 Examine quickly (4)

PUZZLE 70

Across

1 Obstacle; barrier (11)
9 Annoy (3)
10 Besmirch (5)
11 Grumble (5)
12 Devout (5)
13 Teach (8)
16 Shipwrecked person (8)
18 Relating to a city (5)
20 Fine powdery foodstuff (5)
21 Deep fissure (5)
22 Era (anag.) (3)
23 Lacking distinguishing characteristics (11)

Down

2 Cooked in the oven (5)
3 Delicious (5)
4 Not level (6)
5 Goals (7)
6 Tentacled cephalopod (7)
7 Shameful (11)
8 Built (11)
14 Adopt or support a cause (7)
15 Coiffure (7)
17 Domestic assistant (2,4)
18 Humped ruminant (5)
19 Small bottles (5)

PUZZLE 71

Across

1 Vivacity (4)
3 Type of tooth (8)
9 Making less hot (7)
10 Challenges (5)
11 Absurd (12)
13 Ran quickly (6)
15 Firmly fixed (6)
17 Charmingly (12)
20 Torn apart (5)
21 Relating to heat (7)
22 Cowboy films (8)
23 24 hour periods (4)

Down

1 Wild prank (8)
2 Isolated (5)
4 Blocks of metal (6)
5 Inadequately manned (12)
6 Agitate (7)
7 Shallow food container (4)
8 Insubordination (12)
12 Uses again (8)
14 Abandons a plan (7)
16 Bleach (6)
18 Assumed proposition (5)
19 Make beer or ale (4)

PUZZLE 72

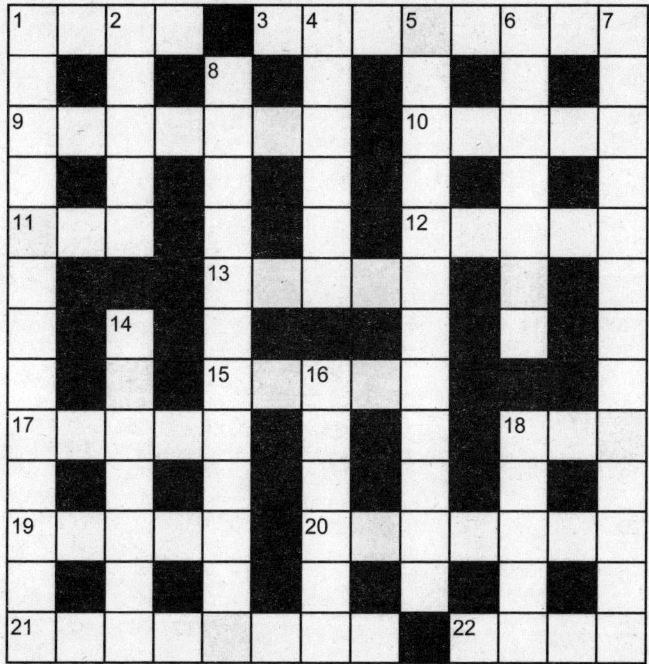

Across

1 Unit of type-size (4)
3 Dots indicating an omission (8)
9 European deer (7)
10 Camera image (5)
11 Tree of the genus Quercus (3)
12 Cook meat in the oven (5)
13 Borders (5)
15 Red-chested bird (5)
17 Leg bone (5)
18 Tear (3)
19 Inducement (5)
20 However (anag.) (7)
21 Person who maintains machines (8)
22 Clothed (4)

Down

1 Chart of chemical elements (8,5)
2 Waterway (5)
4 Feeling of fondness (6)
5 Imitator (12)
6 Organ of digestion (7)
7 Easily angered (5-8)
8 Underground (12)
14 Crying heavily (7)
16 Look through casually (6)
18 Direct competitor (5)

PUZZLE 73

Across

1 A performance by one person (4)
3 Remains of something damaged (8)
9 Morally depraved (7)
10 Care for; look after (5)
11 Ineptness (12)
13 Stout-bodied insect (6)
15 Part of a motor (6)
17 Act of slowing down (12)
20 Large crow (5)
21 Become more precipitous (7)
22 Lessening; diminishing (8)
23 Sort; variety (4)

Down

1 Concise (8)
2 Expressing emotions (of poetry) (5)
4 Putrid (6)
5 Intense (12)
6 Juicy soft fruit (7)
7 Not odd (4)
8 Brusque and surly (12)
12 Mounted guns (8)
14 Herb related to parsley (7)
16 e.g. spring or winter (6)
18 State indirectly (5)
19 Extent of a surface (4)

PUZZLE 74

Across

1 Wharf (4)
3 Extremely happy (8)
9 Slanted characters (7)
10 The reproduction of sound (5)
11 Child (3)
12 Notices (5)
13 Violent weather (5)
15 Metal spikes (5)
17 Songbird (5)
18 e.g. use a chair (3)
19 Angry dispute (3-2)
20 More spacious (7)
21 Spread out (8)
22 Roll of photographic film (4)

Down

1 Irascible (5-8)
2 Prize (5)
4 Building for gambling (6)
5 Act of sending a message (12)
6 Larval frog (7)
7 Dealing with different societies (5-8)
8 Jail term without end (4,8)
14 Relies upon (7)
16 Son of Daedalus in Greek mythology (6)
18 Strike (5)

PUZZLE 75

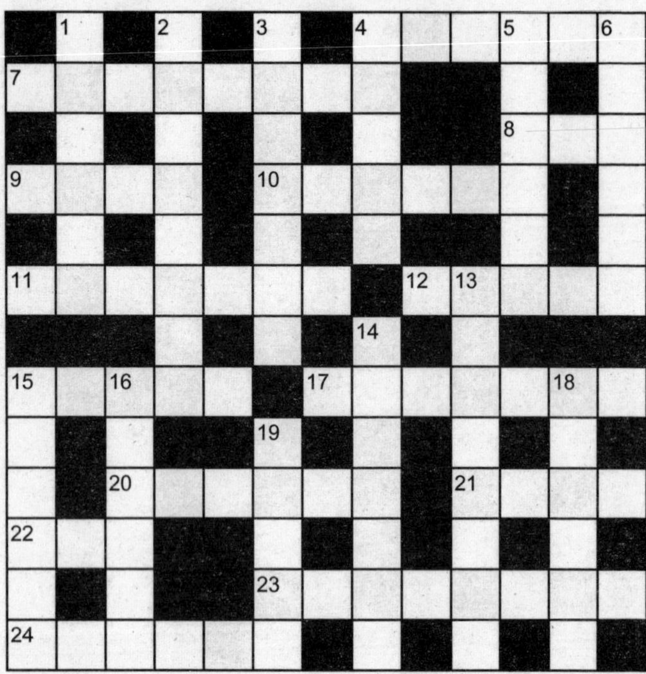

Across

4 Bidding (6)
7 Colleague (2-6)
8 Knock vigorously (3)
9 Cleanse (4)
10 Twist together (6)
11 Taunting; mocking (7)
12 Become less intense (5)
15 Grips (5)
17 Difficult to catch (7)
20 Type of rain cloud (6)
21 Titled peer (4)
22 Monstrous humanoid creature (3)
23 Day of the week (8)
24 Supplies with food (6)

Down

1 Spirit of a person or group (6)
2 Took the trouble to do something (8)
3 Moving on ice (7)
4 Borough of New York City (5)
5 Archimedes' famous cry (6)
6 Push over (6)
13 Groundless (8)
14 Type of photographic shot (5-2)
15 Very brave and courageous (6)
16 Surgical knife (6)
18 Oral (6)
19 Assists in a crime (5)

PUZZLE 76

Across

1 Country in central Africa (6)
7 Wanderer (8)
8 Vitality (3)
9 Deposit knowledge (6)
10 Appendage (4)
11 e.g. oxygen and nitrogen (5)
13 Soaked in liquid (7)
15 Located in the fresh air (7)
17 Kitchen appliance (5)
21 Manner or appearance (4)
22 Red wine (6)
23 Marry (3)
24 Adolescent (8)
25 Paths (6)

Down

1 Wandering (6)
2 Allows in (6)
3 Pertaining to birds (5)
4 Disturb (7)
5 Point of contact; masonry support (8)
6 Different from (6)
12 Put at risk (8)
14 Excessive pride; vanity (7)
16 One of a kind (6)
18 Deceive with ingenuity (6)
19 Avoids (6)
20 Stratum (5)

PUZZLE 77

Across

1 Walk round a place (11)
9 Reject with disdain (5)
10 Adult males (3)
11 Lose a contest intentionally (5)
12 Senior figure in a tribe (5)
13 Beekeeper (8)
16 Disease caused by a lack of thiamine (8)
18 Religious table (5)
21 Water container (5)
22 Fall behind (3)
23 Plants of a region (5)
24 Having celebrities in attendance (4-7)

Down

2 Entangle (7)
3 Responses (7)
4 Rebuts (anag.) (6)
5 Type of spear (5)
6 Domesticated (5)
7 Stubborn (11)
8 Component parts (11)
14 Break up (7)
15 Ascertain dimensions (7)
17 Urge (6)
19 Taut (5)
20 Touch on; mention (5)

PUZZLE 78

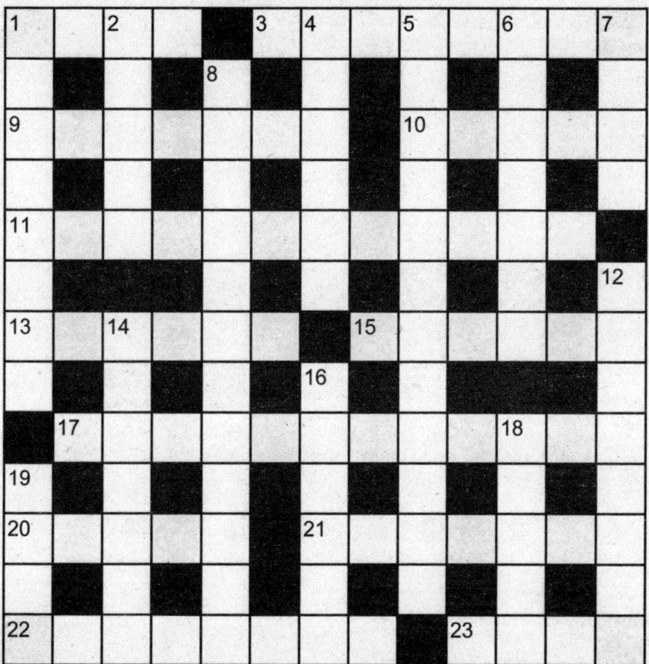

Across

1 Every (4)
3 Very likely (8)
9 Frees from an obligation (7)
10 Rinse out (5)
11 Impudence (12)
13 Roe of sturgeon (6)
15 Thoroughfare (6)
17 Practice of designing buildings (12)
20 Small firework (5)
21 Penetrated (7)
22 Responded (8)
23 Heavy metal (4)

Down

1 Telescope lens (8)
2 Crawl (5)
4 World's largest country (6)
5 Wearing glasses (12)
6 Rich sweet roll (7)
7 Yellow part of an egg (4)
8 Easy to converse with (12)
12 Went along to an event (8)
14 Good qualities (7)
16 Area of flat unforested grassland (6)
18 Male relation (5)
19 Continent (4)

PUZZLE 79

Across

1 Astound (11)
9 For each (3)
10 Bout of extravagant shopping (5)
11 Pertaining to the sun (5)
12 Flowers (5)
13 Glue (8)
16 Rushing (2,1,5)
18 Breadth (5)
20 Alert (5)
21 Recycle (5)
22 Came first (3)
23 Mean (5-6)

Down

2 Entices (5)
3 Public transport vehicles (5)
4 Gained deservedly (6)
5 Estimates (7)
6 Choice cut of beef (7)
7 Not exact (11)
8 Having a widespread range (3-8)
14 Soft toffee (7)
15 Upper arm bone (7)
17 Turn down (6)
18 Unwanted plants (5)
19 Sowed (anag.) (5)

PUZZLE 80

Across

1 Doze (6)
7 Casual (8)
8 State of armed conflict (3)
9 A size of book page (6)
10 Fleshes out unnecessarily (4)
11 Put clothes on (5)
13 Equipped (7)
15 Stiff and formal (7)
17 Turns over (5)
21 Hold as an opinion (4)
22 A long way away (3,3)
23 Limb (3)
24 Sentiments (8)
25 Jostle (6)

Down

1 One who is easily frightened (6)
2 Force that causes rotation (6)
3 Platforms leading out to sea (5)
4 Exertions (7)
5 Hot and humid (8)
6 Seat on the back of a horse (6)
12 Clamber (8)
14 Making sore by rubbing (7)
16 Swarmed (6)
18 Child (6)
19 Hinder the progress of (6)
20 Implement used for cleaning (5)

PUZZLE 81

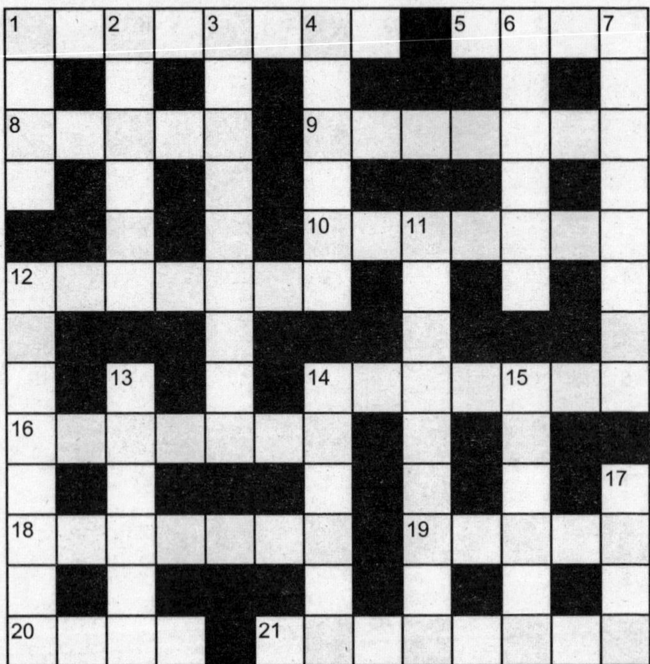

Across

1 Red fruits eaten as vegetables (8)
5 Deprived of sensation (4)
8 Lesser (5)
9 Ennoble (7)
10 Thin paper products used for wiping (7)
12 British rock group (7)
14 Drooping (7)
16 Beaten by hammering (of metals) (7)
18 Clumsily (7)
19 Ironic metaphor (5)
20 Greek god of love (4)
21 Anxiety (8)

Down

1 Tone down (4)
2 Vedic hymn (6)
3 Exciting (9)
4 Constructs (6)
6 False (6)
7 Formal approval (8)
11 Type of pasta (9)
12 N American game bird (8)
13 Lively Spanish dance (6)
14 Remained (6)
15 Money received (6)
17 Barrels (4)

PUZZLE 82

1		2		3		■	4	5		6		7
	■		■		■	8	■		■		■	
	■		■		■	9						
10							■		■		■	
	■	■	■		■		■	11				
12		13			■		■	■	■		■	
■	■		■	14				15	■		■	■
16	■		■	■	■		■	17				18
19				20	■		■		■	■	■	
	■		■		■	21				22		
23							■		■		■	
	■		■		■		■		■		■	
24						■	25					

Across

1 Most pleasant (6)
4 Large property with land; holding (6)
9 Used to one's advantage (7)
10 Weasel-like animal (7)
11 Not true (5)
12 Play a guitar (5)
14 Knocks into (5)
17 Move on hands and knees (5)
19 Listens to (5)
21 Country whose capital is Reykjavik (7)
23 Proportionately (3,4)
24 Removed dirt from (6)
25 Plus points (6)

Down

1 Insect larvae (6)
2 Loose hood (4)
3 Give in to temptation (7)
5 Personnel at work (5)
6 Exclamation of joy (8)
7 Small whirlpools (6)
8 Pertaining to marriage (11)
13 Famished (8)
15 Long speeches (7)
16 Fashioned (6)
18 Shelves (6)
20 Raised floor or platform (5)
22 Helper (4)

PUZZLE 83

Across

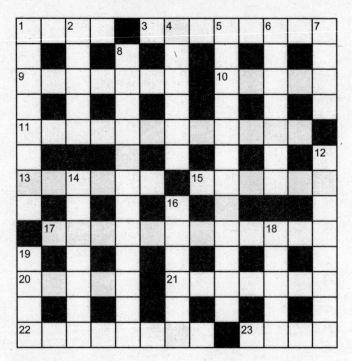

1 Stride; rate of moving (4)
3 Publicly recommend (8)
9 Female stage performer (7)
10 Conditions (5)
11 Showing gratitude (12)
13 Abscond (6)
15 Tricky question (6)
17 Circle amount (anag.) (12)
20 Skewered meat (5)
21 Necessary (7)
22 Made less bright (8)
23 Speak indistinctly (4)

Down

1 Signs for public display (8)
2 Destroy (3,2)
4 Purify then condense (6)
5 Fully extended (12)
6 Reaches a destination (7)
7 Simplicity (4)
8 Resolvable (12)
12 Tooth (8)
14 Hit hard (7)
16 Spiritual meeting (6)
18 Dreadful (5)
19 Slide (4)

PUZZLE 84

Across

1 Caress (6)
4 Astonished (6)
9 Fall back (7)
10 Pungent gas (7)
11 Type of leather (5)
12 Floor of a building (5)
14 Type of small fastener (5)
17 Female relatives (5)
19 Well-mannered (5)
21 Get rid of something (7)
23 Tornado (7)
24 Without difficulty (6)
25 Ancient Persian king (6)

Down

1 Violent gust of wind (6)
2 Quantity of paper (4)
3 Edible parts of nuts (7)
5 Thaws (5)
6 Large rigid dirigible (8)
7 Increase; extend (6)
8 Past performances (5,6)
13 Volcano near Naples (8)
15 Armed conflict (7)
16 Hay-cutting tool (6)
18 Marsh plants (6)
20 Place providing accommodation (5)
22 Semi-precious agate (4)

PUZZLE 85

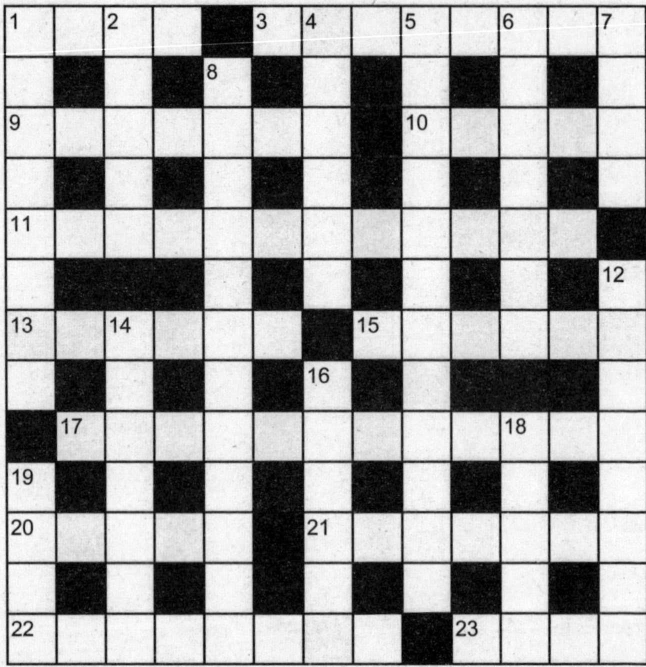

Across

1 Contact by phone (4)
3 Partial shadow (8)
9 Writing fluid holder (7)
10 Gets less difficult (5)
11 Displeased (12)
13 Bubble violently (6)
15 Next after seventh (6)
17 Penny-pinching (12)
20 Topic (anag.) (5)
21 Recover (7)
22 Monarchist (8)
23 Allows to happen (4)

Down

1 Immature (8)
2 Finds agreeable (5)
4 Cream pastry (6)
5 Intuitively designed (of a system) (4-8)
6 Request earnestly (7)
7 Too (4)
8 Highly abstract (12)
12 Stiff cat hairs (8)
14 Precisely (7)
16 Entertains (6)
18 Egg-shaped (5)
19 Swinging barrier (4)

PUZZLE 86

Across

1 Raise to the third power (4)
3 Pursuit of high principles (8)
9 Very young infant (7)
10 Killer whales (5)
11 Weary (5)
12 Steadfast (7)
13 Reverses (6)
15 Dairy product (6)
17 Brass wind instrument (7)
18 Imitative of the past (5)
20 Possessor (5)
21 Those greatly skilled in a subject (7)
22 Firmness (8)
23 Tax (4)

Down

1 Buildings (13)
2 Shady spot under trees (5)
4 From Denmark (6)
5 Therapeutic use of plant extracts (12)
6 Fragrant compound (7)
7 Naughtily (13)
8 Easy-going (4-8)
14 Active during the day (7)
16 Bear witness (6)
19 Curt; steer (anag.) (5)

PUZZLE 87

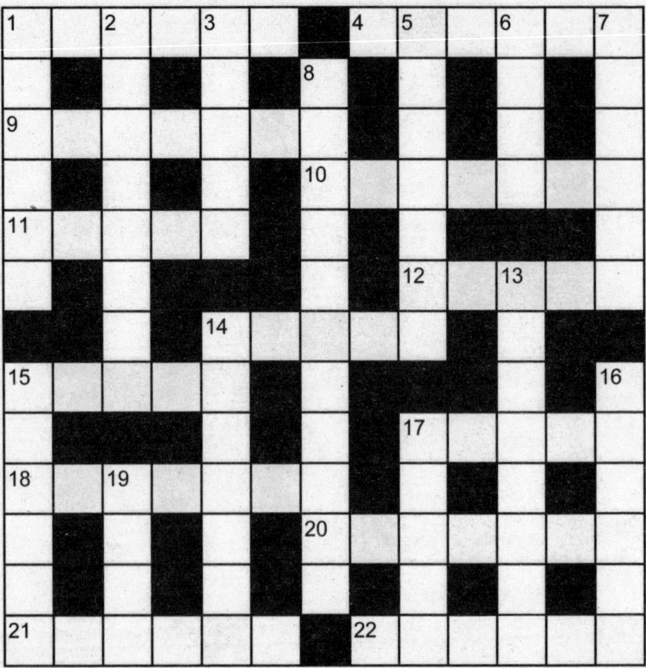

Across

1 Radiating light (6)
4 Keep watch over an area (6)
9 Receptacle for letters (7)
10 Children (7)
11 Tarnish (5)
12 Attach (5)
14 Arm joint (5)
15 Business proposal (5)
17 Japanese form of fencing (5)
18 Extreme enthusiast (7)
20 Conjuring up feelings (7)
21 Rinsed (anag.) (6)
22 Loan shark (6)

Down

1 Puzzle (6)
2 Language used by an individual (8)
3 Pastime (5)
5 Performer of gymnastic feats (7)
6 Method of learning by repetition (4)
7 Voice box (6)
8 Things that happen to you (11)
13 Boundary (8)
14 If (7)
15 Breathless (6)
16 Lumberjack (6)
17 Speed in nautical miles per hour (5)
19 Word that identifies a thing (4)

PUZZLE 88

Across

1 Omnipotent (3-8)
9 Used to be (3)
10 Positions in a hierarchy (5)
11 Monotonous hum (5)
12 Slabs of peat for fuel (5)
13 Amended (8)
16 Careless; rash (8)
18 Come to a point (5)
20 High up (5)
21 Slender piece of wood (5)
22 Sum charged (3)
23 Tendency to disintegrate (11)

Down

2 Opposite of a winner (5)
3 Cat sounds (5)
4 Desired (6)
5 Tranquil (7)
6 Falsehood (7)
7 European country (11)
8 The military (5,6)
14 Light two-wheeled motor vehicle (7)
15 Floating wreckage (7)
17 Companionable (6)
18 Symbol (5)
19 Swells (5)

PUZZLE 89

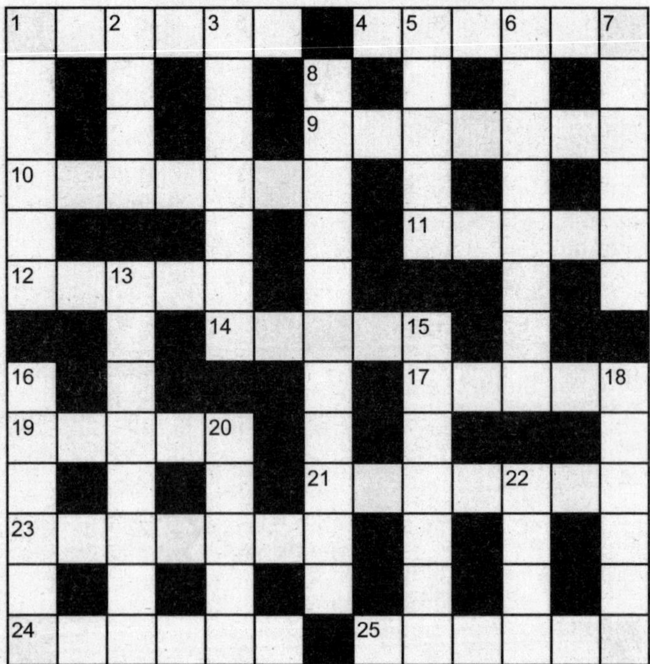

Across

1 Pertaining to the teeth (6)
4 Averts something bad (6)
9 Apt to disintegrate (7)
10 Unpredictable (7)
11 Crustacean like a shrimp (5)
12 Male bee (5)
14 Studies a subject at university (5)
17 Smarter (5)
19 Shoe ties (5)
21 Tapering stone pillar (7)
23 Fabric (7)
24 Oppose (6)
25 Being with organic and cybernetic parts (6)

Down

1 Be contingent upon (6)
2 Close by (4)
3 One more (7)
5 Outdo (5)
6 Oscillates (8)
7 Observing furtively (6)
8 Jobs (11)
13 Exclamations of protest (8)
15 Affectionately (7)
16 Parcel (anag.) (6)
18 Gathering up leaves in the garden (6)
20 Goes through carefully (5)
22 After the beginning of (4)

PUZZLE 90

Across

4 Provided with money (6)
7 Overflowing with praise (8)
8 Opposite of high (3)
9 Loud noise (4)
10 Ten raised to the power 100 (6)
11 Type of respiration (7)
12 Venomous snake (5)
15 Group of students; category (5)
17 Obedient (7)
20 A cargo (6)
21 Writing fluids (4)
22 How (anag.) (3)
23 Squashes (8)
24 Be disloyal to (6)

Down

1 Erase a mark from a surface (6)
2 Underground cells (8)
3 Central bolt (7)
4 Criminal (5)
5 Lump or blob (6)
6 Water diviner (6)
13 Begin (8)
14 Thief (7)
15 What a spider spins (6)
16 Using all one's resources (3,3)
18 Mean (6)
19 A moment (5)

PUZZLE 91

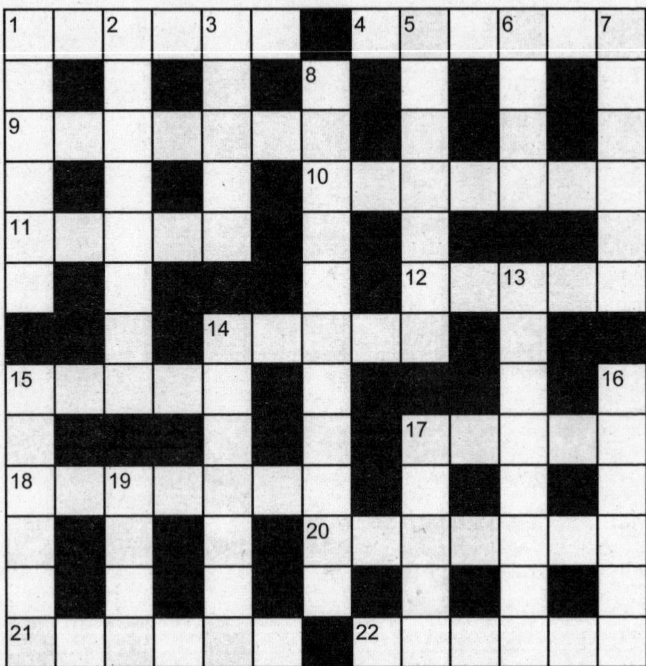

Across

1 Fast-flowing part of a river (6)
4 Confused noise (6)
9 Residence of the Pope (7)
10 Tough questions (7)
11 Pains (5)
12 Organ that secretes bile (5)
14 Trivial (5)
15 View (5)
17 Pertaining to the voice (5)
18 Feeling of indignation (7)
20 Accumulated over time (7)
21 Open type of footwear (6)
22 Depression from a meteor impact (6)

Down

1 Show (6)
2 Large jugs (8)
3 Deducts (5)
5 Normally (7)
6 What a cyclist rides (4)
7 One who manages finances at a college (6)
8 Deliberate (11)
13 Noble title (8)
14 Kneecap (7)
15 Records on tape (6)
16 Engineless aircraft (6)
17 Clergyman (5)
19 Mend with rows of stitches (4)

PUZZLE 92

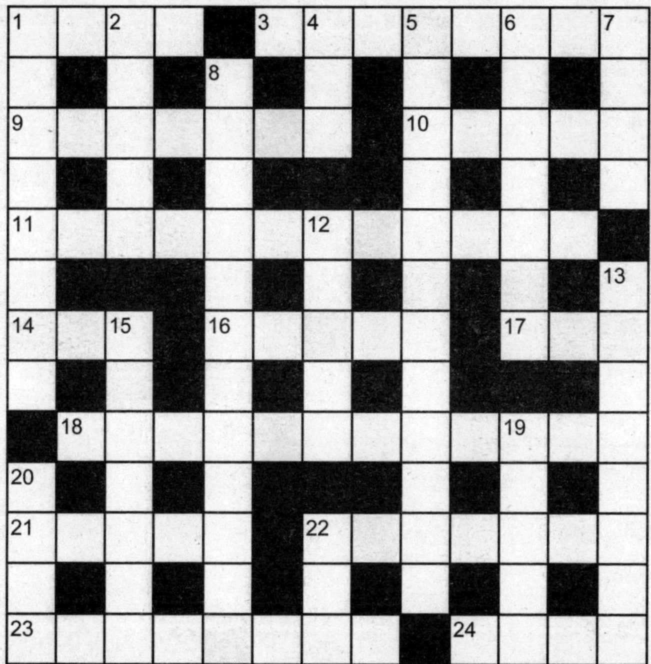

Across

1 Ceases (4)
3 North American diving ducks (8)
9 Pope (7)
10 Bitterly pungent (5)
11 Heavy long-handled tool (12)
14 Nothing (3)
16 Tests (5)
17 Violate a law of God (3)
18 Author of screenplays (12)
21 Loosened (5)
22 e.g. from Moscow (7)
23 Plummet (8)
24 Stagnant; lazy (4)

Down

1 Revealing a truth (8)
2 Move to music (5)
4 Small sprite (3)
5 Female school boss (12)
6 Stuffy (7)
7 Soft drink (US) (4)
8 Very determined (6-6)
12 Vital organ (5)
13 Doorway (8)
15 Migratory grasshoppers (7)
19 Bronze medal position (5)
20 Observed (4)
22 Increase the running speed of an engine (3)

PUZZLE 93

Across

1 Freshwater game fish (4)
3 Surprised (8)
9 Terse (7)
10 Cool and distant (5)
11 Later (5)
12 Look into (7)
13 Hold a position or job (6)
15 Sleeveless cloak (6)
17 Ingenuous (7)
18 Good at (5)
20 Visual representation (5)
21 Shrub with tubular flowers (7)
22 Channels of the nose (8)
23 Adhesive (4)

Down

1 Cooperation; alliance (13)
2 Unabridged (5)
4 Heart (slang) (6)
5 Re-emergence (12)
6 Person who keeps watch (7)
7 Distinguish between (13)
8 Someone who sets up their own business (12)
14 Curved sword (7)
16 Of practical benefit (6)
19 Self-supporting wooden frame (5)

PUZZLE 94

Across

1 Chess piece (6)
7 Sloth (8)
8 Pro (3)
9 Average; moderate (6)
10 Roman poet (4)
11 Military vehicles (5)
13 Caressed (7)
15 Type of optician (7)
17 Felts (anag.) (5)
21 Cat cry (4)
22 Calls forth (6)
23 Fasten with stitches (3)
24 Male siblings (8)
25 Showing gentleness (6)

Down

1 Meal where guests serve themselves (6)
2 Speech given in church (6)
3 Length of interlaced hair (5)
4 Horizontal angle of a compass bearing (7)
5 Face-to-face conversation (3-2-3)
6 Seek ambitiously (6)
12 Unit of power (8)
14 Showed a person to their seat (7)
16 Happy (6)
18 Bustled about nervously (6)
19 Plumbing fixture; brief fall of rain (6)
20 Timber beam (5)

PUZZLE 95

Across

4 Senior tribal figures (6)
7 Planned (8)
8 Support for a golf ball (3)
9 Popular martial art (4)
10 Long-haired breed of dog (6)
11 Caresses (7)
12 Acer tree (5)
15 Lentil or chickpea (5)
17 Funny (7)
20 Rarely encountered (6)
21 Opposite of less (4)
22 Auction item (3)
23 Pardons (8)
24 Chaos (6)

Down

1 Admit to a post (6)
2 Poisonous (8)
3 Epic poem (7)
4 Amends (5)
5 Catch or snare (6)
6 Deviate suddenly (6)
13 Gather together in one place (8)
14 Vast (7)
15 Type of examination (6)
16 Finally (6)
18 Hospital carers (6)
19 You usually do this whilst asleep (5)

PUZZLE 96

Across

1 Taxis (4)
3 Making a deep resonant sound (8)
9 Becomes less wide (7)
10 Spin around (5)
11 Small social insect (3)
12 Rental agreement (5)
13 Possessed (5)
15 Device that clears a car windscreen (5)
17 Bend (5)
18 Chain attached to a watch (3)
19 Original; new (5)
20 Country in Africa (7)
21 Grounding (of electricity) (8)
22 Not there (4)

Down

1 Gradual healing (13)
2 Rupture (5)
4 Not noticed (6)
5 Total confusion (12)
6 Copy; mimic (7)
7 50th anniversary of a major event (6,7)
8 A grouping of states (12)
14 At all times (7)
16 Jail (6)
18 Contrapuntal composition (5)

PUZZLE 97

■	1	2		3		4		5		6		■
7	■		■		■		■		■		■	8
9			■	10					■		■	
	■		■		■		■	11				
12					■		■		■		■	
	■	■	■	■	13							
	■	14	■	15	■	■	■		■		■	
16						17		■	■	■	■	
	■		■		■		■	18		19		
20					■		■		■		■	
	■		■	21					■	22		
	■		■		■		■		■		■	
■	23											■

Across

1 Act of publishing in several places (11)
9 Jewel (3)
10 Areas; sectors (5)
11 Game fish (5)
12 Tall and slim (5)
13 Flag position to indicate mourning (4-4)
16 Social insect (8)
18 Plied (anag.) (5)
20 Beast (5)
21 Part of a church tower (5)
22 Finish first (3)
23 Initiators (11)

Down

2 Country in the Arabian peninsula (5)
3 Giddy (5)
4 Where one finds Quebec (6)
5 Bear witness (7)
6 Piece of furniture (7)
7 Fear of open spaces (11)
8 Amazingly good (11)
14 Brutal; cruel (7)
15 Prepare for printing (7)
17 Consuming food (6)
18 Tailored fold (5)
19 Bring down (5)

PUZZLE 98

Across

1 Repose (4)
3 Prestigious (8)
9 Childbirth assistant (7)
10 Flat-bottomed boat (5)
11 Astonishing; amazing (3-9)
13 Inside information (3-3)
15 Dried grape (6)
17 Courtesy (12)
20 Pertaining to bees (5)
21 Alike (7)
22 A detail to be explained (5,3)
23 Grain that grows into a new plant (4)

Down

1 Defensive walls (8)
2 Move sideways (5)
4 Drowsy (6)
5 Awkward (12)
6 Docking facilities for boats (7)
7 Reduce one's food intake (4)
8 Importance (12)
12 Unequal; biased (3-5)
14 Type of porch (7)
16 Blunt needle (6)
18 Strange and mysterious (5)
19 Bucket (4)

PUZZLE 99

Across

1 Imitative work (8)
5 Ancient boats (4)
9 Strikes with the foot (5)
10 Cherished (5)
11 Lingering visual impression (10)
14 Openly declared (6)
15 Each (6)
17 Large kingfisher (10)
20 Wall painting (5)
21 Not together (5)
22 Small amphibian (4)
23 Flatter (6,2)

Down

1 Prod (4)
2 Draw into the mouth using a straw (4)
3 Intolerable (12)
4 Equine animals (6)
6 Uncovered; displayed (8)
7 Made unhappy (8)
8 Crucial (3,9)
12 Someone skilled in shooting (8)
13 The day after today (8)
16 Writing desk (6)
18 Couple (4)
19 Halt (4)

PUZZLE 100

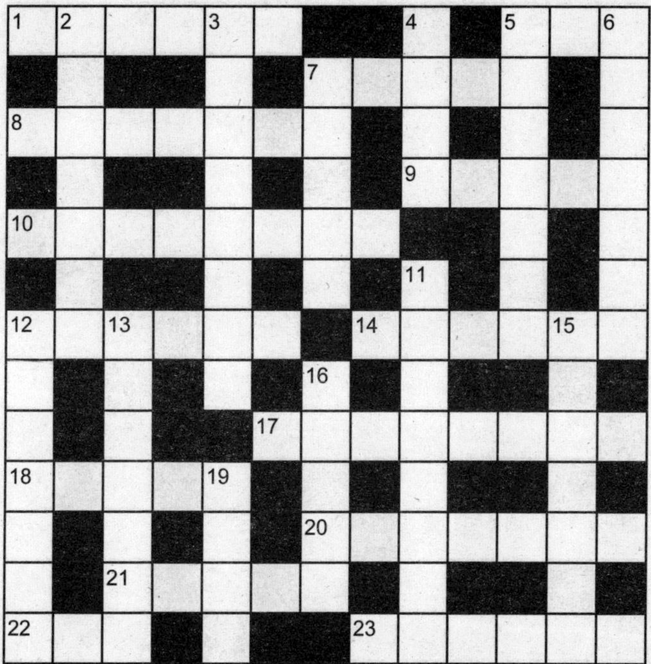

Across

1 Reciprocal (6)
5 Close-fitting hat (3)
7 Ostentatious (5)
8 Fainted (anag.) (7)
9 Act slowly (5)
10 Altercation (8)
12 Desire for water (6)
14 Outer parts of bread loaves (6)
17 Pulling against resistance (8)
18 Parasitic arachnids (5)
20 Person learning a skill (7)
21 Slender freshwater fish (5)
22 Soil; dirt (3)
23 Serving no functional purpose (6)

Down

2 Dig out of the ground (7)
3 Creating needless panic (8)
4 Fill up (4)
5 One-eyed giant (7)
6 Petitions to God (7)
7 Hurt by an insect like a wasp (5)
11 Having a pleasing scent (8)
12 Outburst of anger (7)
13 Freezing (3-4)
15 Works in an amateurish way (7)
16 Foam (5)
19 Chair (4)

PUZZLE 101

Across

1 Church recess (4)
3 Fruit sugar (8)
9 Comply (with rules) (7)
10 Up to the time when (5)
11 Exemption from a rule (12)
14 Annoy continuously (3)
16 Enlighten; educate morally (5)
17 Flightless bird (3)
18 In a carefree manner (12)
21 Door hanger (5)
22 Inactive pill (7)
23 Plan anew (8)
24 Type of high-energy radiation (1-3)

Down

1 Mishap (8)
2 Nasal passageway (5)
4 Strong spirit (3)
5 Female fellow national (12)
6 Vanquished (7)
7 Sell (anag.) (4)
8 Vagrancy (12)
12 Glisten (5)
13 Meddlesome person (8)
15 Moaned (7)
19 Absolute (5)
20 US pop star (4)
22 Short cylindrical piece of wood (3)

PUZZLE 102

1		2		3		■	4	5		6		7
	■		■		■	8	■		■		■	
9							■		■		■	
	■		■		■	10						
11					■		■		■	■	■	
	■		■	■	■		■	12		13		
■	■		■	14					■		■	■
15					■		■	■	■		■	16
	■	■	■		■		■	17				
18		19					■		■		■	
	■		■		■	20						
	■		■		■		■		■		■	
21						■	22					

Across

1 Waste matter (6)
4 Placed a plant in a container (6)
9 Hide (5-2)
10 Obvious (7)
11 Parts in a play (5)
12 Shy (5)
14 Long flower-stalk (5)
15 Domineering (5)
17 Backbone (5)
18 Cut short (7)
20 Eased in (anag.) (7)
21 Raved (6)
22 Pursued (6)

Down

1 Safe (6)
2 Ripples (8)
3 Young females (5)
5 Remove a difficulty (7)
6 Duration (4)
7 Moved very quickly (6)
8 Extremely impressive (11)
13 Afternoon performances (8)
14 Junction between nerve cells (7)
15 Investor (6)
16 Rounded up animals (6)
17 Metal worker (5)
19 Restrain (4)

PUZZLE 103

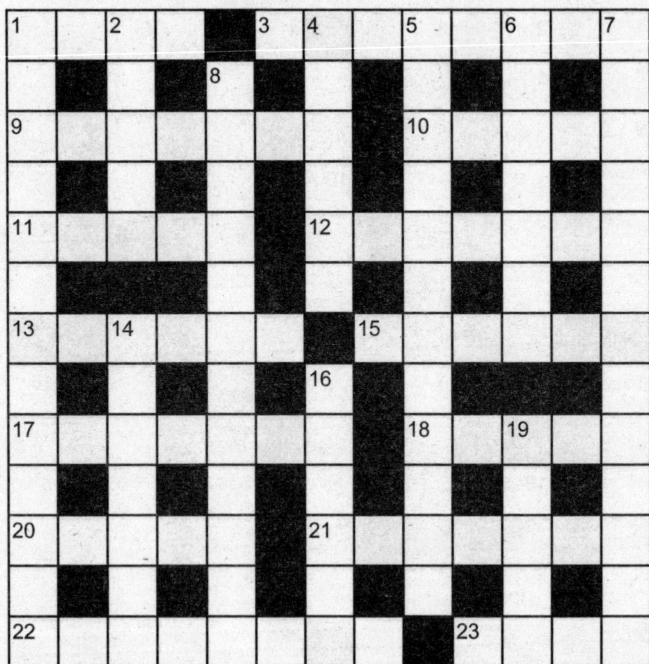

Across

1 Piece of metal used as money (4)
3 Visitors to a place (8)
9 Matured (7)
10 Greeting (5)
11 Additional (5)
12 Remain alive (7)
13 Quantum of electromagnetic energy (6)
15 Substance present in cereal grains (6)
17 Stylishly (7)
18 Speed music is played at (5)
20 Small heron (5)
21 Countries (7)
22 Always in a similar role (of an actor) (8)
23 Catch sight of (4)

Down

1 Person who writes letters regularly (13)
2 Data entered into a system (5)
4 Least young (6)
5 Restore to good condition (12)
6 Unaccompanied musician (7)
7 Impulsively (13)
8 Unfriendly (12)
14 The exposure of bedrock (7)
16 Dog-like mammals (6)
19 Natural satellites (5)

PUZZLE 104

Across

1 Stifle (anag.) (6)
7 Particular event (8)
8 Allow (3)
9 Harbinger of spring; crazy (6)
10 Time periods (4)
11 Concave roofs (5)
13 Positively charged ions (7)
15 Lenses in a frame that correct eyesight (7)
17 Item of clothing (5)
21 Affirm solemnly (4)
22 Generic term for a martial art (4,2)
23 Cause friction (3)
24 In the open air (8)
25 Adjust in advance of its use (6)

Down

1 Away from the coast (6)
2 Humorous television drama (6)
3 Eating implements (5)
4 Learned person (7)
5 Starlike symbol (8)
6 Sphere; territory (6)
12 Opposite of westward (8)
14 Most feeble (7)
16 Beautiful (6)
18 Accustoms to something (6)
19 European flatfish (6)
20 Spy (5)

PUZZLE 105

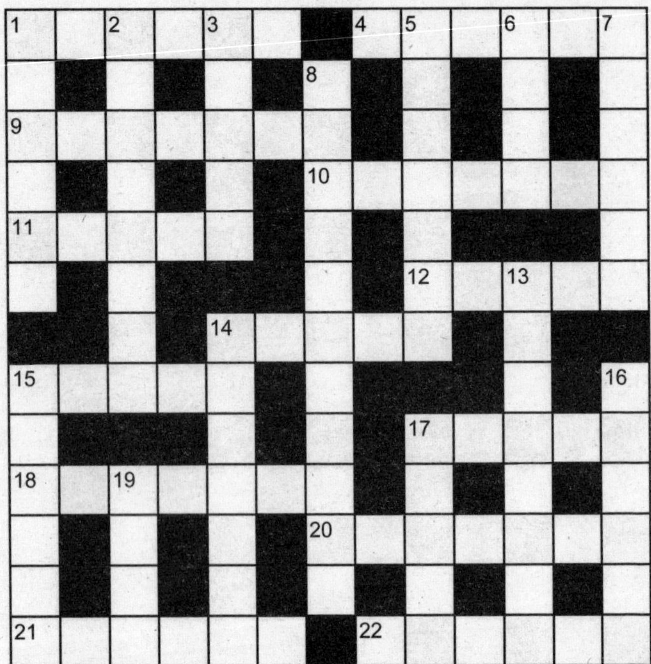

Across

1 Raise (6)
4 Homes (6)
9 Clasp (7)
10 Wanderer (7)
11 Warhorse (5)
12 Technical problem (5)
14 Injures (5)
15 Identical copy (5)
17 In what place (5)
18 Experienced serviceman (7)
20 Protected (7)
21 Spreads out and apart (6)
22 Church official (6)

Down

1 Anxious (6)
2 Text of an opera (8)
3 Criminal deception (5)
5 Firm opinions (7)
6 Song by two people (4)
7 Kept private; unknown by others (6)
8 Misleading clues (3,8)
13 Person not expected to win (8)
14 Gossip (7)
15 Conceals with a cloth (6)
16 Ruler (6)
17 Large marine mammal (5)
19 Narrate (4)

PUZZLE 106

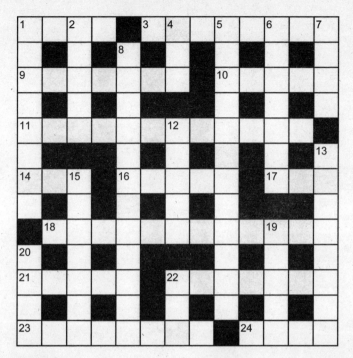

1		2			3	4		5		6		7
				8								
9								10				
11						12						
												13
14		15		16						17		
	18									19		
20												
21						22						
23									24			

Across

1 Whip (4)
3 Intellectual (8)
9 Woo; court (7)
10 Spends time doing nothing (5)
11 Emergency touchdown (5-7)
14 Intentionally so written (3)
16 The Norwegian language (5)
17 What our planet orbits (3)
18 Having an efficient approach to one's work (12)
21 Remain very close to (5)
22 Sticks of wax (7)
23 Extravagant fuss (8)
24 Sight organs (4)

Down

1 Someone who writes the words for a song (8)
2 Brazilian dance (5)
4 Anger (3)
5 Radishes grin (anag.) (12)
6 Becomes less severe (7)
7 Desire (4)
8 Bewitchingly (12)
12 Concur (5)
13 Opposites (8)
15 Critical (7)
19 Embed; type of filling (5)
20 Protective crust (4)
22 The sound of a dove (3)

PUZZLE 107

Across

1 Straighten out (6)
4 Entertained (6)
9 Victory (7)
10 Going out (7)
11 Entrance hall (5)
12 Eat grass (5)
14 Furnaces (5)
15 Buffalo (5)
17 Earlier (5)
18 Permitted (7)
20 Version of a book (7)
21 Scattered about untidily (6)
22 Customary practices (6)

Down

1 Too many to be counted (6)
2 Mountaineers (8)
3 Card game (5)
5 Contemplations (7)
6 Indian garment (4)
7 Hang loosely (6)
8 Enthusiastic supporter (11)
13 Praising (anag.) (8)
14 Technical knowledge (4-3)
15 Slows down (6)
16 Imbibes (6)
17 Works one's trade steadily (5)
19 Look slyly (4)

PUZZLE 108

Across

1 Take part in combat (5)
4 Make sour (7)
7 Person acting as a deputy (5)
8 Disordered state of mind (8)
9 Sturdy (5)
11 Elks idea (anag.) (8)
15 Unchangeable; certain (4,4)
17 Estimate (5)
19 Spatters with liquid (8)
20 Heaps (5)
21 Poison (7)
22 Give a solemn oath (5)

Down

1 Young bird (9)
2 Resembling a deity (7)
3 Female big cat (7)
4 Utterly senseless (6)
5 Seaport in South Africa (6)
6 Deceived (5)
10 Child (9)
12 Drives aground (a boat) (7)
13 One of two gaps in a shirt (7)
14 Toward the rear of a ship (6)
16 Relating to high mountains (6)
18 Bring together (5)

PUZZLE 109

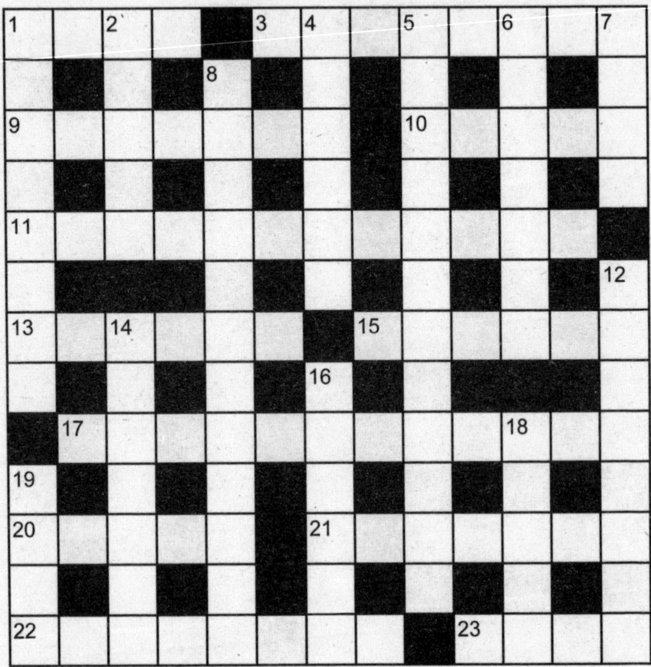

Across

1 Speech impediment (4)
3 Unobtrusive; circumspect (8)
9 Raises (7)
10 Memos (5)
11 Accomplishments (12)
13 Find (6)
15 Breaks open (6)
17 Abnormal anxiety about health (12)
20 Doglike mammal (5)
21 Vocation (7)
22 Distribute (8)
23 An individual thing (4)

Down

1 Praiseworthy (8)
2 Graceful young woman (5)
4 Topics for debate (6)
5 As a result (12)
6 Large areas of land (7)
7 Elephant tooth (4)
8 Loving (12)
12 Edible snail (8)
14 Demureness (7)
16 Amazes (6)
18 Rule (5)
19 Country bordered by Libya and Sudan (4)

PUZZLE 110

1		2		■	3	4		5		6		7
	■		■	8	■		■		■		■	
9							■	10				
	■		■		■		■		■		■	
11					■	12						
	■	■	■		■		■		■		■	
13		14				■	15					
	■		■		■	16	■		■	■	■	
17							■	18		19		
	■		■		■		■		■		■	
20					■	21						
	■		■		■		■		■		■	
22								■	23			

Across

1 Increases; sums up (4)
3 Mythical creature (8)
9 Official proving of a will (7)
10 Tree of the birch family (5)
11 Stood up (5)
12 Rallying speech (3,4)
13 Approached (6)
15 Wall painting or mural (6)
17 Argued against (7)
18 Absolute (5)
20 Rub out (5)
21 Grumbled (7)
22 Repugnance (8)
23 Lies (anag.) (4)

Down

1 The first and last (5,3,5)
2 Italian cathedral (5)
4 Free from a liability (6)
5 Extreme irritation (12)
6 Trying experiences (7)
7 Prescience (13)
8 Failure to act with prudence (12)
14 Satisfy; conciliate (7)
16 In slow time (of music) (6)
19 Cash registers (5)

PUZZLE 111

Across

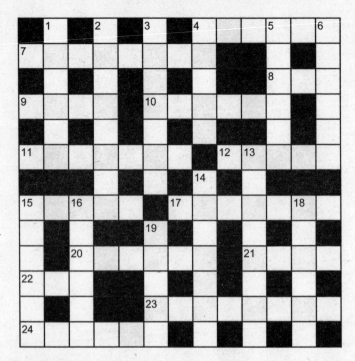

4 Protected from direct sunlight (6)
7 Support at the top of a seat (8)
8 Sap (anag.) (3)
9 Molten matter (4)
10 Capturing (6)
11 Hopes to achieve (7)
12 Underground worker (5)
15 e.g. beef and lamb (5)
17 Annoying pain (7)
20 Not singular (6)
21 Opposite of short (4)
22 Material from which a metal is extracted (3)
23 Took temporary possession of (8)
24 Come into view (6)

Down

1 Holds up (6)
2 Utopian (8)
3 Seats for more than one person (7)
4 Post (5)
5 Fire-breathing monster (6)
6 Stylishly dressed (6)
13 Idleness (8)
14 Lack of success (7)
15 Sullen and gloomy (6)
16 Measure of electrical current (6)
18 Aide (6)
19 Diving waterbird (5)

PUZZLE 112

Across

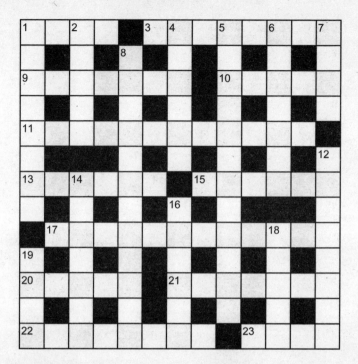

1 Neither good nor bad (2-2)
3 Compassionate (8)
9 European country (7)
10 Chasm (5)
11 Lacking courage (5-7)
13 Cooks over boiling water (6)
15 Containerful (6)
17 Lexicons (12)
20 Loft (5)
21 Spiral cavity of the inner ear (7)
22 Fail to notice (8)
23 Not at home (4)

Down

1 Echinoderm with a distinctive shape (8)
2 Japanese food (5)
4 Hard tooth coating (6)
5 Ability to see the future (12)
6 Blank page in a book (7)
7 One of the seven deadly sins (4)
8 Relating to numeric calculations (12)
12 Alphabetical list of terms (8)
14 Letter (7)
16 Mexican cloak (6)
18 Relation by marriage (2-3)
19 Light circle around the head of a saint (4)

PUZZLE 113

Across

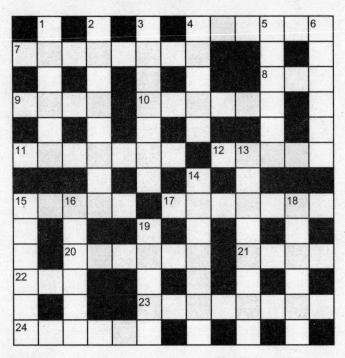

- **4** Sinful (6)
- **7** Disperses (8)
- **8** Owed and payable (3)
- **9** Link a town with another (4)
- **10** Not dense (6)
- **11** Allots (7)
- **12** Foundation (5)
- **15** Whip eggs (5)
- **17** Non-pedigree dog (7)
- **20** Musician playing a double-reed instrument (6)
- **21** Salver (4)
- **22** Round bread roll (3)
- **23** Surrounds on all sides (8)
- **24** Greek mathematician (6)

Down

- **1** Snarls (6)
- **2** Household implements (8)
- **3** e.g. spring and summer (7)
- **4** Customary (5)
- **5** Commands (6)
- **6** Gives in (6)
- **13** Very small unit of length (8)
- **14** Act of touching (7)
- **15** Sing in a trilling manner (6)
- **16** Humorously sarcastic (6)
- **18** Avoided (6)
- **19** Blended together (5)

PUZZLE 114

Across

1 Particles around a comet (4)
3 Exclamation of surprise (8)
9 Nattier (anag.) (7)
10 Guide a vehicle (5)
11 Partly digested animal food (3)
12 Happening (5)
13 Ultimate (5)
15 Strong thick rope (5)
17 Cry out loudly (5)
18 Pouch; enclosed space (3)
19 Go inside (5)
20 In the middle (7)
21 Smiling contemptuously (8)
22 Unattractive (4)

Down

1 Awareness (13)
2 Hushed (5)
4 State of the USA (6)
5 Doubting the truth of (12)
6 Mountain in the Himalayas (7)
7 Tactically (13)
8 Maker (12)
14 Laugh (7)
16 Visible warning device (6)
18 Show indifference with the shoulders (5)

PUZZLE 115

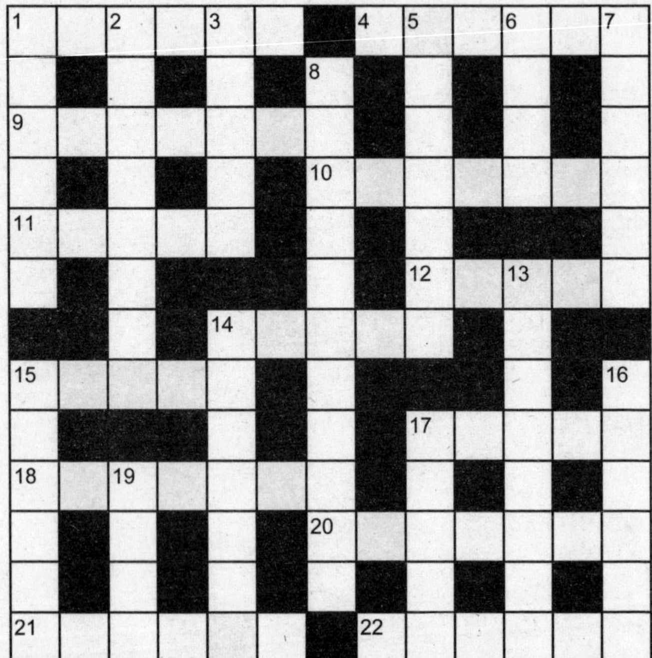

Across

1 Arm muscle (6)
4 Made a victim of (6)
9 Last longer than others (of clothes) (7)
10 Point of view (7)
11 Saline (5)
12 Peers (5)
14 Deep chasms (5)
15 Woodland spirit (5)
17 Church singers (5)
18 Bison (7)
20 The first Gospel (7)
21 Entangle (6)
22 Bubbles (6)

Down

1 Woman's garment (6)
2 Substance that speeds up a reaction (8)
3 Reverence for God (5)
5 Instructions on how to cook dishes (7)
6 Legendary creature (4)
7 Activities a person engages in (6)
8 Causing difficulties (11)
13 Rebound (8)
14 Lubricates (7)
15 Fine-drawn (6)
16 Coronets (6)
17 Supply with food (5)
19 Configuration; shape (4)

PUZZLE 116

Across

1 Precious stones (4)
3 Grammatical case (8)
9 Line that touches a curve (7)
10 Exams (5)
11 Not familiar with or used to (12)
14 Help (3)
16 Refrain from (5)
17 19th Greek letter (3)
18 Lacking tolerance or flexibility (6-6)
21 Flour dough used in cooking (5)
22 Obsequious person (7)
23 Burning (8)
24 Stated (4)

Down

1 Throaty (of a speech sound) (8)
2 Spiritual nourishment (5)
4 Nevertheless (3)
5 Relating to horoscopes (12)
6 Examine (7)
7 Compass point (4)
8 From this time on (12)
12 Drinking tube (5)
13 Split apart (8)
15 Salt lake in the Jordan valley (4,3)
19 Triangular river mouth (5)
20 Mocks (4)
22 Metal container (3)

PUZZLE 117

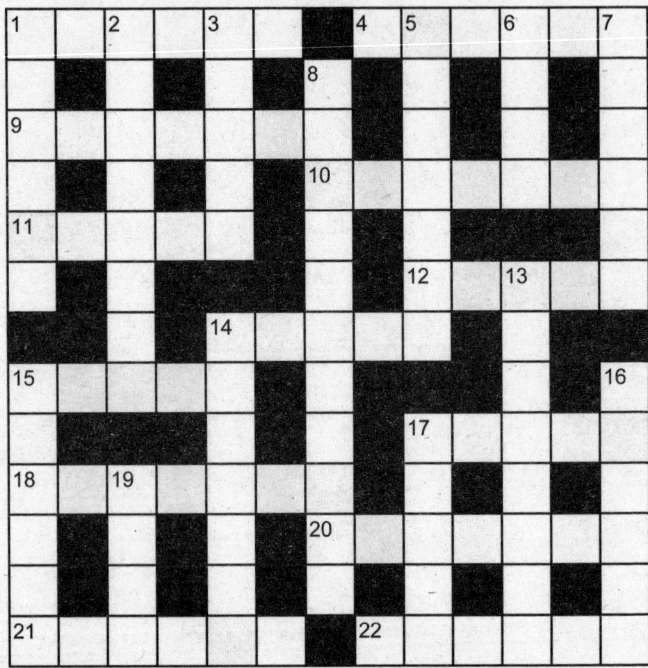

Across

1 Unique (3-3)
4 Compact group of mountains (6)
9 Bathing tub with bubbles (7)
10 Flying vehicles without engines (7)
11 Shapely (5)
12 Not containing anything (5)
14 More secure (5)
15 Remove dirt (5)
17 Flour and water mixture (5)
18 Certificate (7)
20 Pertaining to marriage (7)
21 Domain (6)
22 Egyptian god (6)

Down

1 Physical item (6)
2 Surround (8)
3 Bubbly (5)
5 One who settles a dispute (7)
6 Painful (4)
7 Unfriendly in manner (6)
8 Important (11)
13 Strange (8)
14 Cue sport (7)
15 Treat indulgently (6)
16 Cools down (6)
17 Deceives or misleads (5)
19 Splendid display (4)

PUZZLE 118

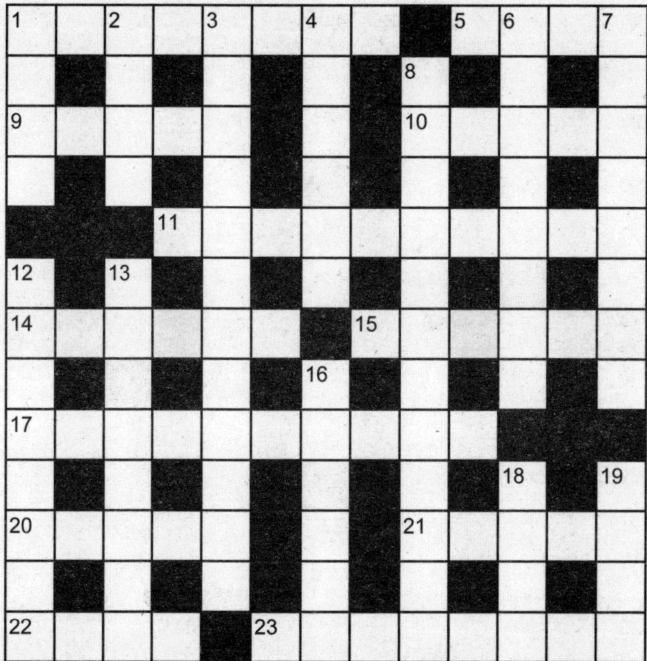

Across

1 Speculative (8)
5 Type of starch (4)
9 e.g. cumulus (5)
10 Brings up (5)
11 Meticulous (10)
14 Educated (6)
15 Caress (6)
17 Picture created by a camera (10)
20 Felony (5)
21 Bring into a line (5)
22 Official records (4)
23 Play a role with great restraint (8)

Down

1 Narrow strip of land (4)
2 Useful implement (4)
3 Antique; not modern (3-9)
4 Sagacious (6)
6 Large snake (8)
7 Thinks about something continually (8)
8 Most prominent position (5,2,5)
12 Not usual (8)
13 Teaching (8)
16 Shamelessly bold (6)
18 Document allowing entry to a country (4)
19 Midge (4)

PUZZLE 119

Across

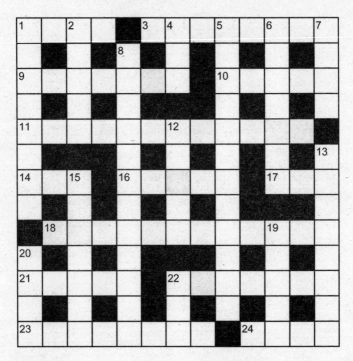

1 Dreadful (4)
3 Ridiculously (8)
9 Stonework (7)
10 Covered with powdery dirt (5)
11 Resistant to change (12)
14 Cheek (slang) (3)
16 Supernatural skill (5)
17 Court (3)
18 Birds of prey (6,6)
21 Stadium (5)
22 Skills (7)
23 Transporting by hand (8)
24 Weapons (4)

Down

1 Country one lives in (8)
2 Substance exuded by some trees (5)
4 Lad (3)
5 Not discernible (12)
6 Deny any responsibility for (7)
7 Spool-like toy (4)
8 Middleman (12)
12 One who avoids animal products (5)
13 Is composed of (8)
15 Trailblazer (7)
19 Of the moon (5)
20 Mineral powder (4)
22 Unit of weight (3)

PUZZLE 120

Across

1 Liquid food (4)
3 Loud and harsh (8)
9 End result (7)
10 Chocolate powder (5)
11 Strong ringing sound (5)
12 Realms (7)
13 Pokes gently (6)
15 Figure of speech (6)
17 Follows very closely (7)
18 Join together; merge (5)
20 With a forward motion (5)
21 Wealthiest (7)
22 Anxious uncertainty (8)
23 Remain (4)

Down

1 Meteors (8,5)
2 Extreme (5)
4 Walks (6)
5 Ineptness (12)
6 Engraving (7)
7 Party lanterns (anag.) (13)
8 Style of piano-based blues (6-6)
14 Fire-breathing creatures (7)
16 Takes the place of (6)
19 Clumsy (5)

PUZZLE 121

Across

1 An example of great artistry (11)
9 Fish eggs (3)
10 Chopped finely (5)
11 Tree anchors (5)
12 Easy (of a job) (5)
13 Coronation ceremony (8)
16 Money in use in a country (8)
18 Smooth cream of vegetables (5)
20 Come with (5)
21 Wading bird (5)
22 Mouthpiece attached to a bridle (3)
23 Integrity; trustworthiness (11)

Down

2 Declares (5)
3 This date (5)
4 Better off (6)
5 Reserved and shy (7)
6 Unit of heat energy (7)
7 Able to be used (11)
8 Homework tasks (11)
14 Young chicken (7)
15 Measured heaviness (7)
17 Winged child (6)
18 Committee (5)
19 Automaton (5)

PUZZLE 122

1		2		■	3	4		5		6		7
	■		■	8	■		■		■		■	
9							■	10				
	■		■		■		■		■		■	
11			■		■		■	12				
	■	■	■	13					■		■	
	■	14	■		■	■	■		■		■	
	■		■	15		16			■	■	■	
17					■		■		■	18		
	■		■		■		■		■		■	
19					■	20						
	■		■		■		■		■		■	
21								■	22			

Across

1 Shut with force (4)
3 Native of the United States (8)
9 Loose cloaks (7)
10 Craftsman who uses stone (5)
11 Shed tears (3)
12 Settle for sleep (of birds) (5)
13 Screams (5)
15 Neck warmer (5)
17 Oppress grievously (5)
18 Additionally (3)
19 Academy Award (5)
20 e.g. fluorine or chlorine (7)
21 Stops temporarily (8)
22 Correct; accurate (4)

Down

1 Partially awake (13)
2 Harass; frustrate (5)
4 Capital of Russia (6)
5 Regretfully (12)
6 Traditional ways of doing things (7)
7 Absence (13)
8 Framework for washed garments (7,5)
14 Origins (7)
16 Curved (6)
18 Tool for boring holes (5)

PUZZLE 123

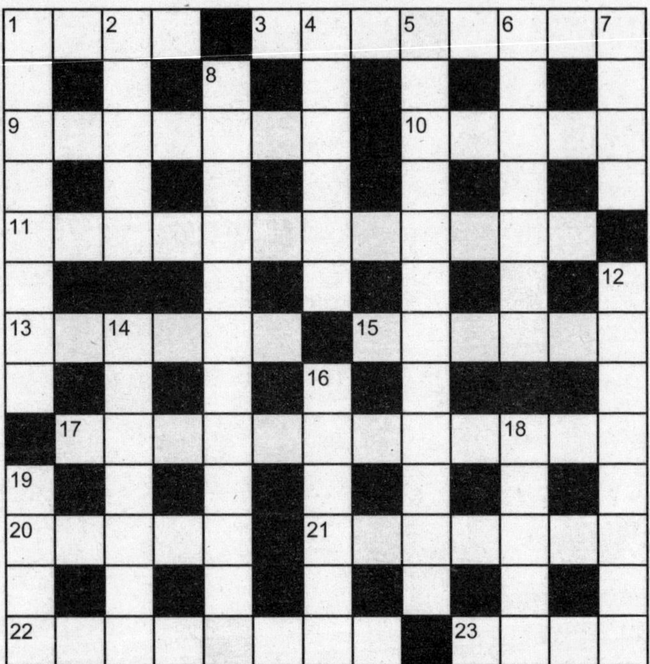

Across

1 Closing section of music (4)
3 Happened (8)
9 Capital of Ontario (7)
10 Consumer of food (5)
11 Written in pictorial symbols (12)
13 Freshest (6)
15 Edible tuber (6)
17 Calculations of dimensions (12)
20 Wash one's body in water (5)
21 Plot (7)
22 A formal exposition (8)
23 Gets married (4)

Down

1 Infectious (8)
2 Mournful song (5)
4 Calmly (6)
5 Joblessness (12)
6 Greek white wine (7)
7 Small pointed missile (4)
8 Not staying the same throughout (12)
12 Fictional ugly creatures (8)
14 Grapple with (7)
16 Disorderly disturbance (6)
18 Foolishly credulous (5)
19 Adjoin (4)

PUZZLE 124

Across

1 Country in Africa (8)
5 Absorbent pad (4)
8 Attendant upon God (5)
9 Quick musical tempo (7)
10 Person who dawdles (7)
12 Expect; suppose to be true (7)
14 Decency (7)
16 Assistant; follower (7)
18 Kettledrums (7)
19 Egg-shaped solid (5)
20 Pull abruptly (4)
21 Pattern of circular spots (5,3)

Down

1 Natter (4)
2 Long-tailed crow (6)
3 Receptacle for holy objects (9)
4 Prophet (6)
6 Conical tent (6)
7 Large open road (8)
11 Printed information for tourists (9)
12 Unnecessary concern with minutiae (8)
13 Archer (6)
14 Sheep known for its wool (6)
15 Cover or conceal (6)
17 Change (4)

PUZZLE 125

Across

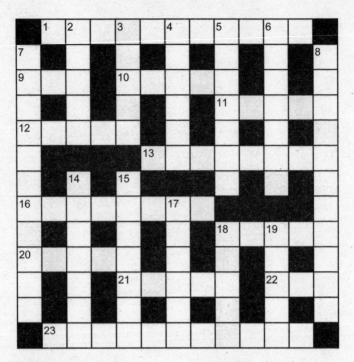

1 Straightforward (4-3-4)
9 SI unit of illuminance (3)
10 Puts in order (5)
11 Reel for winding yarn (5)
12 Experiences through touch (5)
13 Amazes (8)
16 An opening (8)
18 Country in South East Asia (5)
20 Great sorrow (5)
21 Animal life of a region (5)
22 Foot extremity (3)
23 Unintelligible (11)

Down

2 Fairy (5)
3 Birds lay their eggs in these (5)
4 Jitters (6)
5 Official sitting (7)
6 Reversing something (7)
7 Ending that leaves one in suspense (11)
8 Elucidates by using an example (11)
14 Accept to be true (7)
15 Become rigid (7)
17 Go back (6)
18 Uproarious party or fight (5)
19 Assesses performance (5)

PUZZLE 126

Across

1 Collections of photos (6)
7 Presiding officer (8)
8 Clumsy person (3)
9 Pursue (6)
10 Small branch (4)
11 Looks slyly (5)
13 Shocked (7)
15 Bearing or direction (7)
17 One side of a gem (5)
21 Hollow conduit (4)
22 Hate (6)
23 Edge of a cup (3)
24 Pertinent (8)
25 Woody-stemmed plants (6)

Down

1 Open declaration of affirmation (6)
2 Confuse (6)
3 Skin on top of the head (5)
4 Modelling runway (7)
5 Standards (8)
6 Aliens (anag.) (6)
12 Blushed (8)
14 Reveal (7)
16 Displayed freely (6)
18 Religious leader (6)
19 Hits hard (6)
20 Irritable (5)

PUZZLE 127

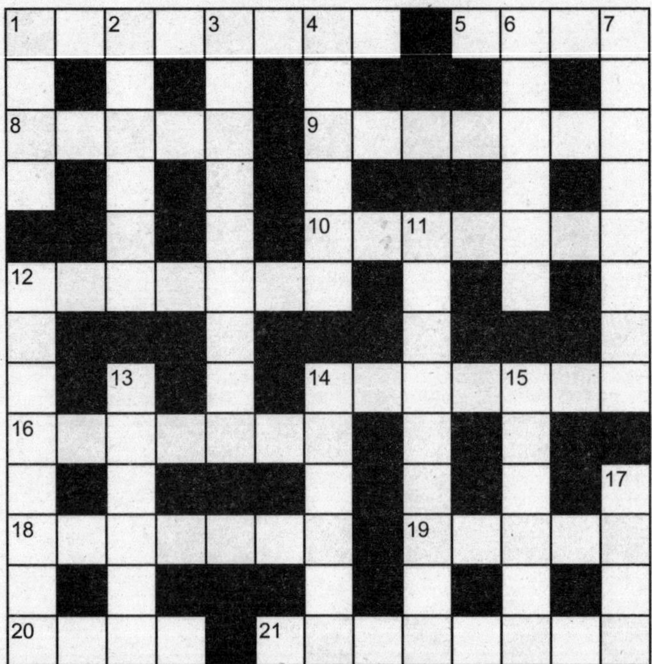

Across

1 Concluding section (8)
5 Celestial body (4)
8 Bolt for fastening metal plates (5)
9 Endanger (7)
10 Pestering constantly (7)
12 Penetrates (7)
14 Minute cavity in organic tissue (7)
16 Difficult choice (7)
18 Reindeer (7)
19 Arrive at (5)
20 Actor's part in a film (4)
21 Person who supports a cause (8)

Down

1 What we hear with (4)
2 Enter a country by force (6)
3 Banishment from a group (9)
4 Workers' groups (6)
6 Lethargic (6)
7 Demote (8)
11 Unsophisticated ways (9)
12 Manufacturer (8)
13 Consisting of flowers (6)
14 Held in great esteem (6)
15 Interruption of service (6)
17 Hots (anag.) (4)

PUZZLE 128

Across

1 Curved shapes (4)
3 Egg-laying mammal (8)
9 Pompous language (7)
10 Pastoral poem (5)
11 Decay (5)
12 Passionate (7)
13 Within a space (6)
15 Dwarfed tree (6)
17 Bands of connective tissue (7)
18 Call forth or cause (5)
20 Spring flower (5)
21 The gathering of crops (7)
22 Day after Friday (8)
23 Feeling of resentment or jealousy (4)

Down

1 Shortened forms of words (13)
2 Brief appearance (5)
4 Alphabetical character (6)
5 Mathematics of triangles (12)
6 Science of matter and energy (7)
7 Obviously (4-9)
8 Person who listens into conversations (12)
14 Sleeveless garment (7)
16 Respiratory condition (6)
19 e.g. Pacific or Atlantic (5)

PUZZLE 129

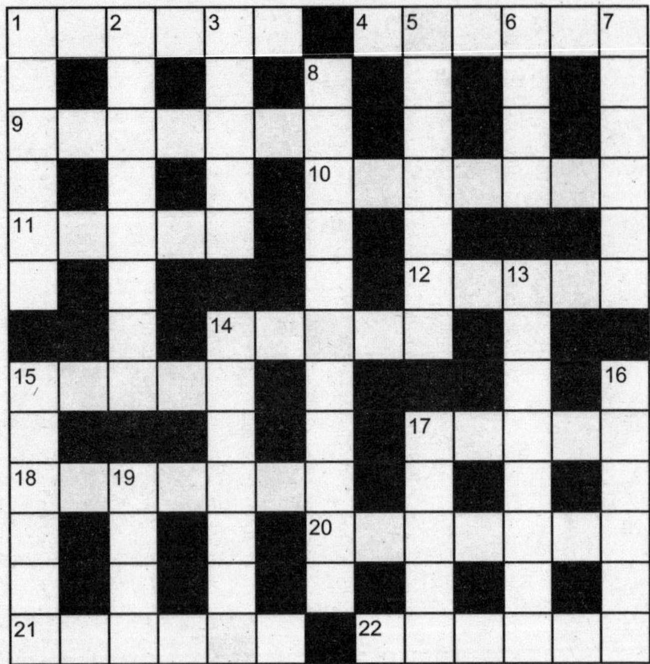

Across

1 Vertical pillar (6)
4 Lessens (6)
9 Capital of Indonesia (7)
10 Refills (7)
11 Humble (5)
12 Wept (5)
14 Pinch; squeeze (5)
15 Delicious (5)
17 Grin (5)
18 Plant with starchy tuberous roots (7)
20 Deep gorges (7)
21 Division of a group (6)
22 Groups of three (6)

Down

1 Coax into doing something (6)
2 Tepid (8)
3 Joyous and happy (5)
5 Male domestic bovine animal (7)
6 Fish (4)
7 Perceived (6)
8 Clay pottery (11)
13 Distinguishing mark (8)
14 Oppressive rulers (7)
15 Sailing vessels (6)
16 Rents out (6)
17 Rescuer (5)
19 Emit a breath of sadness (4)

PUZZLE 130

Across

4 Period of instruction (6)
7 French bread stick (8)
8 Wager (3)
9 Brown seaweed (4)
10 Son of one's brother or sister (6)
11 Monumental Egyptian structure (7)
12 Purchaser (5)
15 Add coal to a fire (5)
17 Elevate (7)
20 Force fluid into (6)
21 Breezy (4)
22 17th Greek letter (3)
23 Component parts (8)
24 Banish; eliminate (6)

Down

1 Seldom (6)
2 Type of whale (8)
3 Domestic implement (7)
4 Jumps (5)
5 Tunnel under a road for pedestrians (6)
6 Talk idly (6)
13 Unexpectedly (8)
14 Splash (7)
15 Holy (6)
16 Pungent edible bulbs (6)
18 Elf or fairy (6)
19 Asian pepper plant (5)

PUZZLE 131

Across

1 Jump into water (4)
3 Writs or warrants (8)
9 Melodious (7)
10 Push back (5)
11 Send money in payment (5)
12 Attacks (7)
13 Units of linear measure (6)
15 Effect; force (6)
17 Part of a chair (7)
18 Seals (anag.) (5)
20 Snow home (5)
21 Pasta pockets (7)
22 In the adjacent residence (4,4)
23 Glass ornament; small ball (4)

Down

1 Firmness of purpose (13)
2 Snake toxin (5)
4 Refill (6)
5 24th December (9,3)
6 Powdered spice (7)
7 Complacent and happy with oneself (4-9)
8 Unofficially (3,3,6)
14 Involved; intricate (7)
16 Dual audio (6)
19 Relaxed; not tense (5)

PUZZLE 132

Across

1 Appease (6)
4 Sprightliness (6)
9 A parent's mother (7)
10 Two lines of verse (7)
11 Showered with love (5)
12 Form of identification (5)
14 Amounts of medication (5)
15 Inferior to (5)
17 Ruined; rendered inoperable (5)
18 Coincide partially (7)
20 Ten sirs (anag.) (7)
21 Step down from a job (6)
22 Very difficult or complex (6)

Down

1 Eastern temple (6)
2 Collaborator on a book (8)
3 Grew fainter (5)
5 Residential areas (7)
6 Complain bitterly (4)
7 Slow-moving reptile (6)
8 Visible to the naked eye (11)
13 Advocate of representative government (8)
14 Act of buying or selling shares (7)
15 Loudspeaker (6)
16 Contemptibly small (6)
17 Subatomic particle (5)
19 Consumes food (4)

PUZZLE 133

Across

1 Potential (11)
9 Type of large deer (5)
10 Sticky substance (3)
11 Slatted wooden box (5)
12 Encounters (5)
13 Assume control of (4,4)
16 Inhabitants (8)
18 Beads (anag.) (5)
21 Total disorder (5)
22 Increase in amount (3)
23 Nose of an animal (5)
24 Unlucky (11)

Down

2 Comments (7)
3 In an unspecified manner (7)
4 Change gradually (6)
5 Unit of heat (5)
6 Not clearly stated (5)
7 Disturb the status quo (4,3,4)
8 Meaningless (11)
14 Make less dark (7)
15 Ardent (7)
17 Exertion (6)
19 Country in North East Africa (5)
20 Dance club (5)

PUZZLE 134

1		2		3		4		■	5	6		7
	■		■		■		■	■	■		■	
8					■	9						
	■		■		■		■	■	■		■	
■	■		■		■	10		11				
12							■		■		■	
	■	■	■		■	■	■		■	■	■	
	■	13	■		■	14				15		
16							■		■		■	■
	■		■	■	■		■		■		■	17
18							■	19				
	■		■	■	■		■		■		■	
20				■	21							

Across

1 Unthinking (of a response) (4-4)
5 Hired form of transport (4)
8 Corpulent (5)
9 Speak rhetorically (7)
10 Played out (7)
12 Aids (7)
14 Item of furniture (7)
16 Program for viewing web pages (7)
18 Excessive bureaucracy (3,4)
19 Steered a car (5)
20 Currency of France and Germany (4)
21 Mileage tracker (8)

Down

1 Lock lips (4)
2 Wears away (6)
3 Throws overboard (9)
4 Long narrow hilltops (6)
6 Adjusts (6)
7 Lacking humility (8)
11 Dutch capital (9)
12 Flying (8)
13 Very large vulture (6)
14 Pal (6)
15 Send for sale overseas (6)
17 Endure; animal (4)

PUZZLE 135

Across

1 Enchantment (11)
9 Body of rules (5)
10 Particle that is electrically charged (3)
11 Aromatic herb (5)
12 Loathe (5)
13 Device that chops up documents (8)
16 Expression of gratitude (5,3)
18 Repository (5)
21 Small drum (5)
22 Hurried (3)
23 Tiny crustaceans (5)
24 Make room for (11)

Down

2 Ugly thing (7)
3 Have as a part (7)
4 Stick of wax (6)
5 Faint southern constellation (5)
6 Horse's cry (5)
7 Accredited diplomats (11)
8 Unwilling to believe (11)
14 Helped to happen (7)
15 Flexible athlete (7)
17 Inert gaseous element (6)
19 Sudden fear (5)
20 Capital of Japan (5)

PUZZLE 136

Across

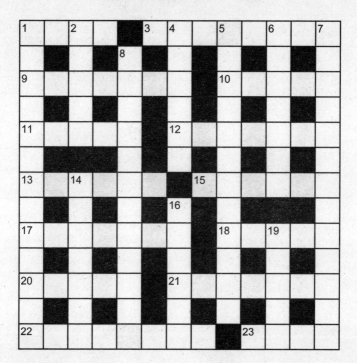

1 Bars (anag.) (4)
3 Cooking over boiling water (8)
9 Loud enough to be heard (7)
10 Ballroom dance (5)
11 Trunk of the body (5)
12 Lessen (7)
13 Recurring irregularly (6)
15 Form-fitting garment (6)
17 Indefinitely many (7)
18 Lazy person; layabout (5)
20 Semiconductor (5)
21 Single-handed (7)
22 Atmospheric gas (8)
23 Depend upon (4)

Down

1 Animal used for heavy work (5,2,6)
2 Venomous snake (5)
4 Belief in a god or gods (6)
5 Extremely large (12)
6 Catches fire (7)
7 Amiably (4-9)
8 Lowest possible temperature (8,4)
14 Highest (7)
16 Steep in liquid (6)
19 Shelf (5)

PUZZLE 137

Across

1 Engrave with acid (4)
3 Portable device to keep rain out (8)
9 Fuzzy (7)
10 Extreme displeasure (5)
11 Remove branches (3)
12 Took illegally (5)
13 Research deeply (5)
15 Leashes (5)
17 Divide in two (5)
18 Use (anag.) (3)
19 Be alive; be real (5)
20 Artificial (3-4)
21 Delaying (8)
22 Animals kept at home (4)

Down

1 Ornamentation (13)
2 Small cluster (5)
4 Positioned in the middle (6)
5 Re-evaluation (12)
6 Captain's record (7)
7 Pleasantness (13)
8 Deceitfully (12)
14 Coal miner (7)
16 Keen insight (6)
18 Express one's opinion (5)

PUZZLE 138

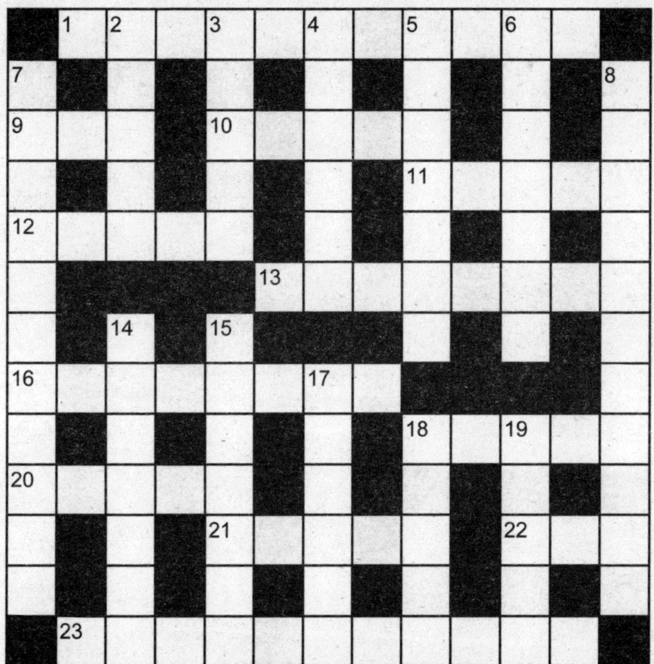

Across

1 Fear in front of an audience (5,6)
9 Belonging to us (3)
10 Caricature (5)
11 Standpoint (5)
12 Work tables (5)
13 Fellow Christians (8)
16 Comment at the bottom of a page (8)
18 Plantain lily (5)
20 Fastens shut with a key (5)
21 ___ pole: tribal emblem (5)
22 Be in debt (3)
23 Witches (11)

Down

2 Gets weary (5)
3 Strong currents of air (5)
4 Bloom (6)
5 Young children (7)
6 Country in central Europe (7)
7 Fantastically (11)
8 e.g. without a beard (5-6)
14 Vent for molten lava (7)
15 Costing (anag.) (7)
17 Giggle (6)
18 Church songs (5)
19 Twenty (5)

PUZZLE 139

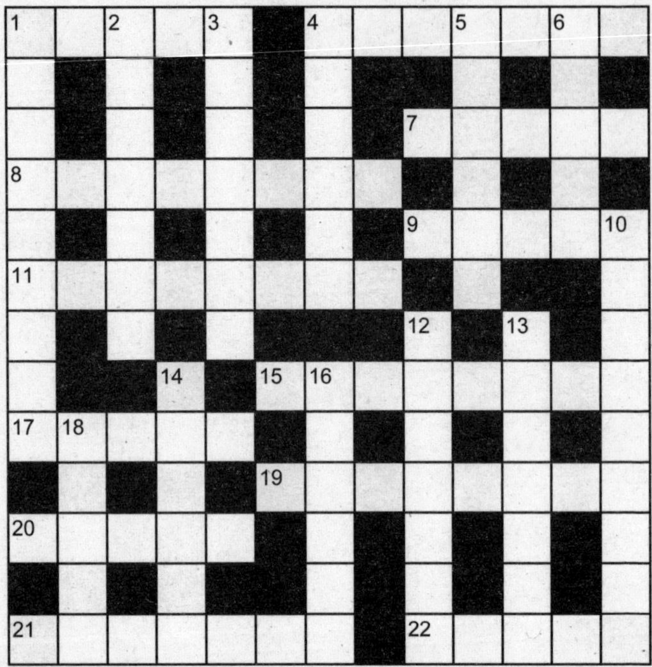

Across

1 Singing voice (5)
4 Flog; whip (7)
7 Monastery church (5)
8 Broke down food (8)
9 Military opponent (5)
11 Person who rebels (8)
15 Evaluator (8)
17 Eccentric (5)
19 Midwestern US state (8)
20 Time when life begins (5)
21 Shuns (7)
22 Extinct birds (5)

Down

1 Distinctive characteristic (9)
2 Mischievous (7)
3 Incrementing; elevating (7)
4 Tranquil (6)
5 Straightened (6)
6 Shine brightly (5)
10 Young racehorses (9)
12 Ate an extravagant meal (7)
13 Confident (7)
14 Rough drawing (6)
16 Causes a sharp pain (6)
18 Leaves out (5)

PUZZLE 140

Across

1 Annoy (4)
3 Barbarity (8)
9 Existing solely in name (7)
10 Coming after (5)
11 First part of the Bible (3,9)
14 Cry (3)
16 More delicate (5)
17 Rocky hill (3)
18 Explanatory section of a book (12)
21 Extraterrestrial (5)
22 Provide money for (7)
23 Floating masses of frozen water (8)
24 Creative disciplines (4)

Down

1 Small flesh-eating mammal (8)
2 Well-known (5)
4 Trouble in mind or body (3)
5 Comprehensive (3-9)
6 No longer in existence (7)
7 Spun thread used for knitting (4)
8 Disturbance; act of meddling (12)
12 Shaped up (5)
13 Daughter of a sovereign (8)
15 Open air controlled blaze (7)
19 Interior (5)
20 Landlocked country in West Africa (4)
22 Cover with steam (of a glass surface) (3)

PUZZLE 141

1		2		#	3	4		5		6		7
	#		#	8	#		#		#		#	
9							#	10				
	#		#		#		#		#		#	
11			#		#		#	12				
	#	#	#	13					#		#	
	#	14			#	#	#		#		#	
	#		#	15		16			#	#	#	
17					#		#		#	18		
	#		#		#		#		#		#	
19					#	20						
	#		#		#		#		#		#	
21								#	22			

Across

1 Mischievous sprites (4)
3 Person walking aimlessly (8)
9 Temperature scale (7)
10 Musical note (5)
11 Religious sister (3)
12 More recent (5)
13 Water lily (5)
15 Programmer (5)
17 Avoid (5)
18 Definite article (3)
19 Hard chalcedony (5)
20 Alternative forms of genes (7)
21 Expulsion (8)
22 Solely (4)

Down

1 Thoughtless (13)
2 Large mast (5)
4 Agreement (6)
5 Clearly evident (12)
6 Fugitive (7)
7 Pitilessly (13)
8 Misplaced net (anag.) (12)
14 Appease (7)
16 Electric generator (6)
18 Bird claw (5)

PUZZLE 142

Across

1 Donkey noise (4)
3 Suspenseful adventure story (8)
9 Elongated rectangles (7)
10 Looks after (5)
11 Skilled joiner (12)
14 North American nation (abbrev.) (3)
16 Long poems (5)
17 Took an exam (3)
18 Comprehensible (12)
21 Person who flies an aircraft (5)
22 Segmented worm (7)
23 Finely chopped (8)
24 Give up one's rights (4)

Down

1 Air passage of the lungs (8)
2 Speak without preparation (2-3)
4 Belonging to him (3)
5 Inflexible (12)
6 Horizontal supporting beams (7)
7 Expose to danger (4)
8 Indifferent to (12)
12 Legal process (5)
13 Participant in a meeting (8)
15 Ring-shaped (7)
19 Nonsense (5)
20 Musical composition (4)
22 Imitate (3)

PUZZLE 143

1		2		3		■	4	5		6		7
	■		■		■	8	■		■		■	
	■		■		■	9						
10							■		■		■	
	■	■	■		■		■	11				
12		13			■		■	■	■		■	
■	■		■	14				15	■		■	■
16	■		■	■	■		■	17				18
19				20	■		■		■	■	■	
	■		■		■	21				22		
23							■		■		■	
	■		■		■		■		■		■	
24						■	25					

Across

1 Type of ski race (6)
4 Relating to a wedding (6)
9 Friendless (7)
10 Windpipe (7)
11 Tennis stroke (5)
12 Track of an animal (5)
14 Uncertainty (5)
17 Chunk (5)
19 Equipped (5)
21 Guarantees (7)
23 Birthplace of Napoleon (7)
24 Possessors (6)
25 Worshipped (6)

Down

1 Relative social standing (6)
2 Simple aquatic organism (4)
3 Land with fruit trees (7)
5 Small streams (5)
6 Separated; detached (8)
7 Climbing tool (6)
8 Sudden large increase (7,4)
13 Figure of speech (8)
15 Distorted (7)
16 South American cowboy (6)
18 Followed (6)
20 Less moist (5)
22 Hind part (4)

PUZZLE 144

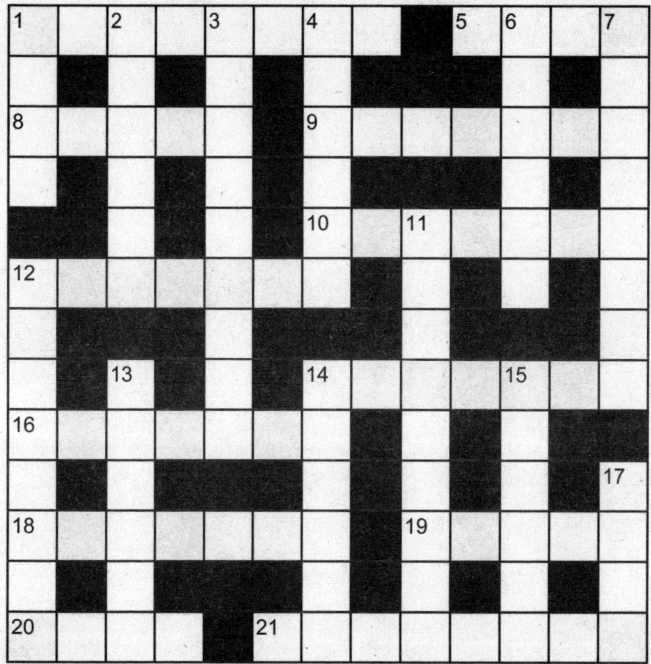

Across

1 Capable of being done (8)
5 Falls back (4)
8 Turns over and over (5)
9 Paired (7)
10 Military flags (7)
12 Seems (7)
14 Process of setting something in motion (5-2)
16 Urgent (7)
18 Pulling at (7)
19 Monster with nine heads (5)
20 Extinct bird (4)
21 Spice (8)

Down

1 Use land for growing crops (4)
2 Not awake (6)
3 Indemnity (9)
4 Machines for shaping wood (6)
6 Not malignant (6)
7 Move out the way of (8)
11 Marked; abraded (9)
12 Stressed (8)
13 Girded (anag.) (6)
14 Mark of disgrace (6)
15 Type of bicycle (6)
17 Inner surface of the hand (4)

PUZZLE 145

Across

1 Gratitude; acclaim (11)
9 Do really well at (5)
10 Self-esteem (3)
11 Fortune-telling card (5)
12 Lance (5)
13 Created in the house (8)
16 Suggestive remark (8)
18 Exposes to danger (5)
21 Remedies (5)
22 A knight (3)
23 Piece of land (5)
24 Substance that arouses desire (11)

Down

2 Exceptional; not usual (7)
3 Former (3-4)
4 Cut slightly (6)
5 Leans (5)
6 Corpulent (5)
7 Well-known sentence (11)
8 Politely (11)
14 Hits with the fist (7)
15 Reluctance to change (7)
17 Tensed (anag.) (6)
19 Remove paint from a wall (5)
20 Fantastic (5)

PUZZLE 146

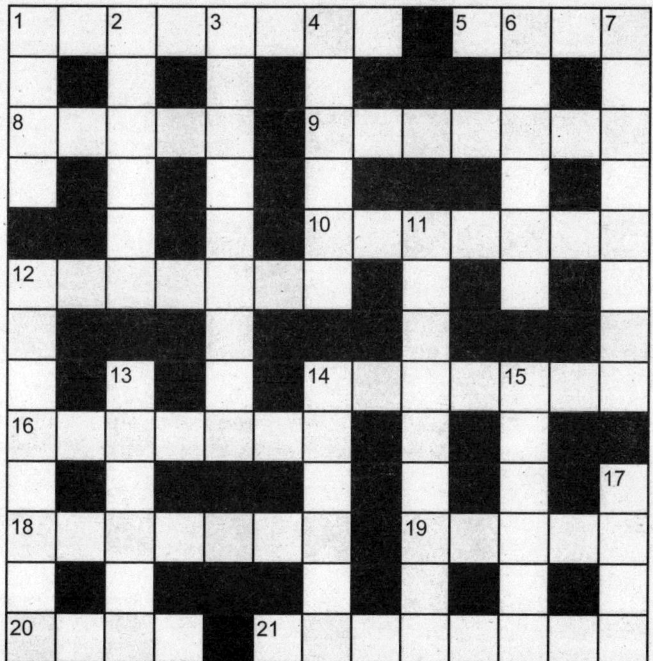

Across

1 Central American monkey (8)
5 Stop up a hole (4)
8 Tight; taut (5)
9 Sheer dress fabric (7)
10 Brought about (7)
12 Ordinary colloquial speech (7)
14 Medieval cell (7)
16 Quarrel or haggle (7)
18 Suitor (7)
19 Loosely-woven cloth (5)
20 Sharp twist (4)
21 Able to feel things (8)

Down

1 Tiny arachnid (4)
2 Sum of money demanded to release a captive (6)
3 Functioning (9)
4 Excitingly strange (6)
6 Insanity (6)
7 Male relation (8)
11 Utter (9)
12 Disadvantage (8)
13 Comic book superhero (6)
14 Decide with authority (6)
15 Exude (6)
17 Check; exam (4)

PUZZLE 147

Across

4 Plant used in salads (6)
7 Complete (8)
8 Seabird (3)
9 Prod (anag.) (4)
10 Iridaceous plants (6)
11 Evergreen conifer (7)
12 Impudent; cheeky (5)
15 Medieval contest (5)
17 Imaginary (7)
20 Part of a flower (6)
21 Head covering (4)
22 Come together (3)
23 Grow longer (8)
24 Neglect (6)

Down

1 Deep pit (6)
2 Gets ready (8)
3 Most unattractive (7)
4 Sully or blemish (5)
5 Cooks in the oven (6)
6 Probable (6)
13 Switch on (8)
14 Aircraft with two pairs of wings (7)
15 Stewed or boiled (6)
16 Male relatives (6)
18 States an opinion (6)
19 Fruit (5)

PUZZLE 148

Across

1 Fabric used to dress wounds (4)
3 White flakes in the hair (8)
9 Requiring (7)
10 Papal court (5)
11 One of the senses (5)
12 e.g. from Madrid (7)
13 Rummage (6)
15 Show-off (6)
17 Atone for guilt (7)
18 Slant (5)
20 Images of deities (5)
21 Speaking one's opinions (7)
22 Estimating (8)
23 Make a garment using wool (4)

Down

1 Having patience in spite of problems (4-9)
2 Female relation (5)
4 Month (6)
5 Absolute authority in any sphere (12)
6 Country whose capital is Kiev (7)
7 Boxing class division (13)
8 Binoculars (5,7)
14 Reprimand (7)
16 Abode of God (6)
19 Aromatic vegetable (5)

PUZZLE 149

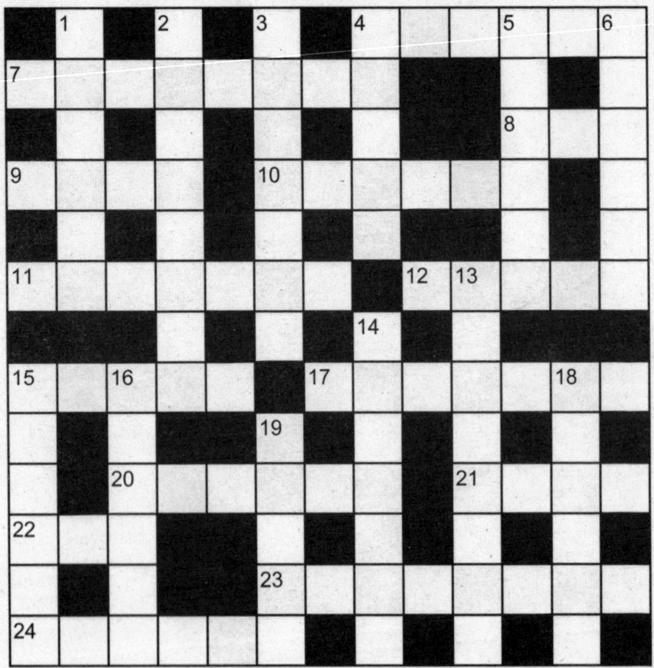

Across

4 Shoved (6)
7 Of lower quality (8)
8 Bed for a baby (3)
9 Country in South America (4)
10 Expose as being false (6)
11 Gives up one's job (7)
12 Representative (5)
15 Hard and durable (5)
17 Balearic Island (7)
20 Shelter for a dog (6)
21 Right to hold property (4)
22 Untruth (3)
23 Secret relationships (8)
24 Group of seven (6)

Down

1 Exist permanently in (6)
2 Reasoning logically (8)
3 Discovering (7)
4 Explore or examine (5)
5 Shout down; harass (6)
6 Discover (6)
13 Gruesome; morbid (8)
14 Warhead carried by a missile (7)
15 Pieces of furniture (6)
16 Support (6)
18 Washes (6)
19 Went down on one knee (5)

PUZZLE 150

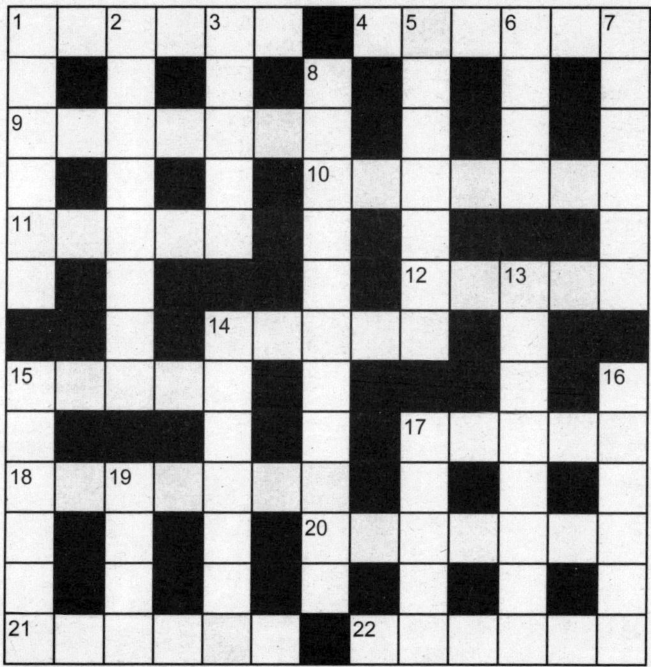

Across

1 Small songbirds (6)
4 Shelter (6)
9 Fashion anew (7)
10 Destructive (7)
11 Penitent (5)
12 Metallic compound (5)
14 Entrance hallway (5)
15 Fabric with parallel ribs (5)
17 Emerge from an egg (5)
18 Element needed by the body (7)
20 Time between events (7)
21 Patterns (6)
22 Incidental activity (6)

Down

1 Rot or decay (of food) (6)
2 Highly seasoned smoked beef (8)
3 Sorrowful (5)
5 Having a resemblance to another item (7)
6 Crazy (informal) (4)
7 Waterlogged (6)
8 Streamlined (11)
13 On the shore of a sea (8)
14 Moved wildly; floundered (7)
15 Entry pass (6)
16 Devastating blow (6)
17 Fiercely (5)
19 Find pleasant (4)

PUZZLE 151

Across

1 Opposite of empty (4)
3 Dowdiness (8)
9 Shut in (7)
10 Big cats (5)
11 Perform below expectation (12)
14 Short sleep (3)
16 Large waterbirds (5)
17 Pair of performers (3)
18 Not special (3-2-3-4)
21 Nosed (anag.) (5)
22 Choosing (7)
23 Fretting (8)
24 Therefore (4)

Down

1 Regular (8)
2 Easy to understand (5)
4 Herb (3)
5 Hostility (12)
6 Changed gradually over time (7)
7 Loop of cloth worn around the waist (4)
8 Bravely (12)
12 Break the rules (5)
13 Higher education institutions (8)
15 Pillage (7)
19 Nationality of Oscar Wilde (5)
20 Bite or nibble at (4)
22 Tack (3)

PUZZLE 152

Across

1 Yearly celebration (11)
9 Run away with a lover (5)
10 Young bear (3)
11 Latin American dance (5)
12 Cairo is in this country (5)
13 Undiplomatic (8)
16 Recondite (8)
18 Type of jazz (5)
21 Fine-quality coffee (5)
22 Argument against something (3)
23 Palpitate (5)
24 Experts on a subject (11)

Down

2 Fail to care for (7)
3 Perfectly (7)
4 Periods of history (6)
5 Strain (5)
6 Unsteady (5)
7 Transfer responsibility elsewhere (4,3,4)
8 Style of painting (8,3)
14 Walk unsteadily (7)
15 Type of handicraft (7)
17 Entraps (6)
19 Game of chance (5)
20 Spike used by a climber (5)

PUZZLE 153

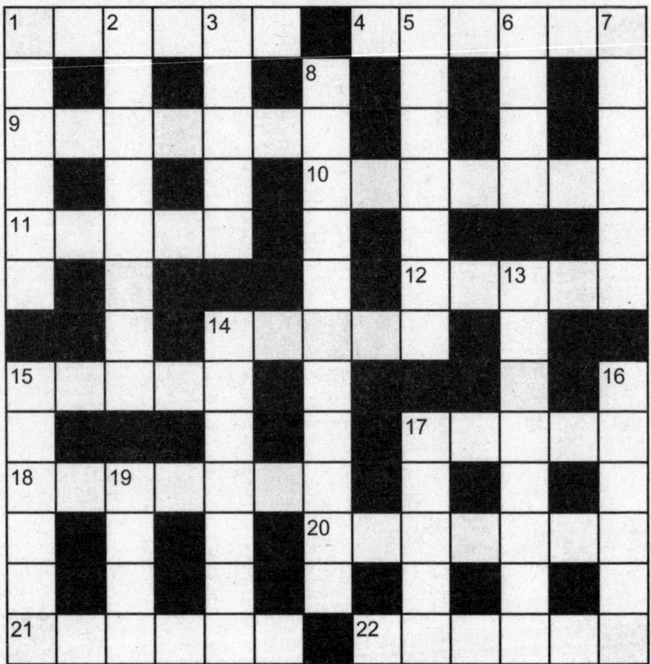

Across

1 Easily handled (6)
4 Wading birds (6)
9 Anxious and afraid (7)
10 Imprecise (7)
11 Given to disclosing secrets (5)
12 Alleviate (5)
14 Raised to the third power (5)
15 Annoying (5)
17 Coarse (5)
18 20th letter of the Greek alphabet (7)
20 Part of a room opposite the floor (7)
21 Look closely at something (6)
22 Exhausts (6)

Down

1 Dexterously (6)
2 Guessing game (8)
3 Towering (5)
5 Collection of sheets of paper (7)
6 Large US feline (4)
7 Having pimples (6)
8 Symbol of reconciliation (5,6)
13 Style of speech (8)
14 Tornado (7)
15 Advantages (6)
16 Rules over (6)
17 Sing like a bird (5)
19 Prophet (4)

PUZZLE 154

Across

1 Representative example (8)
5 Flightless birds (4)
9 Darkness (5)
10 Meal (5)
11 Unforeseen (10)
14 Provoke (6)
15 Gesture (6)
17 At first sight (5,5)
20 Shoot with great precision (5)
21 Mingle with something else (5)
22 Tiny specks (4)
23 Impetus (8)

Down

1 Animals that oink (4)
2 Public disturbance (4)
3 Showed (12)
4 Massive system of stars (6)
6 Lack of variety (8)
7 Timetable (8)
8 Unlawful (12)
12 Inclined or willing (8)
13 Person who campaigns for political change (8)
16 Small summer-house (6)
18 Release; give out (4)
19 School test (4)

PUZZLE 155

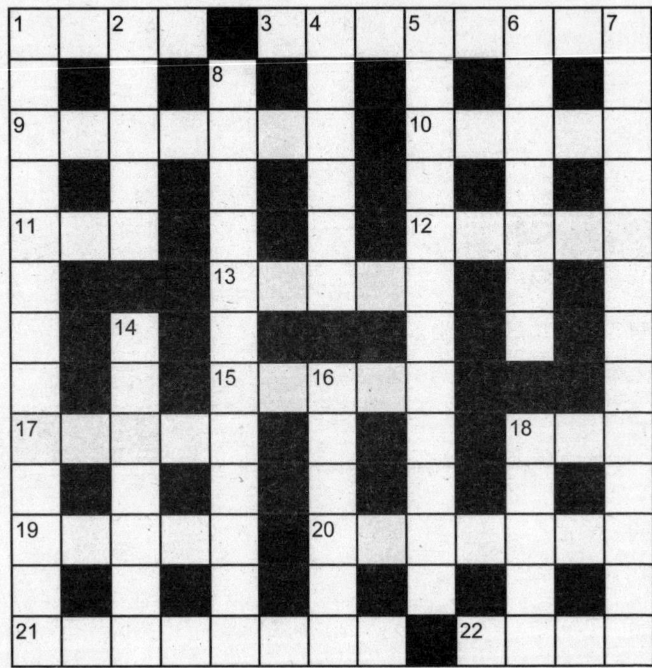

Across

1 Pleasingly pretty (4)
3 Make used to (8)
9 Concoction (7)
10 Small branch (5)
11 Bristle-like appendage (3)
12 Higher than (5)
13 Ring-shaped object (5)
15 Danes (anag.) (5)
17 Conventions (5)
18 Male person (3)
19 Mortal (5)
20 Support (7)
21 Trousered (8)
22 Curved shape (4)

Down

1 Friendship (13)
2 A poison (5)
4 Intelligent (6)
5 Untimely (12)
6 Tumult (7)
7 Direction to which a compass points (8,5)
8 Most perfect example of a quality (12)
14 Made of clay hardened by heat (7)
16 Pointed hand tool (6)
18 Usage measuring device (5)

PUZZLE 156

Across

1 Soft pear-shaped fruits (4)
3 Courteous and pleasant (8)
9 Alongside each other (7)
10 Join together (5)
11 Imprudence (12)
14 Pop music performance (3)
16 Armature of an electric motor (5)
17 Lubricate (3)
18 Heart specialist (12)
21 Funny person (5)
22 Fatty substance (7)
23 Circle of constant longitude (8)
24 Individual article or unit (4)

Down

1 Pink wading bird (8)
2 Pierced by a sharp object (5)
4 Rodent (3)
5 Compensate for (12)
6 River in South America (7)
7 Proofreader's mark (4)
8 Made in bulk (4-8)
12 Quantitative relation (5)
13 Costly metallic element (8)
15 Branch of linguistics (7)
19 Arm of a body of water (5)
20 Con; swindle (4)
22 Piece of pasture (3)

PUZZLE 157

Across

1 Images recorded on film (11)
9 Fruit of a rose (3)
10 Keep (5)
11 Loose scrums (rugby) (5)
12 Reddish (5)
13 Coerces into doing something (8)
16 Form of make-up (8)
18 Implied (5)
20 Ensnares (5)
21 Express gratitude (5)
22 Encountered (3)
23 Spookiness (11)

Down

2 Wished (5)
3 Petulant (5)
4 Scowl (6)
5 Mediocre (7)
6 Marked by prosperity (of a past time) (7)
7 Curative (11)
8 Revive (11)
14 Corrupt (7)
15 Festivals (7)
17 Impose or require (6)
18 Spoken for (5)
19 Temporary lodgings (5)

PUZZLE 158

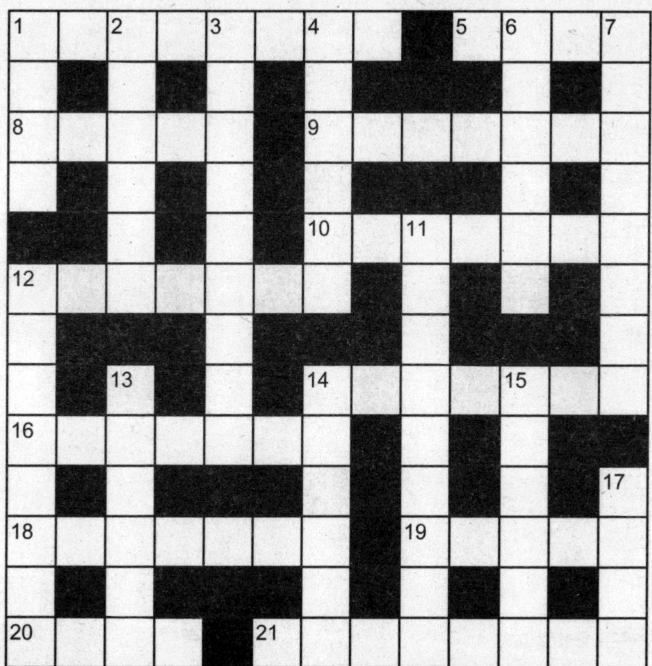

Across

1 Decorated with a raised design (8)
5 Song for a solo voice (4)
8 Ring solemnly (5)
9 At the ocean floor (7)
10 Cries out loudly (7)
12 Miserly person (7)
14 Teach (7)
16 Combined metals (7)
18 Stations at the ends of routes (7)
19 Stroll (5)
20 Light beams from the sun (4)
21 Spiritually symbolic (8)

Down

1 Large deer (pl.) (4)
2 One who makes beer (6)
3 Monologue (9)
4 Pass (of time) (6)
6 Scoundrel (6)
7 Using indirect references (8)
11 No longer useful (9)
12 Scatter upon impact (8)
13 Indistinct (6)
14 Nervously (6)
15 Language (6)
17 Flat-bottomed boat (4)

PUZZLE 159

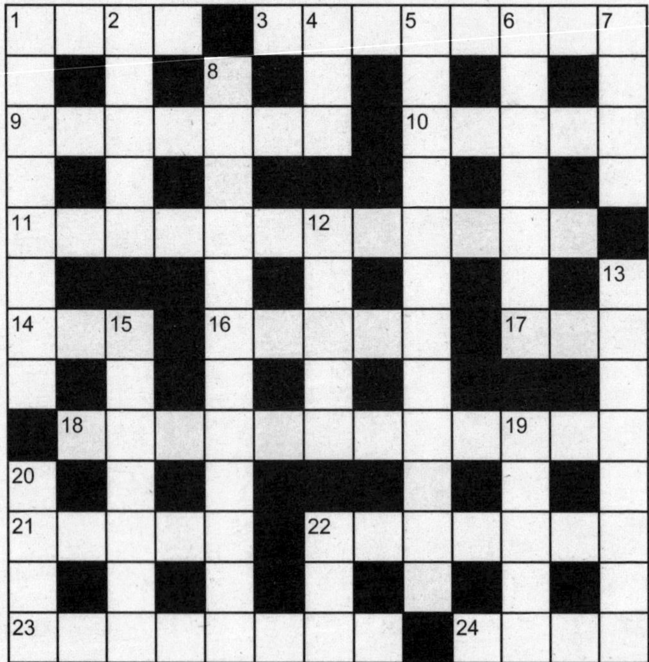

Across

1 Team (4)
3 Animal that hunts (8)
9 Fix deeply (7)
10 Second planet from the sun (5)
11 Smooth and easy progress (5,7)
14 Pen point (3)
16 Frustrated and annoyed (3,2)
17 Wily (3)
18 Unplugged (12)
21 Wrong (anag.) (5)
22 Design style of the 1920s and 1930s (3,4)
23 Supplication (8)
24 At liberty (4)

Down

1 Sending by sea (8)
2 Principle laid down by an authority (5)
4 Flee (3)
5 Changes to a situation (12)
6 People who rent property (7)
7 Optimistic (4)
8 Grandeur (12)
12 Extra component (3-2)
13 Group of symptoms which occur together (8)
15 Withdraw from a commitment (4,3)
19 Belonging to them (5)
20 Fit of shivering (4)
22 Appropriate (3)

PUZZLE 160

Across

1 Contributes information (6)
7 Children beginning to walk (8)
8 Jolt (3)
9 Botch (4-2)
10 Jumps on one foot (4)
11 Abominable snowmen (5)
13 Tidal mouth of a river (7)
15 Get up to speed (5,2)
17 Verify (5)
21 Dull (4)
22 Root vegetable (6)
23 Put a question to (3)
24 Neutral particle with negligible mass (8)
25 Make angry (6)

Down

1 Physical wound (6)
2 Allow (6)
3 Store in a secret place (5)
4 Used for the storage of fat (of tissue) (7)
5 In spite of the fact (8)
6 Suitable; apt (6)
12 Sit on eggs (of a bird) (8)
14 Support or strengthen (7)
16 Consented (6)
18 Increase in size (6)
19 Mythical sea monster (6)
20 Sweeping implement (5)

PUZZLE 161

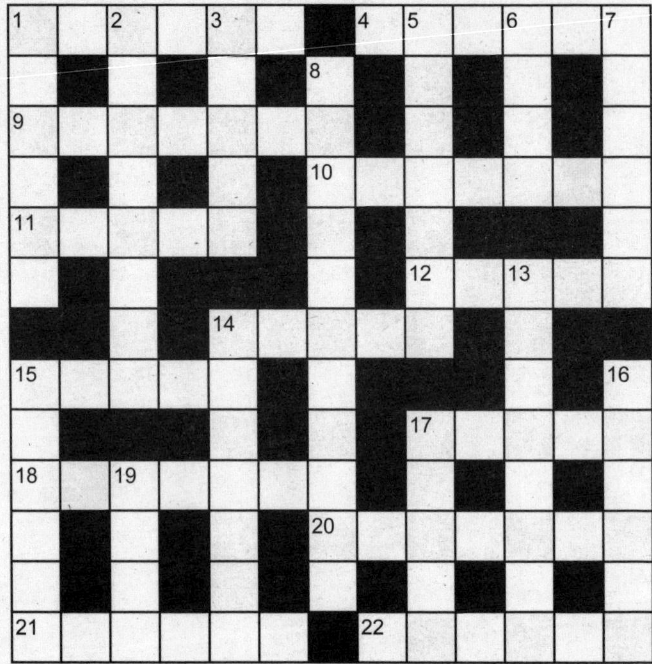

Across

1 Modify (6)
4 Compensate for (6)
9 Military person (7)
10 Refrain from (7)
11 Make good on a debt (5)
12 Young sheep (5)
14 Humorous (5)
15 Voting compartment (5)
17 Well cared for (5)
18 Set down on paper (7)
20 Beautified (7)
21 Not real or genuine (6)
22 Brave; courageous (6)

Down

1 Boards (anag.) (6)
2 Hot pepper (8)
3 Piquant (5)
5 Fastidiously (7)
6 Gull-like bird (4)
7 Strong ringing sounds (6)
8 Conventional (11)
13 Assisting the memory (8)
14 Palest (7)
15 Look out (6)
16 Hard to digest (6)
17 Small hill (5)
19 Public houses (4)

PUZZLE 162

Across

1 Writing implements (4)
3 Explicit (8)
9 Secured against loss or damage (7)
10 Worthiness (5)
11 Every (3)
12 Our planet (5)
13 Apply pressure (5)
15 Praise highly (5)
17 Raves (5)
18 Form of public transport (3)
19 Paved courtyard (5)
20 Capital of Nicaragua (7)
21 Short negligee (8)
22 Walk with heavy steps (4)

Down

1 Benevolent and generous (13)
2 Of the nose (5)
4 Hawk (6)
5 Contests (12)
6 Precede (7)
7 Reach the required standard (3,3,7)
8 Ancestors (12)
14 Holy place (7)
16 Type of living organism (6)
18 Ring-shaped roll (5)

PUZZLE 163

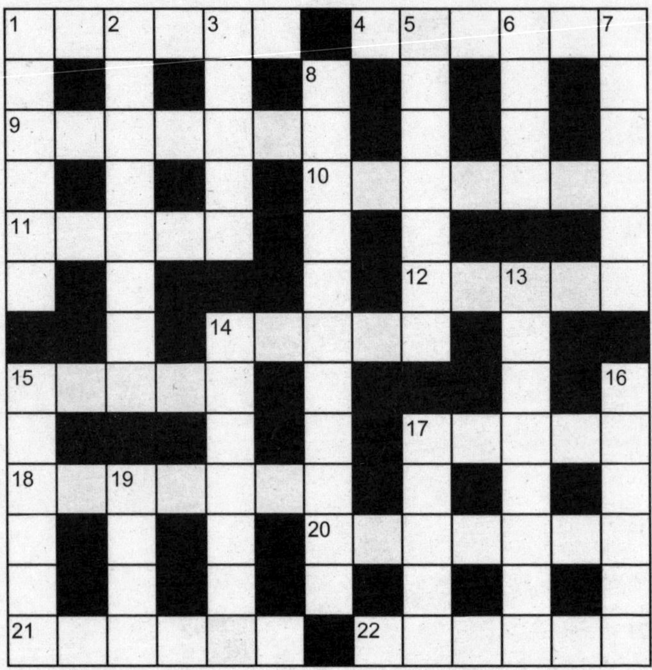

Across

1 Large sticks (6)
4 Increase in intensity (4,2)
9 Toxin in the body (7)
10 Coatings (7)
11 Uneven (of a road surface) (5)
12 Wishes for (5)
14 Penned (5)
15 Public square (5)
17 Russian spirit (5)
18 Sharp snapping sound (7)
20 Flower arrangement (7)
21 Injure (6)
22 Taken illegally (6)

Down

1 Run-down and in poor condition (6)
2 Machines (8)
3 Misty (5)
5 Share; portion (7)
6 Long and thin piece of wood (4)
7 Hesitates (6)
8 Milieu (11)
13 Extravagant (8)
14 Moving by foot (7)
15 Filled a suitcase (6)
16 Subatomic particle such as a nucleon (6)
17 Go to see (5)
19 Chemical salt (4)

PUZZLE 164

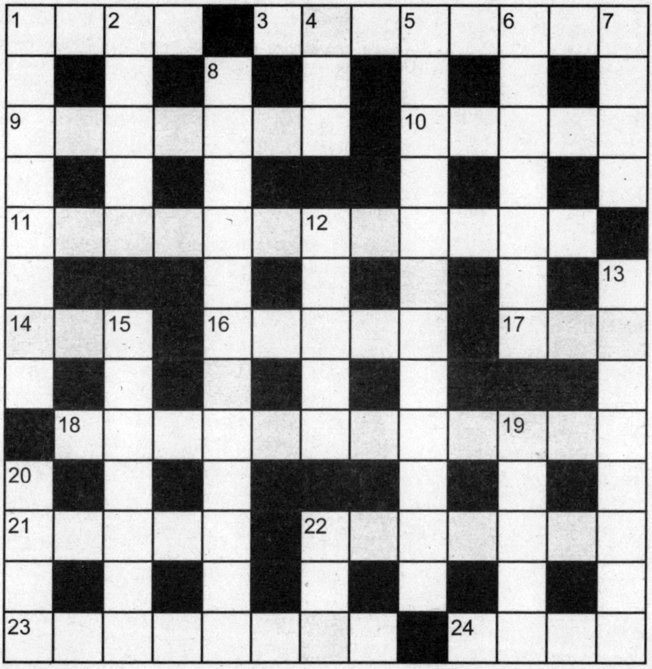

Across

1 Argues (4)
3 Moored (8)
9 Fragment (7)
10 Strong desires (5)
11 Dispirited (12)
14 At this moment (3)
16 Evade (5)
17 Unhappy (3)
18 Atmospheric layer (12)
21 Round steering device (5)
22 Paid no attention to (7)
23 Living in (8)
24 First man (4)

Down

1 Permanent inhabitant (8)
2 Crown documents (5)
4 e.g. pecan or cashew (3)
5 The management of a home (12)
6 Return to a former state (7)
7 Fine powder (4)
8 Stretched out completely (12)
12 Wireless (5)
13 Additional book matter (8)
15 Foolish (7)
19 Made a mistake (5)
20 Pitcher (4)
22 Pub (3)

PUZZLE 165

Across

1 Offhand (6)
4 Closely held back (4-2)
9 Amino acid (7)
10 Fake (7)
11 Pierces with a horn (5)
12 Rise to one's feet (5)
14 Small branches (5)
15 One who makes bread (5)
17 Piece of paper (5)
18 Highest singing voice (7)
20 Prodding with the elbow (7)
21 Cleans with water (6)
22 Composite of different species (6)

Down

1 Modify (6)
2 Clover-like plant (8)
3 Operatic songs (5)
5 Absorb all the attention of (7)
6 Large and scholarly book (4)
7 Engaged in games (6)
8 Word meanings (11)
13 Earlier in time (8)
14 Lever operated with the foot (7)
15 Confer (6)
16 Put on a production (6)
17 Unfortunately (5)
19 Bursts (4)

PUZZLE 166

Across

1 Regard highly (5)
4 Earnest (7)
7 Ruin (5)
8 Cigars (8)
9 Becomes worn at the edges (5)
11 Tidiness (8)
15 Relating to speech sounds (8)
17 Implant (5)
19 Introductory pieces of music (8)
20 Seabirds (5)
21 Serving no purpose (7)
22 Stomach exercise (3-2)

Down

1 Inoculate (9)
2 Tallier (anag.) (7)
3 Elaborate (7)
4 Sets of rooms (6)
5 Bring into a country (6)
6 Oneness (5)
10 Vehicle for interstellar travel (9)
12 Fishermen (7)
13 Learner (7)
14 Remember (6)
16 Throngs (6)
18 Creates (5)

PUZZLE 167

Across

1 Have an impact on (6)
4 Have sufficient money to pay for (6)
9 Largest anthropoid ape (7)
10 Medicated tablet (7)
11 Thread-weaving machines (5)
12 Narrow roads (5)
14 Tennis score (5)
15 Untidy (5)
17 Rouse from sleep (5)
18 Tell a story (7)
20 Family title (7)
21 Grates on (6)
22 Mammals; viragos (6)

Down

1 Messengers of God (6)
2 Eighths of a mile (8)
3 Soothes (5)
5 Fry until crisp (7)
6 Bovine animals (4)
7 Drives (anag.) (6)
8 Insensitivity (11)
13 Familiar description for a person (8)
14 Line of rulers (7)
15 Capital of the Philippines (6)
16 Infuriates (6)
17 Value (5)
19 Liquid precipitation (4)

PUZZLE 168

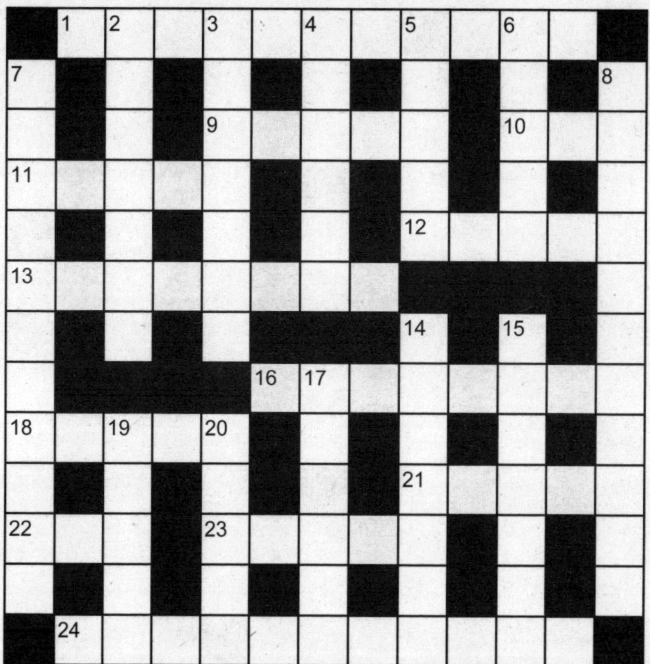

Across

1 Relation by marriage (6-2-3)
9 Ways or tracks (5)
10 Metal container; element (3)
11 Words that identify things (5)
12 Linear measures of three feet (5)
13 Changing (8)
16 Pursuit of pleasure (8)
18 Intense light beam (5)
21 Clean thoroughly; vegetation (5)
22 Mountain pass (3)
23 Complete trust (5)
24 Caused to stop (11)

Down

2 Brings about (7)
3 Cut of beef (7)
4 Keep hold of (6)
5 Beastly (5)
6 Up and about (5)
7 Temporary inability to remember something (6,5)
8 Incalculable (11)
14 Pay homage to (7)
15 Govern badly (7)
17 Simpler (6)
19 Reception room (5)
20 Firearm (5)

PUZZLE 169

Across

1 Soothing remedy (4)
3 Pure-bred (of an animal) (8)
9 Vie (7)
10 Sprites (5)
11 Mapmaker (12)
14 Consume food (3)
16 Underground enlarged stem (5)
17 Before the present (3)
18 Incessantly (12)
21 Adhesive (5)
22 Musical composition (7)
23 War memorial (8)
24 Skin irritation (4)

Down

1 Two-wheeled vehicles (8)
2 Arboreal primate (5)
4 First woman (3)
5 Lack of practical knowledge (12)
6 Mediterranean coastal region (7)
7 Not difficult (4)
8 Disregarding the rules (5,3,4)
12 Refute by evidence (5)
13 Person of varied learning (8)
15 Treachery (7)
19 Clever (5)
20 Long narrative poem (4)
22 Turn upside down (3)

PUZZLE 170

Across

1 Remove weapons (6)
4 Place of worship (6)
9 Formation of troops (7)
10 Cruel use of authority (7)
11 Conveyed by gestures (5)
12 State of nervous excitement (5)
14 Spread out and apart (of limbs or fingers) (5)
15 Type of bus (5)
17 Refine metal (5)
18 Plant-eating aquatic mammal (7)
20 Closest (7)
21 Promises solemnly (6)
22 Mark on the skin (6)

Down

1 Fanciful; delightful (6)
2 Representations or descriptions of data (8)
3 Angered; irritated (5)
5 Shock greatly (7)
6 Scheme (4)
7 Legal practitioner (6)
8 Clever (11)
13 Fierce (8)
14 Window panel for keeping light out (7)
15 Punctuation marks (6)
16 Sew (6)
17 Stable compartment (5)
19 Pleasant (4)

PUZZLE 171

Across

1 Act of copying (11)
9 Polite address for a woman (5)
10 Not near (3)
11 Scheme intended to deceive (3-2)
12 Grain storage chambers (5)
13 Wine and soda water mix (8)
16 Made level (8)
18 The prevailing fashion (5)
21 Very masculine (5)
22 Put down (3)
23 Unwarranted (5)
24 Watching over one's flock (11)

Down

2 Arrogant person (7)
3 Clinging shellfish (7)
4 Hug (6)
5 Domesticates (5)
6 Bits of meat of low value (5)
7 Compulsively (11)
8 Positives and negatives (4,3,4)
14 Praise formally (7)
15 Domestic fowl (7)
17 Interfere (6)
19 Sculptured symbol (5)
20 Furnish or supply (5)

PUZZLE 172

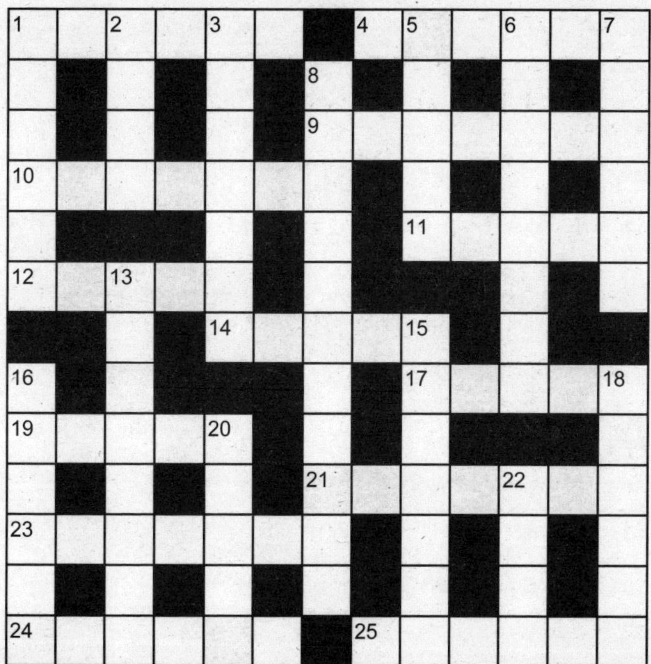

Across

1 Plant with oil rich seeds (6)
4 Removes from one's property (6)
9 Sons of sovereigns (7)
10 Illuminate (5,2)
11 State of disgrace (5)
12 Postpone (5)
14 Thin fogs (5)
17 Allotted quantity (5)
19 Company emblems (5)
21 The growth of crystals (7)
23 Among (7)
24 Protective layer (6)
25 Far from the intended target (6)

Down

1 Climbed (6)
2 Type of air pollution (4)
3 Trimmed (anag.) (7)
5 Blood vessels (5)
6 White crested parrot (8)
7 A complex whole (6)
8 Act of making peace (11)
13 Scare (8)
15 Ejects a jet of liquid (7)
16 Worldwide (6)
18 Regardless (6)
20 Hank of wool (5)
22 Affirm with confidence (4)

PUZZLE 173

Across

1 Bird of the rail family (4)
3 Arousing jealousy (8)
9 In the place of (7)
10 Store of hoarded wealth (5)
11 Inspiring action (12)
14 Arrest (3)
16 Therefore (5)
17 Popular beverage (3)
18 Airing a TV program (12)
21 Precise (5)
22 Present for acceptance (7)
23 Create an account deficit (8)
24 A group of three (4)

Down

1 Burrowing ground squirrel (8)
2 Start of (5)
4 Head movement showing assent (3)
5 Shyness (12)
6 Floating; cheerful (7)
7 Female sheep (pl.) (4)
8 Feeling depressed (5-7)
12 Cloak (5)
13 Large marsupial (8)
15 Artificial barrier in a watercourse (7)
19 Conclude; deduce (5)
20 Monetary unit of Mexico (4)
22 Small legume (3)

PUZZLE 174

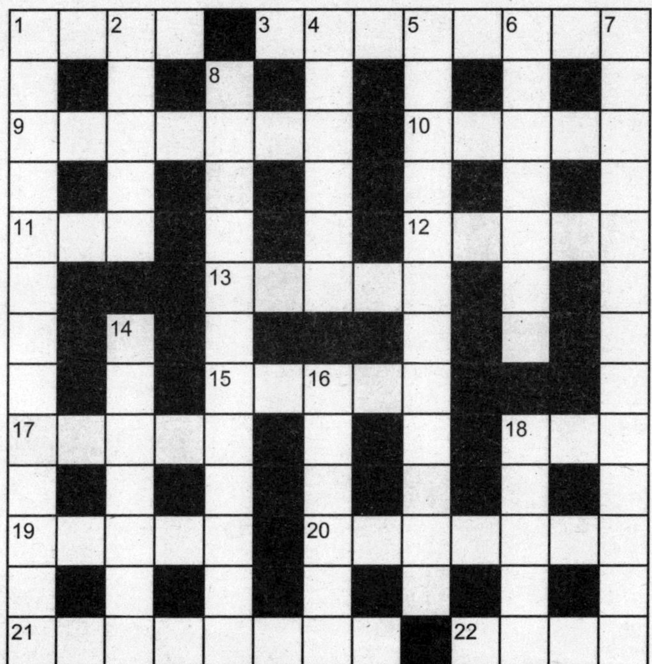

Across

1 Visage (4)
3 Part of a house (8)
9 Large crustacean (7)
10 Golf shots (5)
11 e.g. Hedwig in Harry Potter (3)
12 Sign of the zodiac (5)
13 Wash with water (5)
15 Woodwind instruments (5)
17 Wanderer (5)
18 Epoch (3)
19 Unbuttoned (5)
20 Movement conveying an expression (7)
21 Moving at speed (8)
22 Encounter a person (4)

Down

1 Continue a stroke in tennis (6,7)
2 Inner circle (5)
4 Pilot (6)
5 Despair (12)
6 Tenth month of the year (7)
7 Ineptitude in running a business (13)
8 Preternatural (12)
14 Separator (7)
16 Gas we breathe (6)
18 Severe (5)

PUZZLE 175

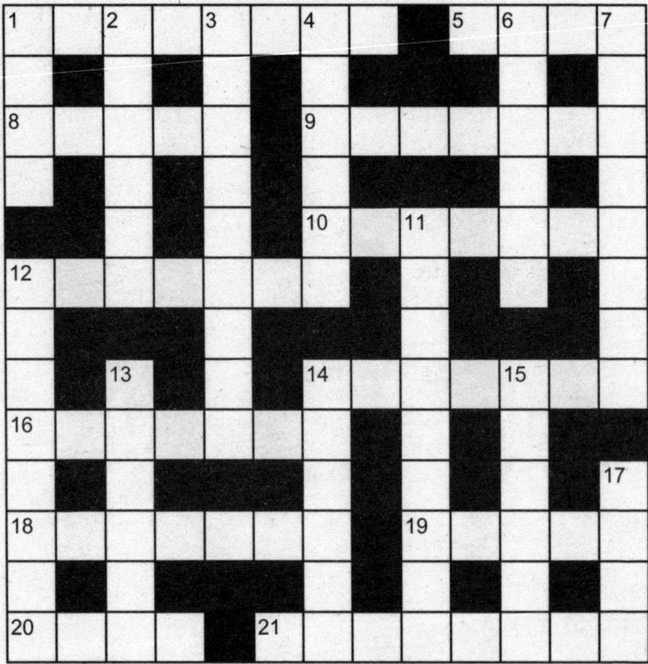

Across

1 Aspiration (8)
5 Capital of the Ukraine (4)
8 Device used to connect to the internet (5)
9 Humorous; done in fun (7)
10 Made certain of (7)
12 Ruin; demolish (7)
14 In an annoyed manner (7)
16 Not crying (3-4)
18 Increase in size (7)
19 Piece of furniture (5)
20 Perfume ingredient (4)
21 Offered (8)

Down

1 Money given to the poor (4)
2 Forms of identification (6)
3 Not permanent (9)
4 Fish-eating bird of prey (6)
6 Impart knowledge (6)
7 Legal soundness (8)
11 Proposed an idea (9)
12 Reverie (8)
13 Rides a bike (6)
14 Stick to (6)
15 Line of equal pressure on a map (6)
17 Alcoholic drink (4)

PUZZLE 176

Across

1 Heedless (11)
9 Bequeath an income to (5)
10 Eccentric (3)
11 Mark of repetition (5)
12 Will (5)
13 Early period of human culture (5,3)
16 Grandiosity of language (8)
18 Heavy iron tool (5)
21 From the capital of Italy (5)
22 Negligent (3)
23 Visual perception (5)
24 Not yet finished (11)

Down

2 Atomic particle (7)
3 A general proposition (7)
4 Finish (6)
5 Municipalities (5)
6 Flowering plant (5)
7 Not wanted (11)
8 Youth (11)
14 Surprise (7)
15 Crush underfoot (7)
17 Terminate a telephone call (4,2)
19 Female fox (5)
20 Rope used to catch cattle (5)

PUZZLE 177

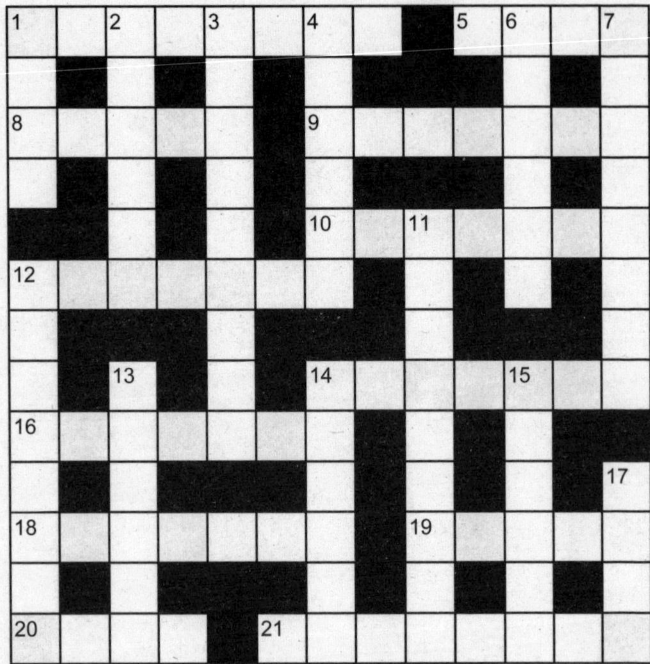

Across

1 Wisdom (8)
5 Coalition of countries (4)
8 Similar (5)
9 Desist from (7)
10 Intrinsic nature (7)
12 Most healthy (7)
14 Snobbish (7)
16 Attracts powerfully (7)
18 Imaginary line around the earth (7)
19 Small airship (5)
20 Unpleasant smell (4)
21 Woke up (8)

Down

1 Scorch (4)
2 Shrub used for hedges (6)
3 Vigorous (9)
4 Floor covering (6)
6 Acquires a new skill (6)
7 Extreme reproach (8)
11 Gazelle (9)
12 Renounce (8)
13 Advance evidence for (6)
14 Cowers (anag.) (6)
15 e.g. from New Delhi (6)
17 Moved quickly (4)

PUZZLE 178

Across

1 Remark; comment (11)
9 Attach to (5)
10 Unwell (3)
11 Floral leaf (5)
12 Country in the Middle East (5)
13 Weaken (8)
16 One who makes hats (8)
18 Senseless (5)
21 Tiny piece of food (5)
22 Item for catching fish (3)
23 Not concealed (5)
24 Coordinate (11)

Down

2 Make blissfully happy (7)
3 Praised highly (7)
4 One who wantonly destroys property (6)
5 US state where one finds Houston (5)
6 Willow twig (5)
7 Sayings (11)
8 Enjoyable (11)
14 Voter (7)
15 Legal inquiry (7)
17 Deduces from evidence (6)
19 Change (5)
20 The beginning of an era (5)

PUZZLE 179

Across

4 Long mountain chain (6)
7 Of a court of law (8)
8 Bashful (3)
9 Woodwind instrument (4)
10 Coarse cloth (6)
11 Lively festivities (7)
12 Range (5)
15 Temporary stop (5)
17 Redecorate (7)
20 Not disposed to cheating (6)
21 Irritates constantly (4)
22 Place where one sees animals (3)
23 Usually (8)
24 Assisting (6)

Down

1 Modest; unpresuming (6)
2 Eternal (8)
3 Disagreement (7)
4 Craftily (5)
5 Excessively ornate (of music) (6)
6 A person in general (6)
13 Lumberjack's tool (8)
14 Risky enterprise (7)
15 Public square in Italy (6)
16 Maintain a decision (6)
18 Small worry; irritate (6)
19 Existing (5)

PUZZLE 180

Across		Down	
1	Where photographs are developed (8)	**1**	Foolish (4)
5	Young cow (4)	**2**	Very enthusiastic (6)
8	Public meeting for open discussion (5)	**3**	Recall past experiences (9)
9	Notable feat (7)	**4**	Musical dramas (6)
10	Clothing (7)	**6**	Love affairs (6)
12	Gets back (7)	**7**	Uselessness (8)
14	Insurance calculator (7)	**11**	Type of nut (9)
16	Act of entering (7)	**12**	Prompted to think of (8)
18	Let go of (7)	**13**	Pay no attention to (6)
19	Robbery (5)	**14**	Stage whispers (6)
20	Document of ownership (4)	**15**	Birthplace of St Francis (6)
21	Amaze (8)	**17**	State of the USA (4)

PUZZLE 181

Across

1 Storage compartment (6)
7 Worker (8)
8 Extend out (3)
9 Strong feeling of loathing (6)
10 Underground plant part (4)
11 Rotates (5)
13 Lift up (7)
15 Walk with difficulty (7)
17 Lies back lazily in the sun (5)
21 Cease moving (4)
22 Banished (6)
23 Ground condensation (3)
24 Opposite of a promotion (8)
25 Of delicate beauty (6)

Down

1 Dispirit (6)
2 Part of a stamen (6)
3 Hear a court case anew (5)
4 Winding shapes (7)
5 Capital of Liberia (8)
6 Popular holiday destination (6)
12 Denial of something (8)
14 Goddess of retribution (7)
16 Vestiges (6)
18 Make unhappy (6)
19 Sedately (6)
20 Evil spirit (5)

PUZZLE 182

Across

1 White aquatic bird (4)
3 Religious deserter (8)
9 Beseech (7)
10 Abatement (5)
11 Distinguishing characteristic (5)
12 Absence of sound (7)
13 Trance (anag.) (6)
15 Academy Awards (6)
17 e.g. a resident of Rome (7)
18 Tortilla topped with cheese (5)
20 Valuable thing or person (5)
21 Japanese dish of raw fish (7)
22 Encrypting (8)
23 Wander (4)

Down

1 Perfect likeness or double (8,5)
2 First Greek letter (5)
4 Satisfy (6)
5 Altruism (12)
6 Aerial (7)
7 Art movement (13)
8 Showed not to be true (12)
14 Traditional example (7)
16 Agreement or concord (6)
19 Cotton twill fabric (5)

PUZZLE 183

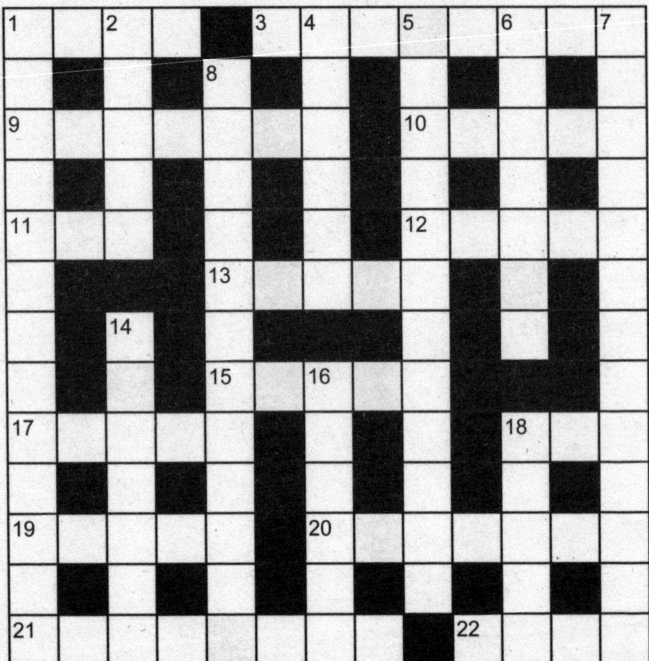

Across

1 Imperial unit (4)
3 Not obligatory (8)
9 A bird's feathers collectively (7)
10 Performing a deed (5)
11 Floor mat (3)
12 Collection of ships (5)
13 Manner of writing (5)
15 Calls out like a lion (5)
17 Prohibited by social custom (5)
18 Embrace (3)
19 Mooring for a ship (5)
20 Finished (3,4)
21 Deriving ideas from a range of sources (8)
22 Pleased (4)

Down

1 Very subtle (13)
2 Held on tightly (5)
4 Attractive (6)
5 Not capable of justification (12)
6 Innocently (7)
7 Prone to steal (5-8)
8 Extremely harmful (12)
14 Open-minded; given freely (7)
16 Opposite of an acid (6)
18 Small crude shelter (5)

PUZZLE 184

Across

1 Self-satisfied (4)
3 Capital of Australia (8)
9 Sets out on a journey (7)
10 Grasp tightly (5)
11 Evergreen trees (5)
12 A very skilled performer (7)
13 Subtle variation (6)
15 Bit of partly burnt wood (6)
17 Nerve impulses (7)
18 South American animal (5)
20 Fly around a planet (5)
21 Tearing (anag.) (7)
22 All people (8)
23 Openly refuse to obey an order (4)

Down

1 Any means of advancement (8,5)
2 Living in a city (5)
4 Take as being true (6)
5 Study of microorganisms (12)
6 Responded to (7)
7 In a suitable manner (13)
8 Long race (5-7)
14 Friendly (7)
16 Sight (6)
19 Astonish (5)

PUZZLE 185

Across

1 Meagre (6)
4 Calm (6)
9 Daydream (7)
10 Forgive (7)
11 Hinged barriers (5)
12 Messenger (5)
14 From that time (5)
17 Vascular tissue in plants (5)
19 Competed in a speed contest (5)
21 Frozen water spears (7)
23 Country in northwestern Africa (7)
24 Enjoy greatly (6)
25 On land (6)

Down

1 Royal house (6)
2 Gels (anag.) (4)
3 Shows again (7)
5 Survived (5)
6 Bodily (8)
7 Showy (6)
8 Forewarning (11)
13 Relating to deep feelings (8)
15 Stimulates; provokes (7)
16 Vibration (6)
18 Brawn; strength (6)
20 e.g. mallards (5)
22 Company symbol (4)

PUZZLE 186

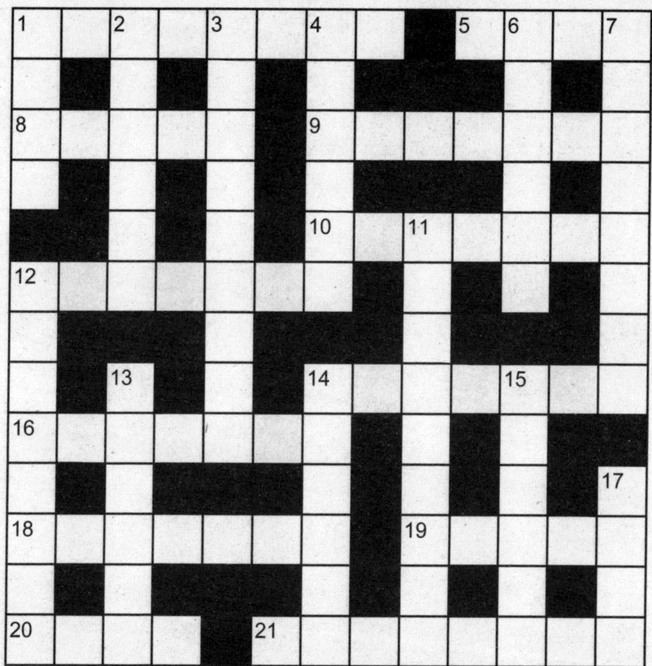

Across

1 Interfering (8)
5 Ostrichlike bird (4)
8 Staple (5)
9 Quarrel (7)
10 Exhilarated (7)
12 Moved round an axis (7)
14 Erase or remove (7)
16 Visual symbolism (7)
18 Impartial (7)
19 Divide; separate (5)
20 Days before major events (4)
21 Beginning (8)

Down

1 Gangs (4)
2 Tyrant (6)
3 Profitable (9)
4 Inclined one's head to show approval (6)
6 Frequents a place (6)
7 Short account of an incident (8)
11 Joint advocate (9)
12 Cheerful brightness (8)
13 Develop (6)
14 Small hole (6)
15 Central parts of cells (6)
17 Male deer (4)

PUZZLE 187

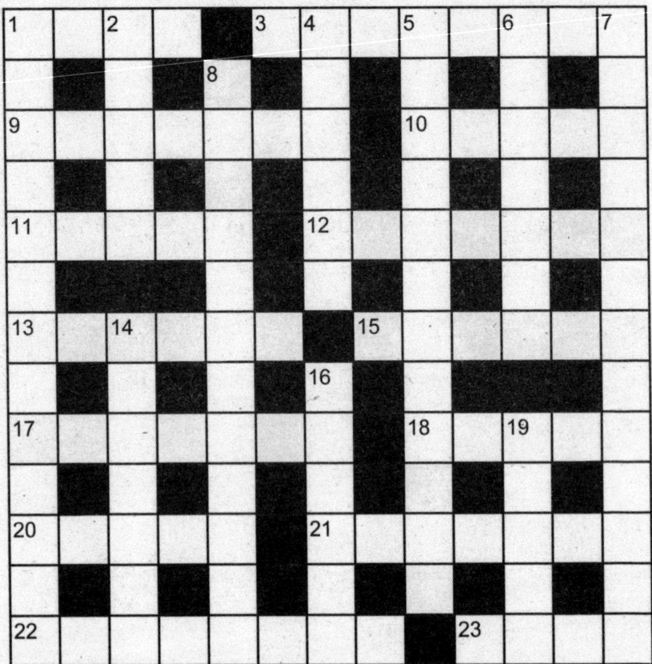

Across

1 At a distance (4)
3 Remedy to a poison (8)
9 Increase the duration of (7)
10 Damp (5)
11 Ellipses (5)
12 Kitchen appliance (7)
13 Recycle old material (6)
15 Frozen plain (6)
17 Sport with arrows (7)
18 Noble gas (5)
20 Tines (anag.) (5)
21 Emotional stability (7)
22 Recently married person (5-3)
23 Coming immediately after (4)

Down

1 Act of taking for one's own use (13)
2 Hawaiian greeting (5)
4 Periods of darkness (6)
5 Limitless (12)
6 Left out (7)
7 Amusement (13)
8 Constantly; always (12)
14 Item used to cut metal (7)
16 Farewell remark (3-3)
19 Variety or kind (5)

PUZZLE 188

Across

1 Disturbance (6)
4 Country in central Africa (6)
9 Furthest away (7)
10 Belief that there is no God (7)
11 Draws into the mouth (5)
12 Make right (5)
14 Trench (5)
17 Lives (anag.) (5)
19 Exposed (5)
21 Encroach (7)
23 Rank in the forces (7)
24 Abilities (6)
25 Wading birds (6)

Down

1 Fleet of ships (6)
2 Aquatic vertebrate (4)
3 Reached a destination (7)
5 Singing voices (5)
6 Green vegetable (8)
7 Painter (6)
8 Briefly (11)
13 Outlet for excess water (8)
15 Aiding (7)
16 Amusingly eccentric (6)
18 Animal carapaces (6)
20 Benefactor (5)
22 Longest river (4)

PUZZLE 189

Across

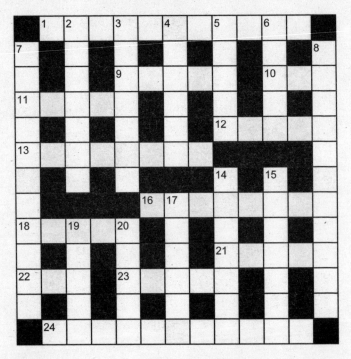

1 Not held up (11)
9 Kind of wheat (5)
10 Piece of cloth (3)
11 Name of a book (5)
12 Pertaining to the ear (5)
13 Defector (8)
16 Glassy (8)
18 Shallow recess (5)
21 Home (5)
22 Twitch (3)
23 Three-note chord (5)
24 Having good intentions (4-7)

Down

2 Open-meshed material (7)
3 Endure (7)
4 Separated (6)
5 Cuban folk dance (5)
6 Fault (5)
7 Destroy (11)
8 Eternity (11)
14 Widen (7)
15 Ancient wise king (7)
17 One of the halogens (6)
19 Secret store (5)
20 Praise enthusiastically (5)

PUZZLE 190

Across

1 Sharply defined (5-3)
5 Fencing sword (4)
8 Train tracks (5)
9 Simian (7)
10 Candid (7)
12 Dullness (7)
14 Rower (7)
16 Moved off course (7)
18 Stands about idly (7)
19 Media (anag.) (5)
20 Therefore (Latin) (4)
21 Scarceness (8)

Down

1 Thin rope (4)
2 US rapper (6)
3 Fruit (9)
4 Seventh planet (6)
6 Toxin (6)
7 Act of hard work (8)
11 Fictional story (5,4)
12 Disintegrate (8)
13 e.g. using a towel (6)
14 Ukrainian port (6)
15 Reason for doing something (6)
17 Short pins that taper at one end (4)

PUZZLE 191

Across

1 Small pit or cavity (6)
7 Piece of furniture (8)
8 Cooling tool (3)
9 End disappointingly (6)
10 Fixed costs (4)
11 Indoor game (5)
13 Actress (anag.) (7)
15 Far-reaching; thorough (7)
17 Quick meal (5)
21 Antelopes (4)
22 Hot spring (6)
23 Nocturnal mammal (3)
24 State of Australia (8)
25 Capital of Poland (6)

Down

1 Elevated off the ground (6)
2 Bestow (6)
3 Humming (5)
4 Concealed (7)
5 Corrosive precipitation (4,4)
6 Upward slope (6)
12 Arduous (8)
14 Insulating material (7)
16 Yearly (6)
18 Commercial aircraft (6)
19 Show servile deference (6)
20 Local authority rule (2-3)

PUZZLE 192

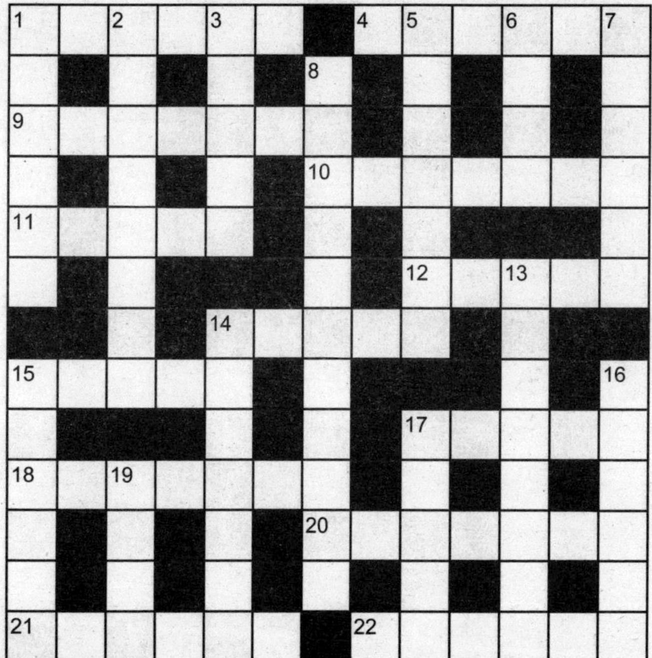

Across

1 Bow and arrow expert (6)
4 Floor of a fireplace (6)
9 Island in the West Indies (7)
10 Present (7)
11 Highways (5)
12 Misplaces (5)
14 Small insect (5)
15 Endures (5)
17 Large tree (5)
18 Cyclone (7)
20 Sets free or releases (7)
21 Hold in high esteem (6)
22 Distorts (6)

Down

1 Request earnestly (6)
2 Contrasts (8)
3 Leaves (5)
5 Green gemstone (7)
6 Uncommon (4)
7 Interruption or gap (6)
8 Producing a discordant mix of sounds (11)
13 e.g. physics and biology (8)
14 Attack (7)
15 Second of two (6)
16 Pursues; runs after (6)
17 Under (5)
19 Cut of beef (4)

PUZZLE 193

Across

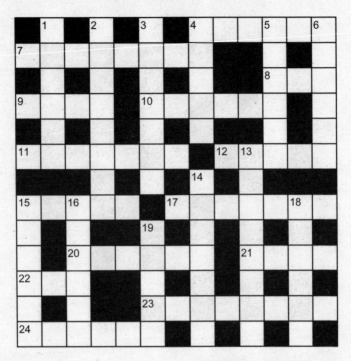

4 Desiring food (6)
7 Periodical publication (8)
8 Was in first place (3)
9 Encourage in wrongdoing (4)
10 Gaming tile with pips in each half (6)
11 Nevertheless (7)
12 Cinders (5)
15 Extravagant meal (5)
17 Bordeaux wines (7)
20 Pictorial representations (6)
21 Luxurious (4)
22 Gallivant (3)
23 Pleasingly rich (8)
24 Poser; enigma (6)

Down

1 Treelike grass (6)
2 Sharpness (of taste) (8)
3 Wicked act (7)
4 Wheels that move rudders on ships (5)
5 Waterproof overshoe (6)
6 Songlike cries (6)
13 Angels of the highest order (8)
14 Nearest (7)
15 Digit (6)
16 Lived by (6)
18 Fine cloth (6)
19 Nimble (5)

PUZZLE 194

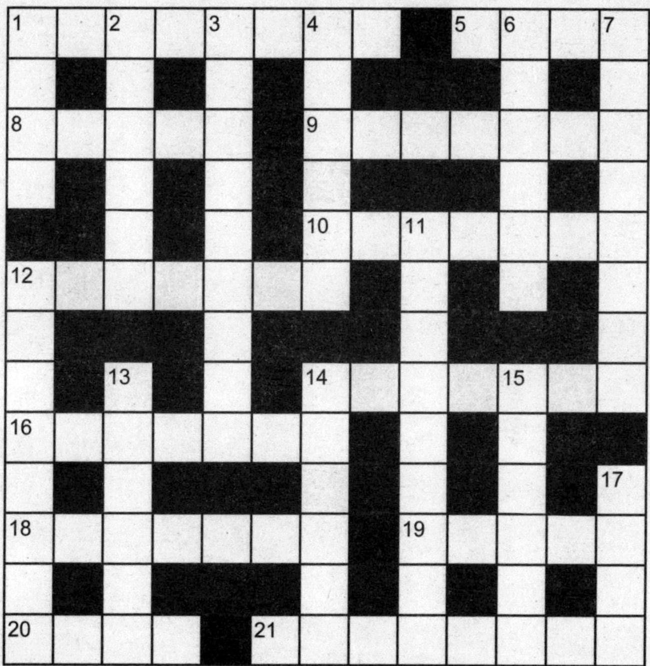

Across

1 Make more concentrated (8)
5 Domesticated ox (4)
8 Measures duration (5)
9 Unconventional (7)
10 Divide into three parts (7)
12 Smart; chic (7)
14 Stimulated; urged on (7)
16 Sum of money put in the bank (7)
18 Central cell part (7)
19 Path or road (5)
20 Large barrel (4)
21 Makes remote; cuts off (8)

Down

1 Domestic felines (4)
2 Agilely (6)
3 Writers of literary works (9)
4 Not rough (6)
6 Ten plus one (6)
7 Unnamed (8)
11 Initial (9)
12 Mocking (8)
13 Small spots or dots (6)
14 Stagnation or inactivity (6)
15 Outcome (6)
17 Belonging to a woman (4)

PUZZLE 195

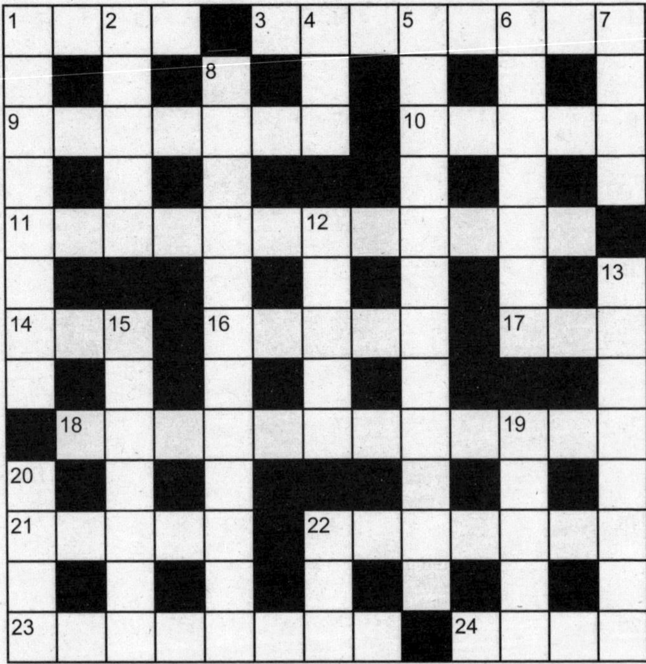

Across

1 Piece of foliage (4)
3 State capital of South Carolina (8)
9 Identifying outfit (7)
10 Become subject to (5)
11 Body of voters in a specified region (12)
14 Young newt (3)
16 Leers (5)
17 Organ of hearing (3)
18 Discreditable (12)
21 Sound of any kind (5)
22 Assembly of people (7)
23 Type of Eurasian carp (8)
24 Repeat an action (4)

Down

1 Propels with force (8)
2 Negative ion (5)
4 Unit of resistance (3)
5 Educational institutions (12)
6 Two-wheeled vehicle (7)
7 Surrounding glow (4)
8 DIY stands for this (2-2-8)
12 Spring flower (5)
13 Chord played in rapid succession (8)
15 Insignificant (7)
19 Groom's partner (5)
20 Obstacle (4)
22 Title of a married woman (3)

PUZZLE 196

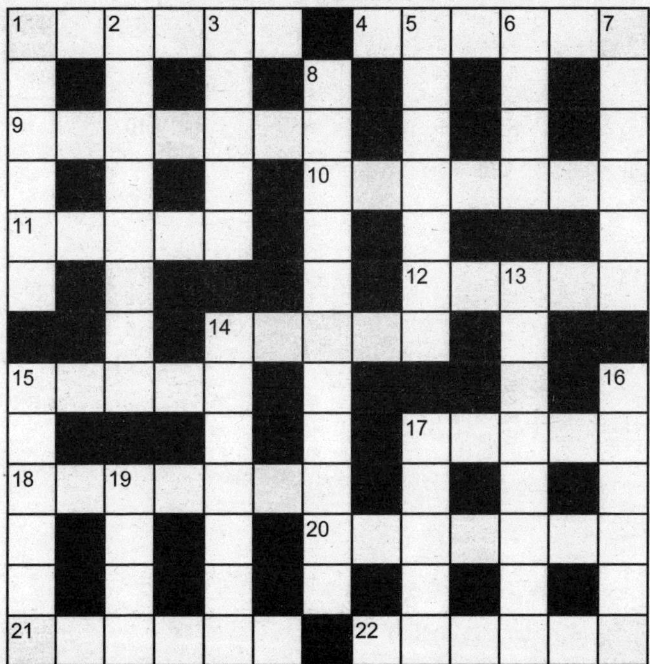

Across

1 Harsh (6)
4 Twist suddenly (6)
9 Transports by hand (7)
10 Regular salary (7)
11 Lines (anag.) (5)
12 Uncertain; risky (5)
14 Dislikes intensely (5)
15 Satisfy a thirst (5)
17 Barrier (5)
18 Decorative altar cloth (7)
20 Staggered (7)
21 Go back on (6)
22 Done in stages (6)

Down

1 Farming tool (6)
2 Segment of the spinal column (8)
3 Attacks without warning (5)
5 Prompts (7)
6 Area of a church (4)
7 Period of prosperity (6)
8 Basically (11)
13 Squeezes (8)
14 Warming up (7)
15 Less hard (6)
16 Fixed (6)
17 Estuary (5)
19 Portent (4)

PUZZLE 197

Across

1 Lucidity (11)
9 Sorceress (5)
10 Blade for rowing a boat (3)
11 Eel-like fish (5)
12 Ancient object (5)
13 Perceived (8)
16 In a shrewd manner (8)
18 Stare (anag.) (5)
21 Make fun of someone (5)
22 Boy (3)
23 Male duck (5)
24 Affiliation (11)

Down

2 Put in someone's care (7)
3 People who cut wood (7)
4 Chant; speak solemnly (6)
5 Wedding assistant (5)
6 Mythical monster (5)
7 By some margin; easily (11)
8 Type of cactus (7,4)
14 Underlying theme (7)
15 In reality; actually (2,5)
17 Expedition to see animals (6)
19 Seasons (5)
20 Cowboy exhibition (5)

PUZZLE 198

Across

1 Scaring (11)
9 Drivel; nonsense (3)
10 Move as fast as possible (5)
11 Sudden contraction (5)
12 Moved slowly (5)
13 Respite (8)
16 Annual (8)
18 Strength (5)
20 Attempts (5)
21 Captivates (5)
22 Floor covering (3)
23 Unintentional (11)

Down

2 Indian monetary unit (5)
3 The entire scale (5)
4 Gossip (6)
5 Child's room (7)
6 Makes ineffective (7)
7 Prophetic of the end of the world (11)
8 Mark an event (11)
14 Model of the body (7)
15 Embarrassed (7)
17 Argue against (6)
18 Suggest (5)
19 Female human (5)

PUZZLE 199

Across

1 Sound units (8)
5 Platform leading out to sea (4)
9 Period of keeping awake to pray (5)
10 Folded back part of a coat (5)
11 Type of accent (10)
14 Took the lid off a jar (6)
15 Pay attention to what is said (6)
17 Rate per hundred (10)
20 Theme for a discussion (5)
21 Tycoon (5)
22 Religious act (4)
23 Rubbed with the hands (8)

Down

1 Bird of peace (4)
2 Gear wheels (4)
3 Hostile aggressiveness (12)
4 Song words (6)
6 Rude (8)
7 Restful (8)
8 International multi-sport event (7,5)
12 Machine used to surf the internet (8)
13 Dilapidated (8)
16 Basic metrical unit in a poem (6)
18 Highly excited (4)
19 Lids (anag.) (4)

PUZZLE 200

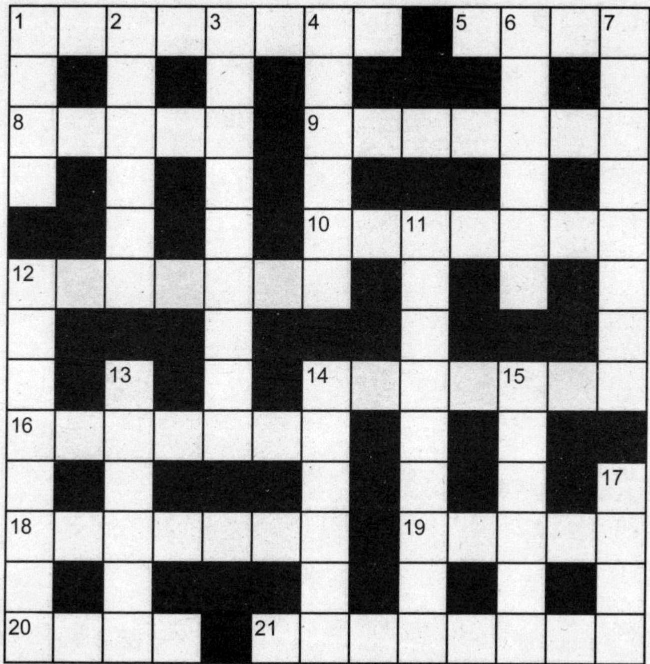

Across

1 Not curly (of hair) (8)
5 Without shine; dull (4)
8 Children's entertainer (5)
9 Violent and lawless person (7)
10 Satisfy a desire (7)
12 Enclosed fortification (7)
14 Terrestrial (7)
16 Levels a charge against (7)
18 Bring up (7)
19 Wide open (of the mouth) (5)
20 Prickly plant with fragrant flowers (4)
21 Exceptional (8)

Down

1 Unwell (4)
2 Firmly established (6)
3 Harmless (9)
4 Recluse (6)
6 Far away from home (6)
7 Inclination (8)
11 Express disapproval (9)
12 Rain tree (anag.) (8)
13 Multiples of twenty (6)
14 Organic compounds (6)
15 US state of islands (6)
17 Room in a jail (4)

PUZZLE 201

Across

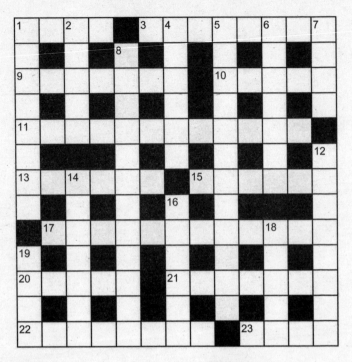

1 Create (4)
3 Calm and free from strife (8)
9 Suppress a feeling (7)
10 Number after seven (5)
11 Characteristic of the present (12)
13 Single-celled organism (6)
15 Afternoon nap (6)
17 Street (12)
20 Stringed instrument (5)
21 Type of diving (4,3)
22 Move to another place (8)
23 Look for (4)

Down

1 e.g. a trumpeter or pianist (8)
2 Understood with certainty (5)
4 Continent (6)
5 Thinking sensibly (5-7)
6 Diagrams or pictures (7)
7 Thin strip of wood (4)
8 Small garden carts (12)
12 A surprisingly easy task (8)
14 Character in Hamlet (7)
16 Quash (6)
18 Passage between rows of seats (5)
19 Short tail (4)

PUZZLE 202

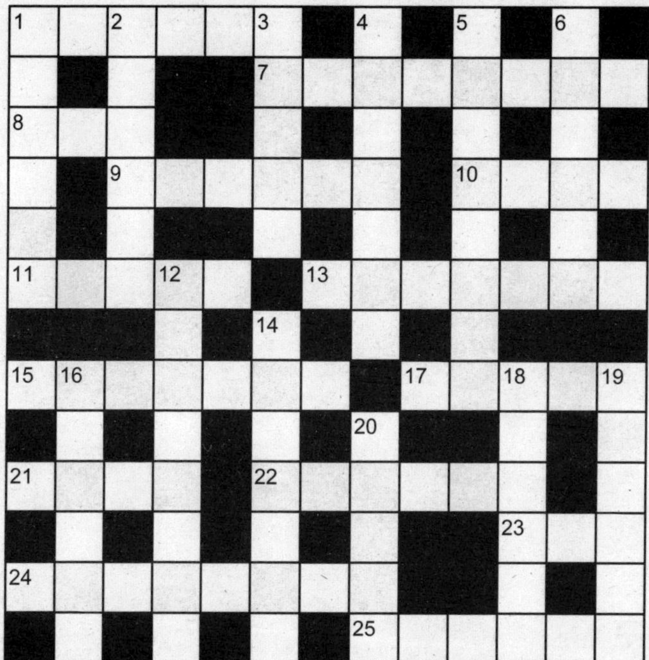

Across

1 Very young children (6)
7 Female pilot (8)
8 University teacher (3)
9 Navigational instrument (6)
10 Repents (4)
11 Small sales stand (5)
13 Emit energy (7)
15 Breastbone (7)
17 Breathe in audibly (5)
21 Hoist (4)
22 Grammatical case (6)
23 Item of furniture one sleeps on (3)
24 Final (8)
25 Magical potion (6)

Down

1 Decorate (6)
2 Pygmy chimpanzee (6)
3 Heroic tales (5)
4 Not physically existing (7)
5 Area of the zodiac (4,4)
6 Deprive of power (6)
12 Close investigation (8)
14 Boring (7)
16 Steal (6)
18 Refrigerator compartment (6)
19 Livestock food (6)
20 Stagnant (5)

PUZZLE 203

Across

1 Quantity of medication (4)
3 Breed of retriever (8)
9 Make from raw materials (7)
10 Long flat piece of timber (5)
11 Contentment (12)
14 Louse egg (3)
16 Gold block (5)
17 Female kangaroo (3)
18 State of the USA (12)
21 Dry red wine (5)
22 Summit (7)
23 Seal off a place (8)
24 Scarpered (4)

Down

1 Removing from office (8)
2 Make a search (5)
4 Excellent serve (3)
5 Monotonously (12)
6 Very hard form of carbon (7)
7 Garden implement (4)
8 The ? symbol (8,4)
12 Annoyed (5)
13 Renovated (8)
15 Quivering singing effect (7)
19 Pertaining to birth (5)
20 Insect larva (4)
22 Possessed (3)

PUZZLE 204

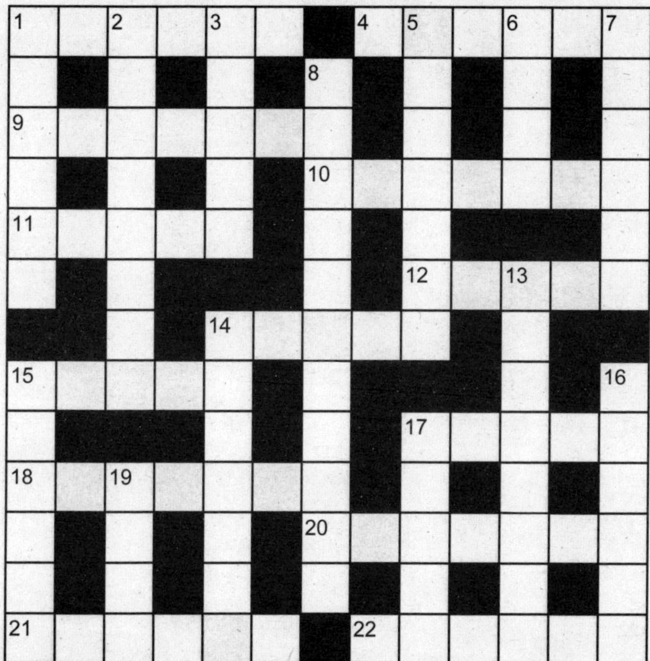

Across

1 Capital of Canada (6)
4 Lays eggs (6)
9 A placeholder name (2-3-2)
10 Digit (7)
11 Bottoms of shoes (5)
12 Scoundrel (5)
14 Medium of exchange (5)
15 Popular sport (5)
17 Broaden (5)
18 Large island of Indonesia (7)
20 Three-pronged weapon (7)
21 Wanders off; drifts (6)
22 Stop talking (4,2)

Down

1 Be preoccupied with (6)
2 Falling behind (8)
3 Walks through water (5)
5 Of first rank (7)
6 Put on an item of clothing (4)
7 Abandon a plan (6)
8 Give your full attention to (11)
13 Slope (8)
14 Bewilder (7)
15 Hurries (6)
16 Arch of the foot (6)
17 Measure heaviness (5)
19 Secure a boat (4)

PUZZLE 205

Across

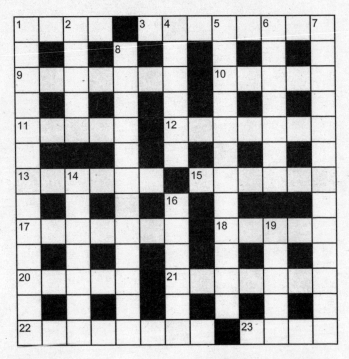

1 Decapod crustacean (4)
3 Overly concerned with detail (8)
9 Stuck on the bottom (of a ship) (7)
10 Sacred song or hymn (5)
11 Dole out (5)
12 Prison (informal) (7)
13 Absorbent cloths (6)
15 Violent uprising (6)
17 Cooked meat in the oven (7)
18 Consumed (5)
20 Trees (anag.); organic compound (5)
21 Italian red wine (7)
22 Small telescope (8)
23 Paradise garden (4)

Down

1 Bland and dull (13)
2 Fourth month (5)
4 Of the greatest age (6)
5 Using both letters and numerals (12)
6 Emotional shocks (7)
7 Understanding (13)
8 Agreed upon by several parties (12)
14 Affluent (7)
16 Proclamations (6)
19 Adjusted the pitch of (5)

PUZZLE 206

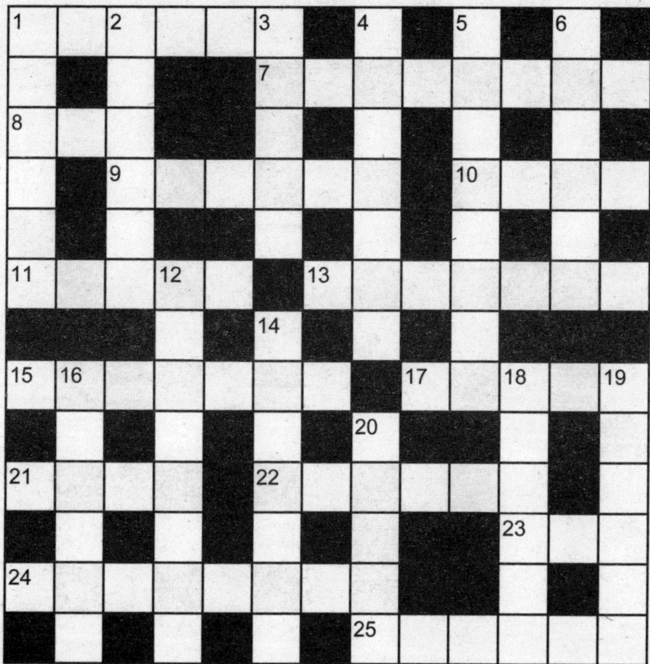

Across

1 Contaminate (6)
7 Perfectly consistent (8)
8 Coniferous tree (3)
9 Accuse; run at (6)
10 Prayer (4)
11 Vertical spars for sails (5)
13 Assume (7)
15 Container releasing a fine spray (7)
17 Items used on stage (5)
21 e.g. perform karaoke (4)
22 Wind instrument (6)
23 Animal foot (3)
24 Pain or anguish (8)
25 Zone (6)

Down

1 Weak through age or illness (6)
2 Comic dramatic works (6)
3 Russian monarchs (5)
4 Destructive (7)
5 Insect trap (8)
6 Willow twigs (6)
12 Ideas (8)
14 Comes into contact with (7)
16 Evoke (6)
18 Yield (6)
19 Opposite of faster (6)
20 Alloy of copper and zinc (5)

PUZZLE 207

Across

1 Hats (4)
3 Space rock (8)
9 United States (7)
10 Decaf (anag.) (5)
11 Quarrelsome and uncooperative (12)
13 Classify (6)
15 Taxonomic groupings (6)
17 Tamed (12)
20 Speed (5)
21 Irritated (7)
22 Elastic (8)
23 Refuse to admit (4)

Down

1 Form of carbon (8)
2 Smooth; groom (5)
4 Ostentatiously showy (6)
5 Bubbling (12)
6 Block (7)
7 Fathers (4)
8 Conflict of opinion (12)
12 Frankly (8)
14 Financial supporter (7)
16 Join or fasten (6)
18 Herb (5)
19 Reasons; explanations (4)

PUZZLE 208

Across

1 The greater part (8)
5 Beast of burden (4)
8 Packs of cards (5)
9 Steep in (7)
10 Install (7)
12 Virtuoso solo passage (7)
14 Nonconformist (7)
16 Spiny anteater (7)
18 European country (7)
19 A central point (5)
20 Snare (4)
21 Clock timing device (8)

Down

1 Created (4)
2 Cheerful (6)
3 Replied (9)
4 Irrelevant pieces of information (6)
6 Turmoil (6)
7 Relating to critical explanation (8)
11 Reduced in length (9)
12 Formal agreement (8)
13 Irrational fear (6)
14 Capital of Zimbabwe (6)
15 Go from one place to another (6)
17 Slender (4)

PUZZLE 209

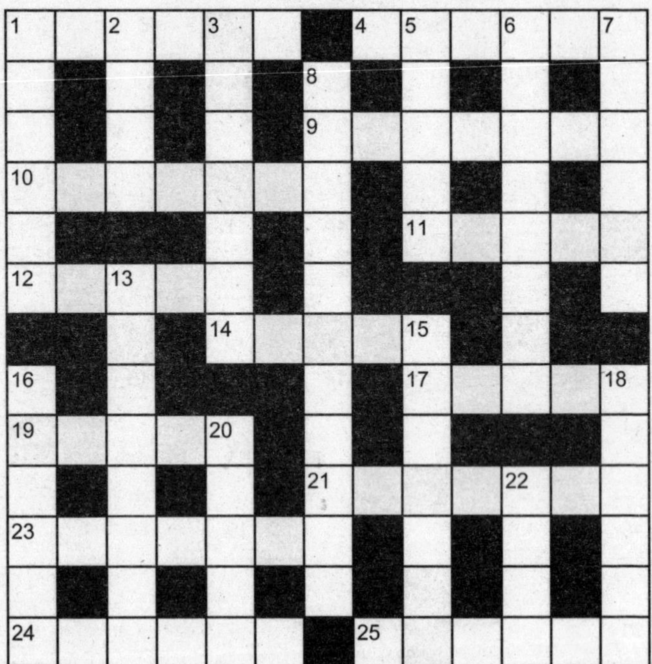

Across

1 Officially cancel (6)
4 On a ship or train (6)
9 Person who accumulates things (7)
10 Succeed financially (7)
11 Giraffes have long ones (5)
12 Twelve (5)
14 Surface shine (5)
17 Fashions; styles (5)
19 Smoothed one's nails (5)
21 Throwing a coin in the air (7)
23 Ardent (7)
24 In a careless manner (6)
25 Pieces of writing (6)

Down

1 Torn (of clothes) (6)
2 Block a decision (4)
3 Retaining (7)
5 Physical strength (5)
6 Physiologically dependent (8)
7 Coercion (6)
8 Device for measuring time (11)
13 Fanaticism (8)
15 Breaks (7)
16 Continent (6)
18 Landmarks; spectacles (6)
20 Wild dog of Australia (5)
22 Creative thought (4)

PUZZLE 210

Across

1 True and actual (4)
3 Disappears (8)
9 Lift up (7)
10 Section of a long poem (5)
11 Broken equipment (3)
12 Raise up (5)
13 Small house (5)
15 Red cosmetic powder (5)
17 Major African river (5)
18 Range of knowledge (3)
19 Solemn promises (5)
20 Release (7)
21 Small falcons (8)
22 Less than average tide (4)

Down

1 Without stopping; continuous (5,3,5)
2 Hankered after (5)
4 Ancient or well established (3-3)
5 Incomprehensibly (12)
6 Conveniently (7)
7 Fairness in following the rules (13)
8 Troublemaker (6-6)
14 Distances (7)
16 Unfold (6)
18 Rogue; scoundrel (5)

PUZZLE 211

Across

1 Person who receives guests (4)
3 Force lifting something up (8)
9 Grassland areas (7)
10 Assumed appearance (5)
11 Reclamation (12)
13 Uncertain (6)
15 Yellowish-brown pigment (6)
17 Science of biological processes (12)
20 Breed of dog (5)
21 Aromatic herb (7)
22 Commonplace (8)
23 Familiar name for a potato (4)

Down

1 Comical (8)
2 Impress a pattern on (5)
4 Shoves (6)
5 Joyously unrestrained (4-8)
6 Single-horned creature (7)
7 Woody plant (4)
8 Building (12)
12 Infancy (8)
14 Set in motion; agitated (7)
16 Biography from personal knowledge (6)
18 Walk heavily and firmly (5)
19 Repetition of a sound (4)

PUZZLE 212

Across

1 Slightly open (4)
3 Daydreamer (8)
9 Someone who provides food (7)
10 Religious acts (5)
11 Deranged (3)
12 Closely compacted (5)
13 Sullen or moody (5)
15 Aqualung (5)
17 Wide-awake (5)
18 Possesses (3)
19 Adult insect (5)
20 Due to the fact that (7)
21 Assembled (8)
22 Female chickens (4)

Down

1 Easy to deal with (13)
2 Performed on stage (5)
4 Bad handwriting (6)
5 Physics of movement through air (12)
6 Plans to do something (7)
7 Blandness (13)
8 Swimming technique (12)
14 Bring a law into effect again (2-5)
16 Nebula (anag.) (6)
18 Dwelling (5)

PUZZLE 213

Across

1 Suggestion (11)
9 Chatter (3)
10 Areas of mown grass (5)
11 Open disrespect (5)
12 Enumerates (5)
13 Concurring (8)
16 Soonest (8)
18 Walked up and down (5)
20 Keep away from (5)
21 Type of herring (5)
22 Fish appendage (3)
23 Fragility (11)

Down

2 Loose outer garments (5)
3 Animal skins; hurls missiles (5)
4 Stitching (6)
5 Scuffles (7)
6 Diffusion of molecules through a membrane (7)
7 Form into a cluster (11)
8 Air sport (4-7)
14 Singer (7)
15 Inclination (7)
17 Helix (6)
18 Feign (3,2)
19 Small restaurants (5)

PUZZLE 214

Across

1 Strongbox (4)
3 Struggle helplessly (8)
9 Archer's weapon (7)
10 Supply with new weapons (5)
11 Expel from a country (5)
12 Least fresh (7)
13 A score plus ten (6)
15 Written in verse (6)
17 Render legally void (7)
18 Oak tree nut (5)
20 Recommended strongly (5)
21 Gun holder (7)
22 Deceiving (8)
23 By word of mouth (4)

Down

1 Eloquent; articulate (6-7)
2 Spore-producing organisms (5)
4 Opposite of highest (6)
5 Not guided by good sense (12)
6 Form of speech specific to a region (7)
7 Device for changing TV channel (6,7)
8 Lost in thought (6-6)
14 Forbidden by law (7)
16 Large snake (6)
19 External (5)

PUZZLE 215

Across

1 In unbroken sequence (11)
9 Nourished (3)
10 Lucid (5)
11 Tiny arachnids (5)
12 Lyres (5)
13 Polygon with five sides (8)
16 Utters repeatedly (8)
18 Musical toy (5)
20 Act of stealing (5)
21 Lift with effort (5)
22 Disallow (3)
23 US politician (11)

Down

2 Command (5)
3 Large bags (5)
4 Type of nursery (6)
5 Wood-eating insect (7)
6 Trace of something (7)
7 Where one finds Kabul (11)
8 Highs and lows (3,3,5)
14 Keepsake; reminder (7)
15 African wild pig (7)
17 Breathe out (6)
18 Flat-bottomed vessels (5)
19 Striped animal (5)

PUZZLE 216

Across

1 Lofty (4)
3 Natural homes of animals (8)
9 Type of pheasant (7)
10 Muscular contraction (5)
11 Relieve or free from (3)
12 Regal (5)
13 Brown earth pigment (5)
15 Very informal phrases (5)
17 Bird sound; chirp (5)
18 Secret retreat (3)
19 Doctrine (5)
20 Civilians trained as soldiers (7)
21 Ability to read (8)
22 Military force (4)

Down

1 Excessively negative about (13)
2 Secreting organ (5)
4 Assurance; composure (6)
5 Incurably bad (12)
6 Someone who studies data (7)
7 Additional (13)
8 Spanish adventurer (12)
14 Mild (of weather) (7)
16 Infinitesimally small (6)
18 Discourage (5)

PUZZLE 217

Across

4 Excuses of any kind (6)
7 Changing a title (8)
8 Quarrel (3)
9 Fibber (4)
10 Turned from liquid to gas (6)
11 Warship (7)
12 Remove wool from sheep (5)
15 Screams (5)
17 Large knife (7)
20 Close at hand (6)
21 Highest adult male singing voice (4)
22 Draw (3)
23 Opposite of southern (8)
24 Throwing at a target (6)

Down

1 Creepier (6)
2 Song for several voices (8)
3 Communal settlement in Israel (7)
4 Once more (5)
5 One under par in golf (6)
6 Woodcutter (6)
13 Worrying problem (8)
14 Game participants (7)
15 Young people (6)
16 Missing human interaction (6)
18 Teaser (anag.) (6)
19 Pointed part of a fork (5)

PUZZLE 218

Across

1 Agent who supplies goods to stores (11)
9 Pancake sweetener (5)
10 Organ of sight (3)
11 Steals (5)
12 Takes a break (5)
13 Barely (8)
16 Keep at a distance (8)
18 Change (5)
21 Join together (5)
22 Ovoid foodstuff (3)
23 Deprive of weapons (5)
24 Become worse (11)

Down

2 Not ethically right (7)
3 Grassy clump (7)
4 Country in the Middle East (6)
5 Higher in place (5)
6 Follows orders (5)
7 Elucidated by using an example (11)
8 Quantification (11)
14 Percussion musician (7)
15 Cover with a hard surface layer (7)
17 Type of sausage (6)
19 A score of two under par on a hole (golf) (5)
20 Put out a fire (5)

PUZZLE 219

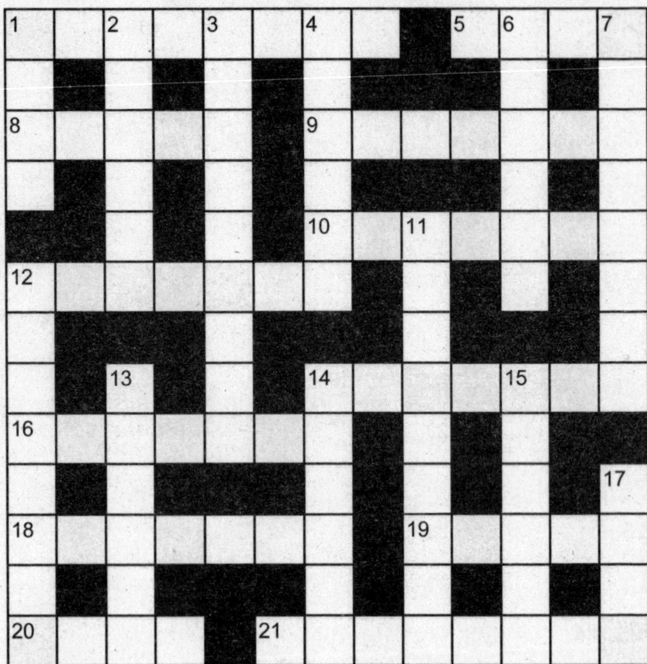

Across

1 Breaking suddenly and violently (8)
5 Metallic element (4)
8 Moderate and well-balanced (5)
9 Instruction (7)
10 Constantly present (7)
12 Shock with wonder (7)
14 Mercury alloy (7)
16 Linked together (7)
18 Squabbling (7)
19 A satellite of Uranus (5)
20 Ill-mannered (4)
21 Harshness of manner (8)

Down

1 Woody plant (4)
2 Vigorous; strong and healthy (6)
3 Heavy-duty waterproof cloth (9)
4 Tented (anag.) (6)
6 Phrases that are not taken literally (6)
7 Scornful negativity (8)
11 Mark the boundaries of (9)
12 Comfy seat (8)
13 Estimated (6)
14 Sayings (6)
15 Third sign of the zodiac (6)
17 Ruse (4)

PUZZLE 220

Across

1 Knowledge (abbrev.) (4)
3 A quarter of a circle (8)
9 Expelled air abruptly (7)
10 Chop meat into very small pieces (5)
11 Bite sharply (3)
12 Bond or connection (5)
13 Baking appliances (5)
15 Happen again (5)
17 Longest river in Europe (5)
18 Nevertheless (3)
19 Suit (5)
20 Pear-shaped fruit native to Mexico (7)
21 Makes bigger (8)
22 Poker stake (4)

Down

1 Unimaginable (13)
2 Fall heavily (5)
4 Unfastened (6)
5 One who takes part in a protest (12)
6 Incorporates into (7)
7 Hidden store of valuables (8,5)
8 Carport choir (anag.) (12)
14 Mournful (7)
16 Make (6)
18 Long for (5)

PUZZLE 221

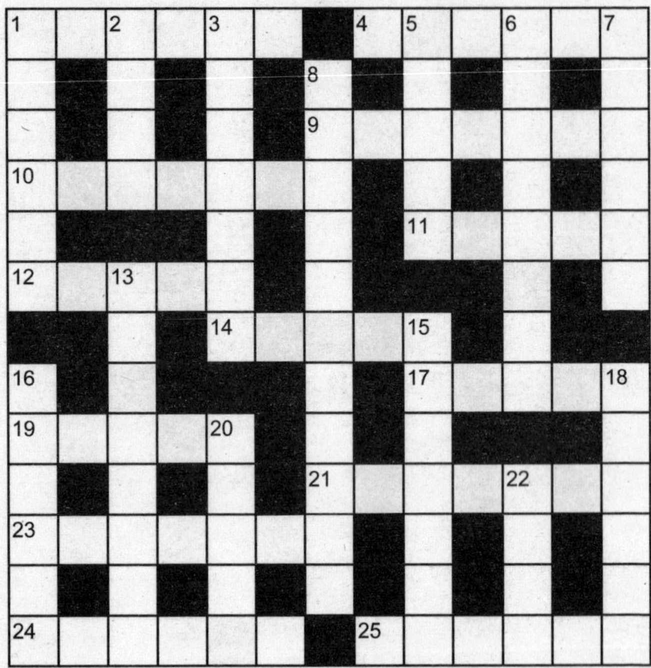

Across

1 Experience again (6)
4 Long-bladed hand tool (6)
9 Low evergreen plant (7)
10 Item used by asthma sufferers (7)
11 Reproductive unit of fungi (5)
12 Ten more than forty (5)
14 Indian lute (5)
17 Gets through merit (5)
19 Verge (5)
21 Existing at the beginning (7)
23 Continue (5,2)
24 Furtive; sly (6)
25 Participant in a game (6)

Down

1 Respite (6)
2 Scottish lake (4)
3 Land depressions (7)
5 Makes well (5)
6 Sailing vessel (8)
7 Prowler (6)
8 Menacing (11)
13 Delicate ornamental work (8)
15 Restoration to life (7)
16 Calculating machine (6)
18 Tray (6)
20 Small canoe (5)
22 Doubtful (4)

PUZZLE 222

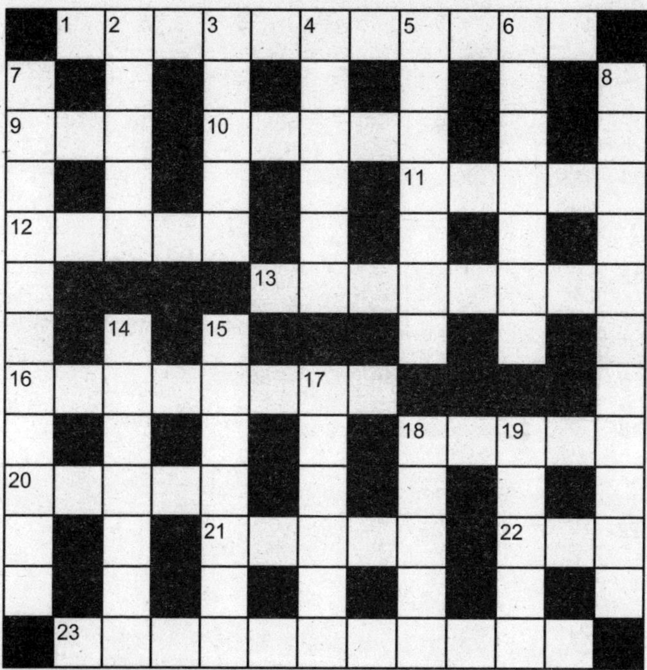

Across

1 Introductory (11)
9 Ancient boat (3)
10 Arose from slumber (5)
11 Reduces one's speed (5)
12 Cleans (5)
13 Base of a statue (8)
16 Scope for freedom (8)
18 Nocturnal insects (5)
20 Spiny yellow-flowered shrub (5)
21 Go about stealthily (5)
22 Relations (3)
23 Philosophical doctrine (11)

Down

2 Garden tools (5)
3 Joins in a game (5)
4 Novice (6)
5 Long locks of hair (7)
6 Retaliatory action (7)
7 Weak form of illumination (11)
8 Annoying (11)
14 Retention of data (7)
15 Tall tower (7)
17 Put out of shape (6)
18 Large fruit with pulpy flesh (5)
19 Gains possession of (5)

PUZZLE 223

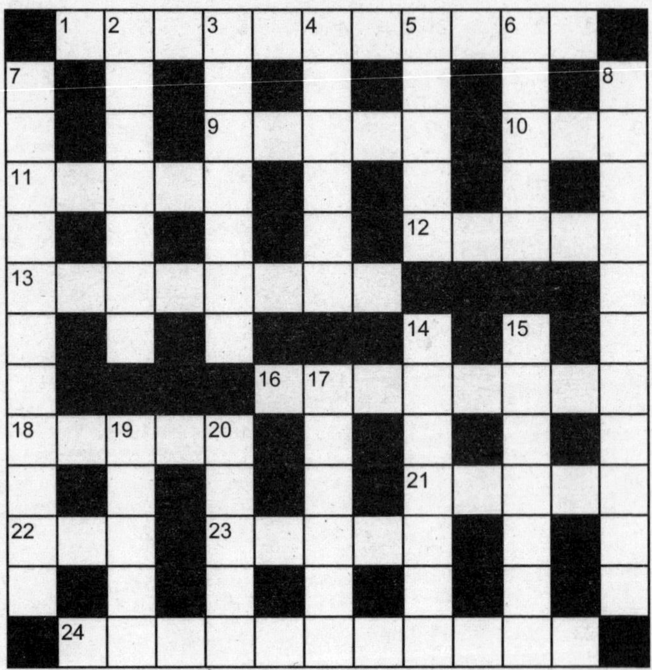

Across

1 Founded (11)
9 West Indian dance (5)
10 Climbing vine (3)
11 Commerce (5)
12 Greek writer of fables (5)
13 Good manners (8)
16 Reprove (8)
18 Piece of code to automate a task (5)
21 Hit hard (5)
22 Decline (3)
23 Natural elevation (5)
24 Spongy item of confectionery (11)

Down

2 Layer or band of rock (7)
3 More than enough (7)
4 Extremes (6)
5 Minute pore in a leaf (5)
6 Makes (a sound) (5)
7 Small room that leads to a main one (11)
8 Compassionate (11)
14 Hide (7)
15 Italian rice dish (7)
17 Crown (6)
19 Venomous snake (5)
20 Mythical unpleasant giants (5)

PUZZLE 224

Across

1 Tranquil (4)
3 Extreme audacity (8)
9 Projectile fireworks (7)
10 Perfect (5)
11 Express; complete (5)
12 Official language of Britain (7)
13 Edge (6)
15 Black Sea peninsula (6)
17 Holiday locations (7)
18 Detailed assessment of accounts (5)
20 This follows day (5)
21 Attributed to (7)
22 Going inside (8)
23 Dairy product (4)

Down

1 Line that bounds a circle (13)
2 Lawful (5)
4 Provider of cheap accommodation (6)
5 Reckless; ready to react violently (7-5)
6 Sum added to interest (7)
7 Unenthusiastically (4-9)
8 Cooling device (12)
14 Clear perception (7)
16 Mete out (6)
19 Pertaining to the Netherlands (5)

PUZZLE 225

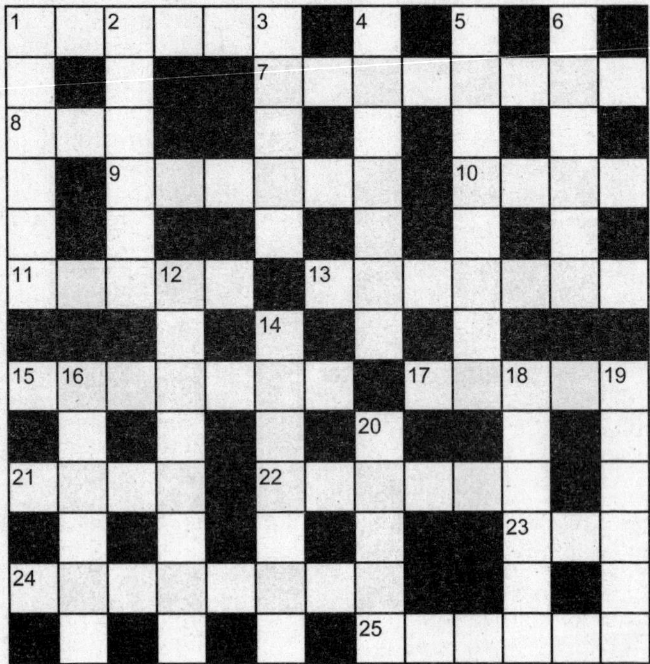

Across

1 Person with detailed knowledge (6)
7 Made a high-pitched sound (8)
8 Purchase (3)
9 Enclosed recess (6)
10 Symbol with magic significance (4)
11 Genuflect (5)
13 Four-legged reptiles (7)
15 Stop from occurring (7)
17 Biological taxonomic grouping (5)
21 Female child (4)
22 Listener (6)
23 Excavated soil (3)
24 Relating to time (8)
25 Pieces of bread (6)

Down

1 Set out on a journey (6)
2 The spirit or soul (6)
3 Surprising development in a story (5)
4 Plaited lock of hair (7)
5 Study the night sky (8)
6 Leaden (anag.) (6)
12 Wrapper for a letter (8)
14 Heavy metal weights (7)
16 Plunderer (6)
18 Scandinavian (6)
19 Moves forward at speed (6)
20 Does not succeed (5)

PUZZLE 226

Across

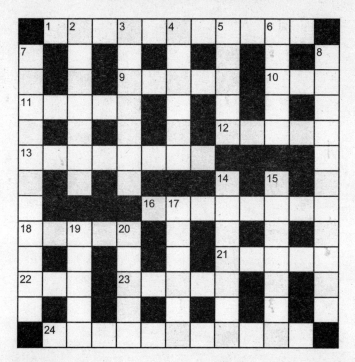

1 Moved goods (11)
9 Capital of Bulgaria (5)
10 Kind or sort (3)
11 Sceptic (5)
12 Small dust particles (5)
13 Spend wastefully (8)
16 Country in Asia (8)
18 Tarnished (of a metal object) (5)
21 Select group of people (5)
22 Ignited (3)
23 Showing a willingness to achieve results (3-2)
24 Everything that orbits the sun (5,6)

Down

2 Summary of events (5-2)
3 Beginning to exist (7)
4 Nonsense (6)
5 Kingdom (5)
6 Decree (5)
7 Inevitably (11)
8 Very tall buildings (11)
14 Having solidified from lava (of rock) (7)
15 Oval shape (7)
17 States as one's opinion (6)
19 Fight (3-2)
20 Woody-stemmed plant (5)

PUZZLE 227

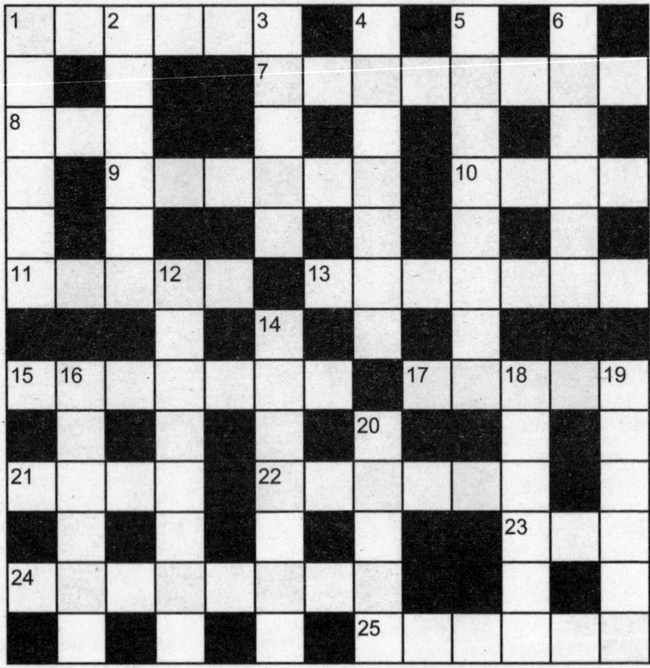

Across

1 Breaks apart forcibly (6)
7 Trounces (anag.) (8)
8 One circuit of a track (3)
9 Triangular bone (6)
10 Grows older (4)
11 Outdated (5)
13 Non-believer in God (7)
15 Failure to be present (7)
17 Aromatic resin (5)
21 Just and unbiased (4)
22 Small insect (6)
23 Fix the result in advance (3)
24 Capital of Finland (8)
25 Hold close (6)

Down

1 Rarely (6)
2 Temporary failures of concentration (6)
3 Induce fear (5)
4 Sends in (7)
5 Plan of action (8)
6 Moves very slowly (6)
12 Conceptual thinker (8)
14 Shows a film (7)
16 Not impartial (6)
18 Rue doing something (6)
19 Wrangle for a bargain (6)
20 Speck of food (5)

PUZZLE 228

Across

1 Cries (4)
3 Subsidiary (8)
9 Recording (7)
10 Dairy product (5)
11 Latin American dance (5)
12 Print anew (7)
13 Subtle detail (6)
15 Swiss city (6)
17 Unite together (7)
18 A point in question (5)
20 Quartzlike gems (5)
21 Affluent (7)
22 Showering with liquid (8)
23 Image of a god (4)

Down

1 Embarrassed (4-9)
2 Start (5)
4 Body shape (6)
5 Blasphemous (12)
6 Supervise (7)
7 Unpredictable (13)
8 Ruinously (12)
14 Mythical being (7)
16 Innate (6)
19 Pay out money (5)

PUZZLE 229

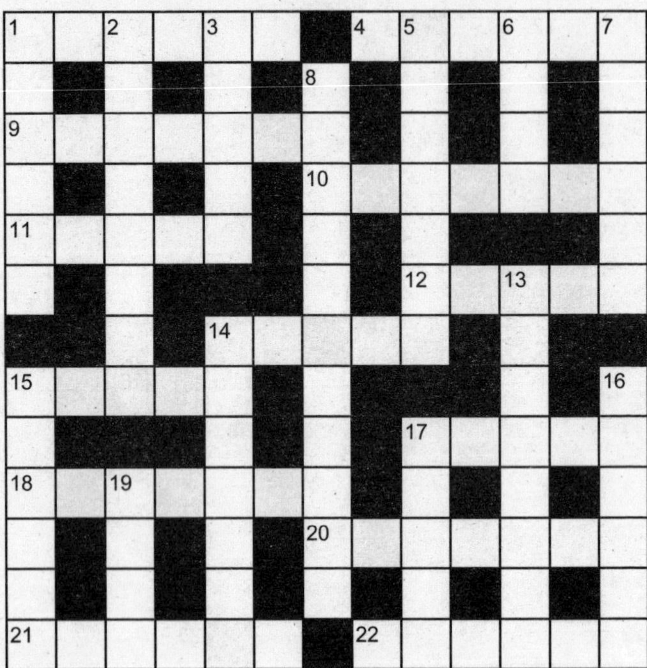

Across

1 Up-to-date and fashionable (6)
4 Pushes filling inside (6)
9 State of the USA (7)
10 Hindered (7)
11 Correct (5)
12 Sharp blade (5)
14 Swerves off course (5)
15 Sheet (anag.) (5)
17 A sum owed (5)
18 Give up (7)
20 Ascended (7)
21 Scarcity (6)
22 Form of a gene (6)

Down

1 Big cats (6)
2 Lengthen (8)
3 A finger or toe (5)
5 Meddles with (7)
6 Bend over upon itself (4)
7 Arachnid (6)
8 Upkeep (11)
13 Where one finds Harare (8)
14 Green with vegetation (7)
15 Followed a route or signal (6)
16 Heavy food (6)
17 Bore into (5)
19 ___ Kournikova: former tennis star (4)

PUZZLE 230

Across

1 Emulates (6)
7 Laughed (8)
8 Obtained (3)
9 Long swelling wave (6)
10 Doing little (4)
11 Gave away (5)
13 Imprisonment (7)
15 Reflects (7)
17 Apathy (5)
21 Pace (4)
22 Appeared to be (6)
23 High ball in tennis (3)
24 An engraved design (8)
25 Whipped cream dessert (6)

Down

1 Brandy (6)
2 Rotten (6)
3 Burn (5)
4 Do something more quickly (5,2)
5 Emaciated (8)
6 Grabbed (6)
12 e.g. from Italy or Spain (8)
14 Newly (7)
16 Have as a purpose (6)
18 Large quantity (6)
19 Limp (6)
20 Broom (5)

PUZZLE 231

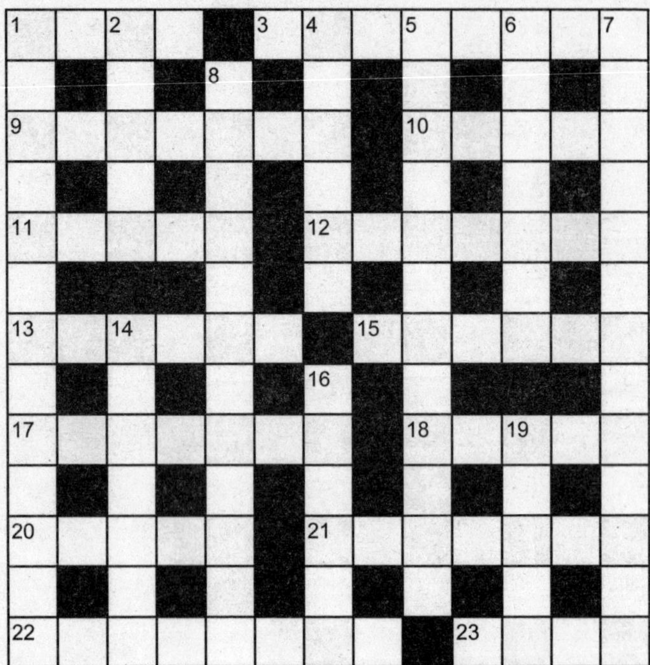

Across

1 Impel (4)
3 Causes pain or suffering (8)
9 Trespass (7)
10 Third Greek letter (5)
11 Appear suddenly (3,2)
12 Negative electrode (7)
13 Support (6)
15 Hinder (6)
17 Injurious (7)
18 Melts (5)
20 Hackneyed (5)
21 Capable of being dissolved (7)
22 Commonplace (8)
23 Tall vases (4)

Down

1 Totally trustworthy (13)
2 Rise (3,2)
4 Sheepskin (6)
5 Lawfully (12)
6 Write music (7)
7 Brazenness (13)
8 Resolutely (12)
14 Odd (7)
16 State of matter (6)
19 Natural yellow resin (5)

PUZZLE 232

Across

1 Atmospheric moisture (8)
5 Clothing (4)
9 Precipice (5)
10 Raised a question (5)
11 Dissimilarity (10)
14 Detestable (6)
15 Scratch (6)
17 Contemplation (10)
20 Main (5)
21 Derisive smile (5)
22 Perceives (4)
23 Recreational area for children (8)

Down

1 Knuckle of pork (4)
2 Letters and parcels generally (4)
3 Tricky elements; obstacles (12)
4 Embody (6)
6 State of the USA (8)
7 Pestered constantly (8)
8 Unpredictably (12)
12 Abstract ideas (8)
13 Extra large (4-4)
16 Walk casually (6)
18 Emperor of Rome 54-68 AD (4)
19 Small drink of whisky (4)

PUZZLE 233

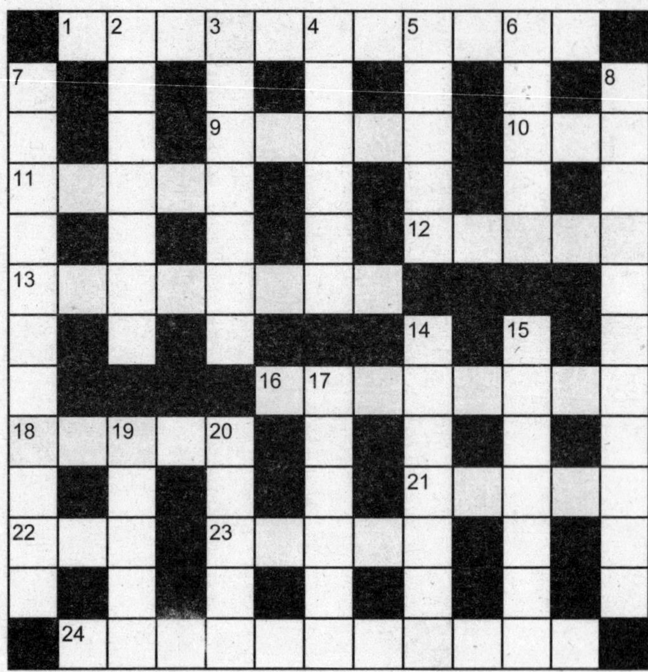

Across

1 Gorge in Arizona (5,6)
9 Mistaken (5)
10 Insect which collects pollen (3)
11 Covered with water (5)
12 Oarsman (5)
13 Government by a king or queen (8)
16 Carry on with (8)
18 Follow the position of (5)
21 Inactive (5)
22 Fishing stick (3)
23 Semiaquatic mammal (5)
24 Depletion of bodily fluids (11)

Down

2 Leftovers (7)
3 Not in any place (7)
4 Bend down low (6)
5 African country whose capital is Niamey (5)
6 U-shaped curve in a river (5)
7 Consisting of incomplete parts (11)
8 Harmful (11)
14 Rattish (anag.) (7)
15 Raging fire (7)
17 Public speaker (6)
19 Confuse (5)
20 Dark wood (5)

PUZZLE 234

Across

4 Roman god of fire (6)
7 Opera texts (8)
8 Animal doctor (3)
9 Not closed (4)
10 Breed of dog (6)
11 Insects with biting mouthparts (7)
12 Relay device (5)
15 Come into direct contact with (5)
17 Administrative division (7)
20 Knocks down an opponent (6)
21 Girl's toy (4)
22 Also (3)
23 Stretched out (8)
24 Extremely fashionable; scalding (3-3)

Down

1 Indentation (6)
2 Frenzied (8)
3 Halted (7)
4 Movable helmet part (5)
5 Secret (6)
6 Country (6)
13 Evading (8)
14 Undergarments (7)
15 Move unsteadily (6)
16 Develop (6)
18 Swallowed quickly (6)
19 Crave; desire (5)

PUZZLE 235

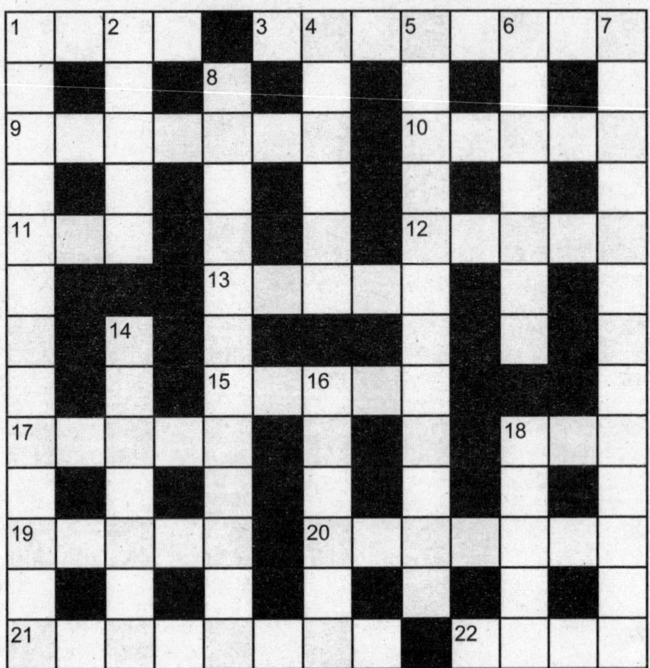

Across

1 Dice (anag.) (4)
3 Fortify against attack (8)
9 Coarsen (7)
10 Short high-pitched tone (5)
11 Snip (3)
12 Draw off liquid from (5)
13 Extent or limit (5)
15 Surprise result (5)
17 Insurgent (5)
18 Command to a horse (3)
19 Seawater (5)
20 Medieval military expedition (7)
21 Outpouring (8)
22 Bonus; positive (4)

Down

1 Irretrievable (13)
2 Show triumphant joy (5)
4 Underling of a powerful person (6)
5 Able to use both hands well (12)
6 Film starring Jim Carrey (3,4)
7 Ebullience (13)
8 Optimism (12)
14 Question after a mission (7)
16 Plaster for coating walls (6)
18 Holy chalice (5)

PUZZLE 236

Across

1 e.g. a mallard (4)
3 Observant (8)
9 Alfresco (4-3)
10 Crazy (5)
11 Determined (6-6)
13 Reprimand (6)
15 Insect that transmits sleeping sickness (6)
17 Not found (12)
20 Embarrass (5)
21 Conspire to commit a fraud (7)
22 Remaining (8)
23 365 days (4)

Down

1 Porch (8)
2 Applaud (5)
4 Pointed projectiles (6)
5 Decisively (12)
6 Most obese (7)
7 Puts down (4)
8 Poorly fed (12)
12 e.g. hats and helmets (8)
14 Antlers (anag.) (7)
16 Leguminous tree (6)
18 Awake from slumber (5)
19 Animal's den (4)

PUZZLE 237

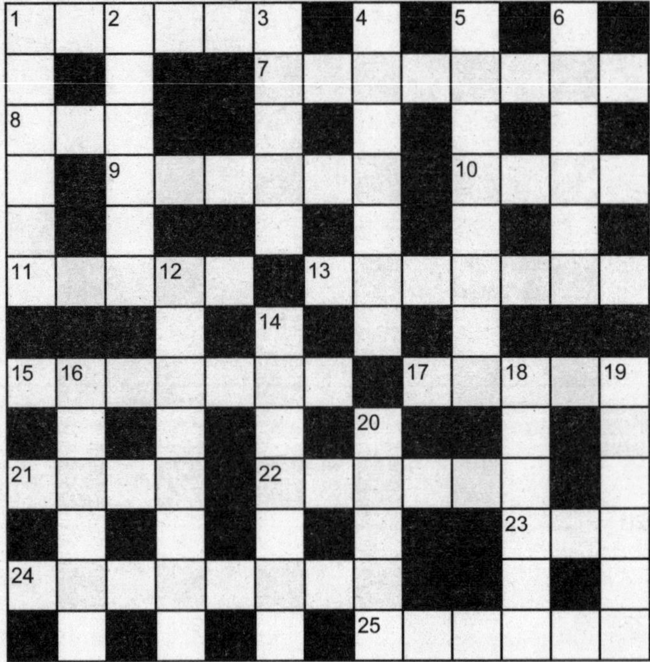

Across

1 Divides in two (6)
7 Plant of the primrose family (8)
8 Collection of many sheets of paper (3)
9 Looked at menacingly (6)
10 Brave person; idol (4)
11 Grimy (5)
13 Persevere with (7)
15 Piercing cry (7)
17 Type of tooth (5)
21 Mission (4)
22 Symbolic (6)
23 Clothing needed for an activity (3)
24 Using the minimum necessary (8)
25 Hamper (6)

Down

1 Jumped on one leg (6)
2 Person staying in another's home (6)
3 Steep bank or slope (5)
4 Sped along; skimmed (7)
5 Exaggerated masculinity (8)
6 Underground railway systems (6)
12 Pinching sharply (8)
14 Divisions between groups of people (7)
16 Risky (6)
18 Passed the tongue over (6)
19 Bird of prey (6)
20 Small flexible bag (5)

PUZZLE 238

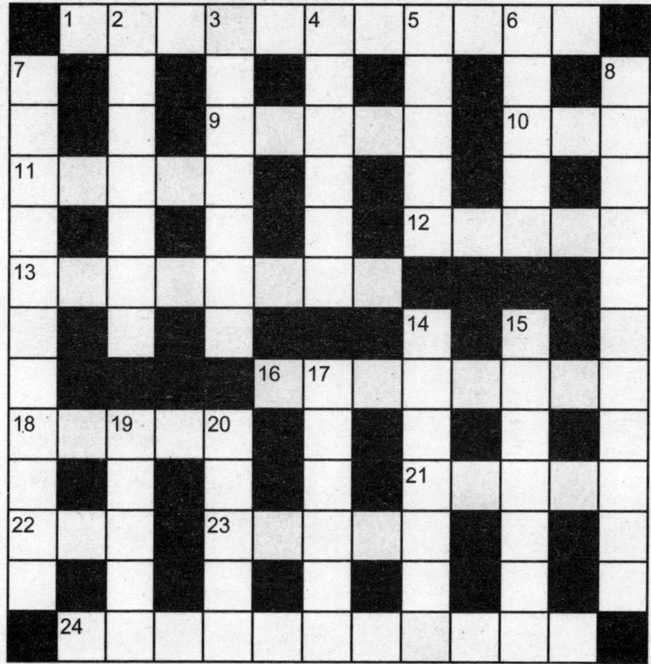

Across

1 Refreshing drink (6,5)
9 Word of farewell (5)
10 What painters create (3)
11 Cloth woven from flax (5)
12 Grape (anag.) (5)
13 Trailblazers (8)
16 Person granted a permit (8)
18 Adolescence (5)
21 Declare invalid (5)
22 The gist of the matter (3)
23 Use to one's advantage (5)
24 Country in South West Asia (5,6)

Down

2 Social gathering of old friends (7)
3 Subtleties (7)
4 Newspaper boss (6)
5 Take the place of (5)
6 Loud metallic sound (5)
7 Acting out a part (4,7)
8 Narrator (11)
14 Finery (7)
15 Huge wave (7)
17 Leaping antelope (6)
19 Shadow (5)
20 Accumulate; amass (5)

PUZZLE 239

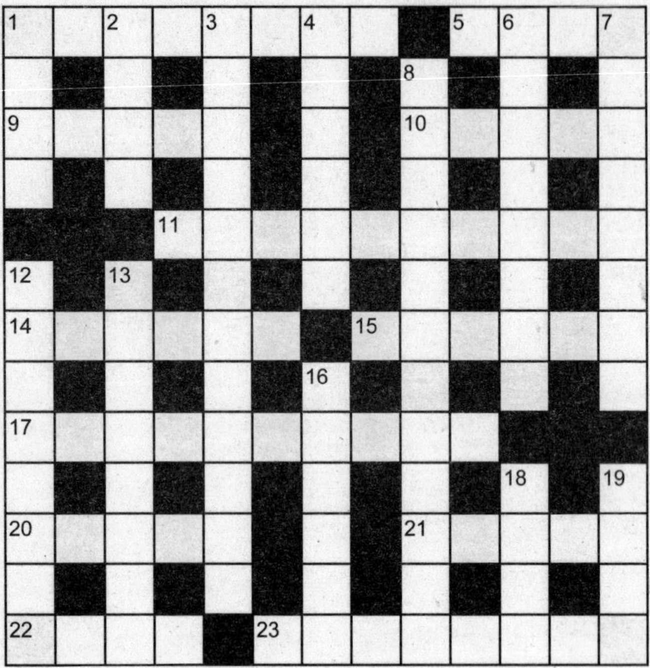

Across

1 Rebellious (8)
5 Part of a door fastening (4)
9 Arm joint (5)
10 Put into service (5)
11 Remove restrictions from (10)
14 Cunning (6)
15 Breed of hound (6)
17 Cruelty (10)
20 Exhibited (5)
21 Showery (5)
22 Turn or slide violently (of a vehicle) (4)
23 Knitted jacket (8)

Down

1 Overly submissive (4)
2 Stub (anag.); vessels (4)
3 Second part of the Bible (3,9)
4 Designed for male and female use (6)
6 Hand clapping (8)
7 Remittances (8)
8 Made (12)
12 Obscures the light from a celestial body (8)
13 Garment worn after a shower (8)
16 Long-haired variety of cat (6)
18 Chinese dynasty (4)
19 Church song (4)

PUZZLE 240

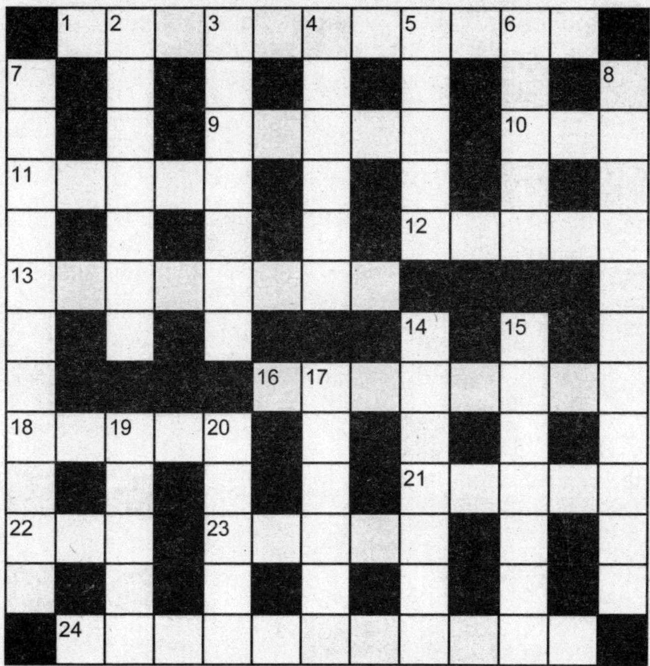

Across

1 Relating to fireworks (11)
9 Beer (5)
10 Mischievous sprite (3)
11 Collection of maps (5)
12 Evil spirit (5)
13 Sample for medical testing (8)
16 Crusade (8)
18 Noble gas (5)
21 Opposite of best (5)
22 Large deer (3)
23 Increment (5)
24 Pretentious display (11)

Down

2 Surrendered (7)
3 Waterproof fabric (7)
4 Machine that produces motion (6)
5 Employed (5)
6 Phrase that is not taken literally (5)
7 Moved to another place (11)
8 Dogmatic (11)
14 Brushed off the face (of hair) (7)
15 Wavering vocal quality (7)
17 Afloat (6)
19 Fists (5)
20 Boldness; courage (5)

PUZZLE 241

Across

1 Excessively (6)
5 Toothed wheel (3)
7 Break (5)
8 Highest amount (7)
9 Fills a suitcase (5)
10 Costing less than usual (3-5)
12 Body position (6)
14 Touched down (6)
17 Recuperation (8)
18 Lighter (5)
20 Tuneful (7)
21 Rips (5)
22 Be nosy (3)
23 Sharp pain (6)

Down

2 Bridgelike structure (7)
3 Humorous verse (8)
4 Complain unreasonably; fish (4)
5 Threw out (7)
6 Decided based on little evidence (7)
7 Hit hard (5)
11 Church rules (5,3)
12 Temporary way of dealing with a problem (7)
13 Aptitude (7)
15 Meriting (7)
16 Smiles radiantly (5)
19 Thoroughfare (4)

PUZZLE 242

Across

1 Raise in relief (6)
7 Relating to a topic (8)
8 Head covering (3)
9 Agricultural implement (6)
10 Work hard (4)
11 Local sporting match (5)
13 Heavy sea wave (7)
15 Sailing ship (7)
17 Comedian (5)
21 Swallow eagerly (4)
22 Trial impressions of pages (in printing) (6)
23 Droop (3)
24 Excellent (8)
25 Container (6)

Down

1 Reverberated (6)
2 Pester (6)
3 Grim (5)
4 System of interconnected things (7)
5 Capital of Chile (8)
6 Separate into pieces (6)
12 Approximate (of a price) (8)
14 Marine mammal (7)
16 Sharpness of vision (6)
18 Locked lips with (6)
19 Park keeper (6)
20 Tree branch (5)

PUZZLE 243

Across

1 Plant-eating insect (11)
9 Sheltered side (3)
10 Dirt (5)
11 Ray (5)
12 Pulpy (5)
13 Pennant (8)
16 Source of annoyance (8)
18 Parts of the cerebrum (5)
20 Fully prepared (5)
21 Thermosetting resin (5)
22 Goal (3)
23 Celebrity (11)

Down

2 Staggers (5)
3 Wet (5)
4 Altitude (6)
5 First in importance (7)
6 Efficiency (7)
7 Poorly behaved; impolite (3-8)
8 Argumentative (11)
14 Tall quadruped (7)
15 Legal practitioners (7)
17 Silkworm covering (6)
18 Faithful (5)
19 Wild animal (5)

PUZZLE 244

Across

1 Mountain system in Europe (4)
3 Political meetings (8)
9 Trade in something illegal (7)
10 Practice of lending money at high interest rates (5)
11 Discussion (12)
13 Fourscore (6)
15 Legitimate (6)
17 Contradictory (12)
20 Chopping (5)
21 Subsiding (7)
22 Trying to heal (8)
23 Of similar character (4)

Down

1 Connected (8)
2 Clear and apparent; obvious (5)
4 Right to enter (6)
5 Military judicial body (5,7)
6 Stem the flow of (4,3)
7 Utters (4)
8 Reconsideration; item added later (12)
12 Substance causing a reaction (8)
14 Sincere (7)
16 Wrench an ankle (6)
18 Clay block (5)
19 Dagger handle (4)

PUZZLE 245

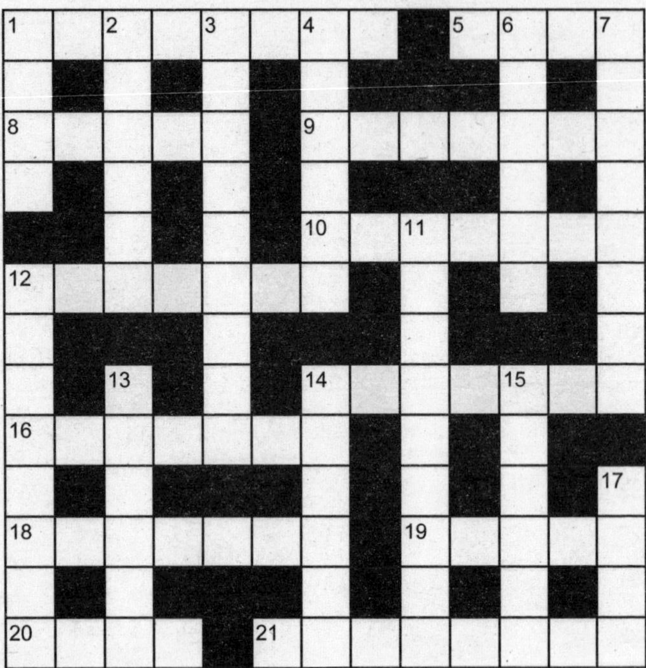

Across

1 Flooded (8)
5 Large wading bird (4)
8 Goodbye (Spanish) (5)
9 Nominal (7)
10 Giving money in recognition of good service (7)
12 Old (7)
14 Clap (7)
16 Reveals (anag.) (7)
18 Written law (7)
19 Rocky; harsh (5)
20 Mud (4)
21 Conspicuous (8)

Down

1 Haul (4)
2 Amended (6)
3 Kind of stew (9)
4 Distinct being (6)
6 Sea in northern Europe (6)
7 Showed indifference (8)
11 Medley of dried petals (9)
12 Surrounded (8)
13 Type of market (6)
14 State a belief confidently (6)
15 Long-legged rodent (6)
17 Dull car sound (4)

PUZZLE 246

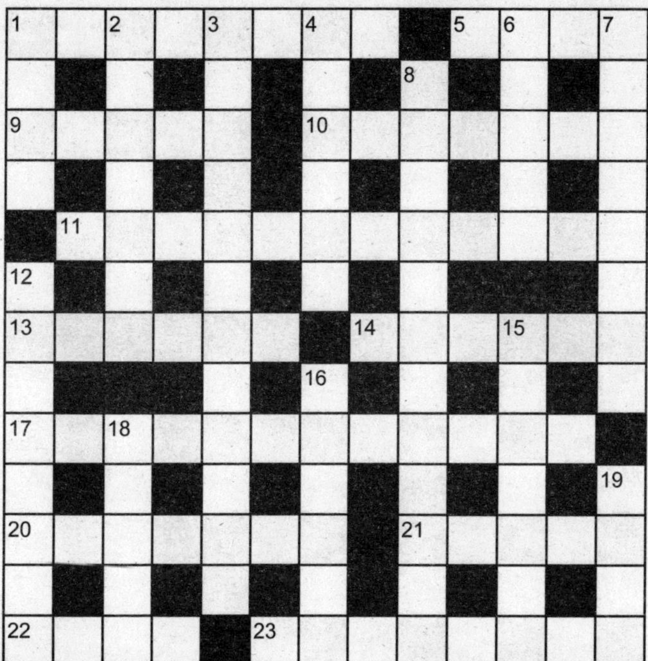

Across

1 Sorcerer (8)
5 Emit light (4)
9 Headdress of a monarch (5)
10 Time off (7)
11 Sporadic (12)
13 Repositories (6)
14 Free from danger (6)
17 Making no money (12)
20 A precise point in time (7)
21 Instruct (5)
22 Flow copiously (4)
23 Showing deep and solemn respect (8)

Down

1 Spice made from nutmeg (4)
2 Adult (5-2)
3 In accordance with general custom (12)
4 Ablaze (6)
6 Parasitic insect (5)
7 Weathers (anag.) (8)
8 Chatter (6-6)
12 Citing as evidence (8)
15 Piece of art made from various materials (7)
16 Walk stealthily (6)
18 Models for a photograph (5)
19 Close (4)

PUZZLE 247

Across

1 Surround (6)
7 Inventive; creative (8)
8 Mock (3)
9 Loud cry (6)
10 Toon (anag.) (4)
11 Incantation (5)
13 Very old (7)
15 Laborious (7)
17 Computer memory units (5)
21 Soft pulp; crush food (4)
22 Visit informally (4,2)
23 Water barrier (3)
24 Beaten (8)
25 Disdains (6)

Down

1 Mistakes (6)
2 Eat hurriedly (6)
3 Deceives (5)
4 Watching (7)
5 Opposite of majority (8)
6 Fabric associated with Scotland (6)
12 Mirth (8)
14 Experts (7)
16 Machine that harvests a crop (6)
18 Flammable material (6)
19 Declines sharply (6)
20 Large indefinite quantities (5)

PUZZLE 248

Across

1 Ending (11)
9 Flower part; pales (anag.) (5)
10 Vessel (3)
11 Threshold (5)
12 Find an answer to (5)
13 Straddle (8)
16 Cold Spanish tomato soup (8)
18 Enamel-coated structure (5)
21 Removes the lid (5)
22 Cereal plant (3)
23 Rustic (5)
24 Needless (11)

Down

2 Last in a series (7)
3 Dominion (7)
4 Bit sharply (6)
5 Speaks (5)
6 Pertaining to warships (5)
7 Joyful occasion (11)
8 Energetically or vigorously (11)
14 Confirms a decision (7)
15 Plotter (7)
17 Strongly opposed (6)
19 Many times (5)
20 Animal used for riding (5)

PUZZLE 249

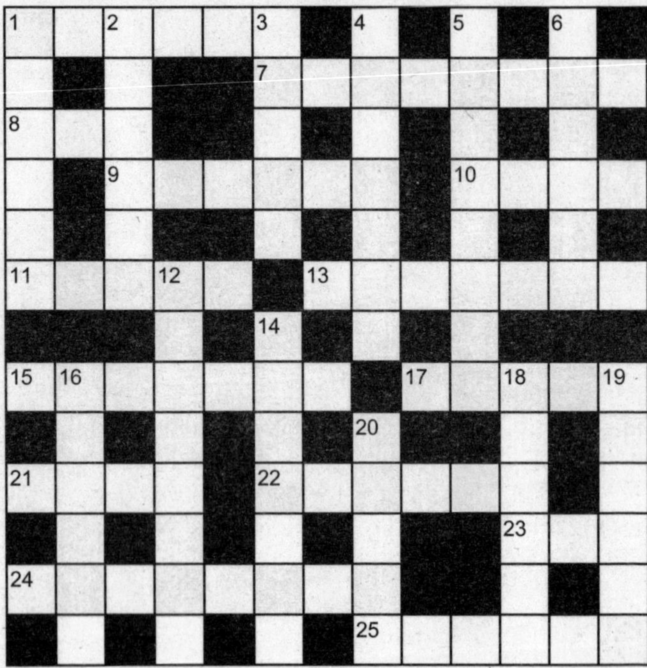

Across

1 Monks live in these (6)
7 Gather together and merge (8)
8 Silent (3)
9 Outlaw (6)
10 List of food options (4)
11 Youngsters aged from 13 - 19 (5)
13 Please immensely (7)
15 Stored away (7)
17 Sorts (5)
21 Superhero film based on comic characters (1-3)
22 Push forward (6)
23 Legal ruling (3)
24 Continues obstinately (8)
25 Exchanged goods or services (6)

Down

1 Nearly (6)
2 Speak in a confused way (6)
3 Rushes along (5)
4 Termite (anag.) (7)
5 Awkwardly (8)
6 Stink (6)
12 Curiosity (8)
14 Most profound (7)
16 Meddle with (6)
18 Wrenched (6)
19 Cooked slowly in liquid (6)
20 Force upon (5)

PUZZLE 250

Across

1 Tablet (4)
3 Closing (8)
9 Word opposite in meaning to another (7)
10 Venerate; worship (5)
11 A type of error in speech (8,4)
14 Mud channel (3)
16 Accustom (5)
17 Male offspring (3)
18 Question in great detail (5-7)
21 Ascend (5)
22 Unsurpassed (3-4)
23 Intensified (8)
24 Computer memory unit (4)

Down

1 Raised horizontal surface (8)
2 Supple (5)
4 Sewn edge (3)
5 Capable of being moved (12)
6 Traditional piano keys (7)
7 Departs (4)
8 Not allowable (12)
12 Entertain (5)
13 Come before in time (8)
15 Tribune (anag.) (7)
19 Frostily (5)
20 Move fast in a straight line (4)
22 Affirmative vote (3)

PUZZLE 251

Across

1 Surprise attack (6)
4 Former female pupil (6)
9 Business establishments (7)
10 Sports arena (7)
11 Rises (anag.) (5)
12 Item of cutlery (5)
14 Plentiful (5)
17 Concealing garments (5)
19 Short and sweet (5)
21 Settled oneself comfortably (7)
23 Stupid (7)
24 Expensive white fur (6)
25 Not arranged neatly (6)

Down

1 Comes up (6)
2 Second Greek letter (4)
3 Film directed by Stephen Gaghan (7)
5 Elevators (5)
6 Type of pasta (8)
7 Weigh up (6)
8 Well-deserved fate (11)
13 Hopefulness about the future (8)
15 Avoidance (7)
16 Constrain or compel (6)
18 Capital of New South Wales (6)
20 Japanese mattress (5)
22 Mischievous god in Norse mythology (4)

PUZZLE 252

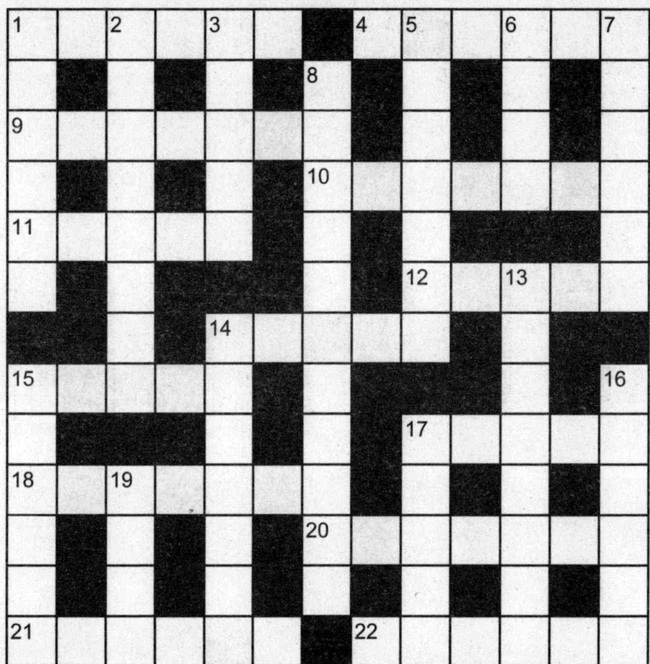

Across

1 Happy; carefree (6)
4 Strike hard (6)
9 Best (7)
10 Eventually (2,3,2)
11 Small notes (5)
12 Seat of authority (5)
14 Derogatory in an indirect way (5)
15 Recipient of money (5)
17 Silk fabric (5)
18 Taller and thinner (7)
20 Serious and sincere (7)
21 Sailing barge (6)
22 e.g. Borneo (6)

Down

1 Sweeping implements (6)
2 Close familiarity (8)
3 Abodes (5)
5 Make progress (7)
6 Extol (4)
7 Religious act of petition (6)
8 Needleworker (11)
13 Detested thing (8)
14 Type of conference (7)
15 Cushion for the head (6)
16 Joined together (6)
17 Indian garments (5)
19 One less than ten (4)

PUZZLE 253

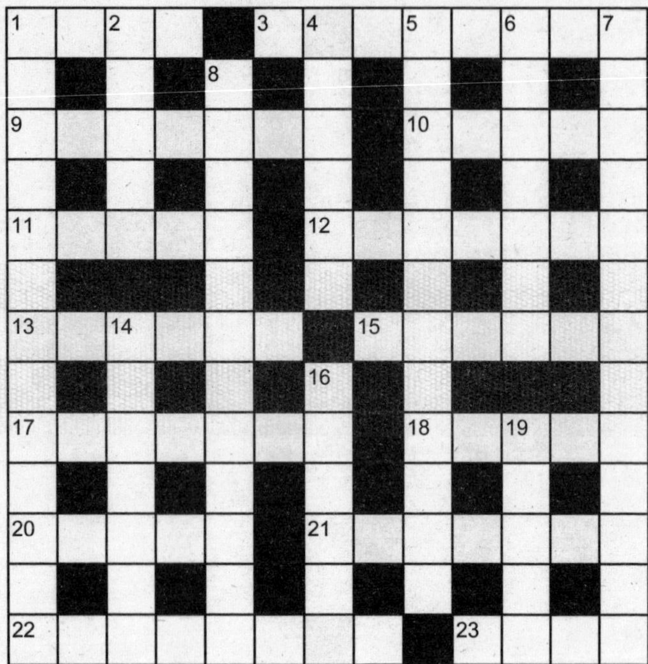

Across

1 Portfolio (4)
3 At work (2-3-3)
9 Loud and hoarse (7)
10 Permit (5)
11 Unfasten (5)
12 Mound made by insects (7)
13 Call for the presence of (6)
15 Style of popular music (6)
17 Prior (7)
18 One of the United Arab Emirates (5)
20 Musical speeds (5)
21 Selling (7)
22 Longing (8)
23 Nervy (4)

Down

1 In a cagey manner (13)
2 Gush out in a jet (5)
4 Capital of the Bahamas (6)
5 Very upsetting (5-7)
6 Pushing abruptly; startling (7)
7 Very confusingly (13)
8 Best starting placement in a motor race (4,8)
14 Percussion instrument (7)
16 Highly motivated (6)
19 Construct (5)

PUZZLE 254

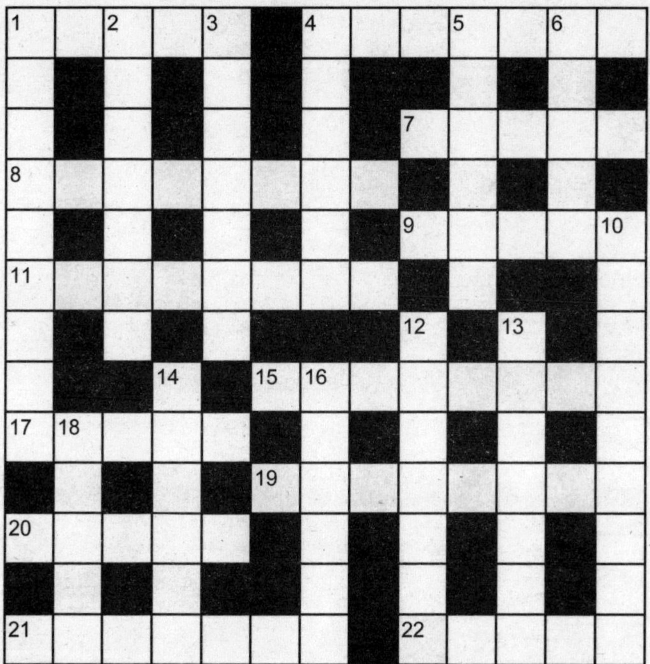

Across

1 Regions (5)
4 Eternal (7)
7 Small white garden flower (5)
8 Lift (8)
9 Type of bottle (5)
11 Mind reader (8)
15 Belonging to the past (8)
17 Way in (5)
19 Formed a mental concept of (8)
20 Faint (5)
21 Road or roofing material (7)
22 Produce eggs (5)

Down

1 Forceful (9)
2 Ardently; keenly (7)
3 Fragmentary (7)
4 Destroy (6)
5 Annually (6)
6 Facial protuberances (5)
10 Very low (of a price) (5-4)
12 Symbols of disgrace (7)
13 Father of a parent (7)
14 Decorative ornament (6)
16 Monist (anag.) (6)
18 Pond-dwelling amphibians (5)

PUZZLE 255

Across

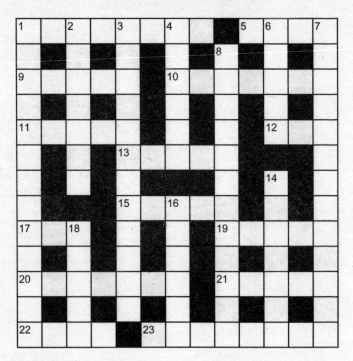

1 Unseemly (8)
5 Pointer on a clock (4)
9 Condescend (5)
10 Apprehensive (7)
11 Ooze (5)
12 Bitumen (3)
13 Chambers (5)
15 Basic units of an element (5)
17 Knot with a double loop (3)
19 One who steals (5)
20 Double-reed instrument (7)
21 Become very hot (5)
22 At any time (4)
23 Calmly (8)

Down

1 Incapable of being expressed in words (13)
2 Removing frost from a windscreen (2-5)
3 Careful management of the environment (12)
4 Papal representative (6)
6 Currently in progress (5)
7 Suspiciously (13)
8 Overwhelmingly compelling (12)
14 Horizontal underground stem (7)
16 Juicy citrus fruit (6)
18 Use inefficiently (5)

PUZZLE 256

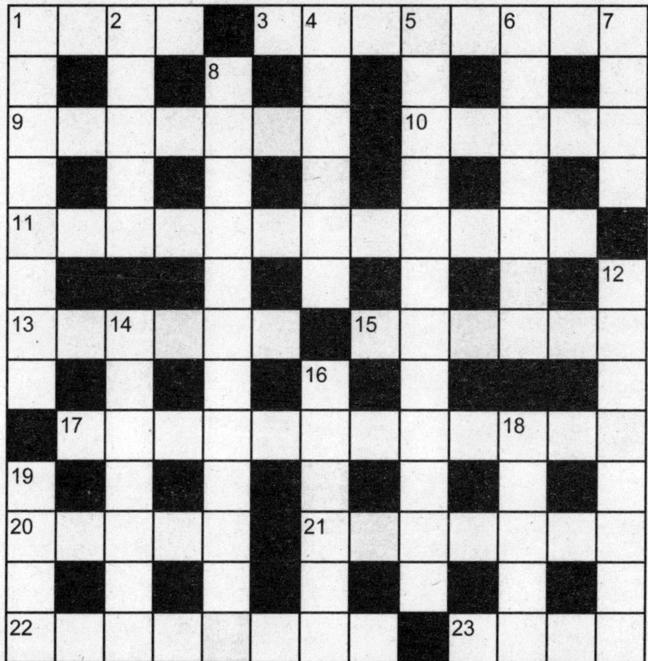

Across

1 Travel by horse (4)
3 Be wrong about (8)
9 Aspect of one's character perceived by others (7)
10 Garners (5)
11 Withdraw from service (12)
13 Soldiers (6)
15 Wrongdoer (6)
17 Formal announcements (12)
20 Work hard (5)
21 Fact of being overly absorbed in oneself (7)
22 Infinite time (8)
23 Plant with fronds (4)

Down

1 Swiftness (8)
2 Style of Greek architecture (5)
4 Sloping (of a typeface) (6)
5 A system of law courts (12)
6 Compel by coercion (7)
7 Otherwise (4)
8 Worldly (12)
12 Male journalists (8)
14 Surplus or excess (7)
16 Fervent (6)
18 Expect; think that (5)
19 Look at amorously (4)

PUZZLE 257

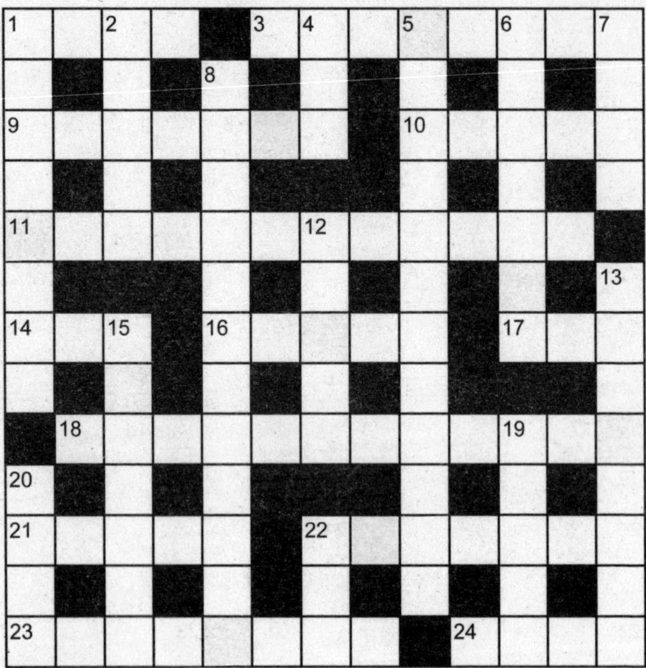

Across

1 Troubles in mind or body (4)
3 A division between people (8)
9 Improve equipment (7)
10 Opposite one of two (5)
11 Intentionally (12)
14 22nd Greek letter (3)
16 Cage for small pets (5)
17 Not wet (3)
18 Evergreen shrub (12)
21 About (5)
22 Eternal (7)
23 Establish firmly (8)
24 Cobras (4)

Down

1 Artificial water channel (8)
2 Allowed by official rules (5)
4 Stimulus (3)
5 Cheated someone financially (5-7)
6 Breathed in (7)
7 Standard (4)
8 Major type of food nutrient (12)
12 Ranked (5)
13 Mesmerism (8)
15 Acquire from a relative (7)
19 Smells strongly (5)
20 Race (anag.) (4)
22 Part of a curve (3)

PUZZLE 258

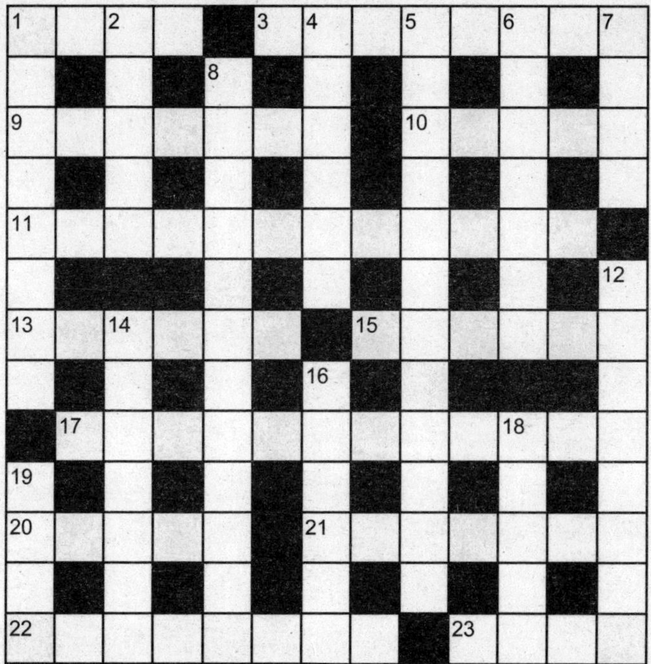

Across

1 Exclamation on making a mistake (4)
3 Prosperous; wealthy (4-2-2)
9 Flat highland (7)
10 Requirements (5)
11 Small meteor (8,4)
13 Stopwatches (6)
15 Rich cake (6)
17 Freedom from control (12)
20 Unspecified object (5)
21 Remedy for everything (7)
22 Inhaled (8)
23 Allot a punishment (4)

Down

1 Facing (8)
2 Musical instrument (5)
4 Resembling a horse (6)
5 Having existed for a considerable time (4-8)
6 Intimidate (7)
7 Expel; drive out (4)
8 Boxing class division (12)
12 Mathematically aware (8)
14 Anthropoid (7)
16 Humans in general (6)
18 Mother-of-pearl (5)
19 Tabs (anag.) (4)

PUZZLE 259

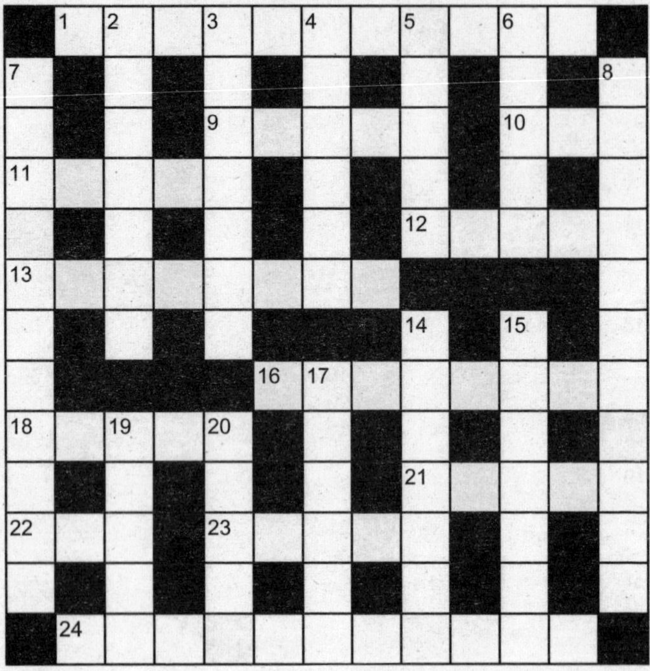

Across

1 Ongoing disagreement (11)
9 Nairobi is the capital here (5)
10 Mixture of gases we breathe (3)
11 Loose stones on a slope (5)
12 Extreme fear (5)
13 Opposition to war (8)
16 Expression of praise (8)
18 Vaulted (5)
21 Mountain range in South America (5)
22 Popular edible fish (3)
23 Invigorating medicine (5)
24 Pun (4,2,5)

Down

2 Perform in an exaggerated manner (7)
3 Become airborne (4,3)
4 16 of these in a pound (6)
5 Antelope (5)
6 Tremble (5)
7 Make in bulk (4-7)
8 One who held a job previously (11)
14 Cigarette constituent (7)
15 Wasted time (7)
17 Large artillery gun (6)
19 Scale representation (5)
20 Simple song (5)

PUZZLE 260

1		2		3		4		■	5	6		7
	■		■		■		■	8	■		■	
9					■	10						
	■		■		■		■		■		■	
11							■	12				
	■		■		■		■		■	■	■	
13						■	14			15		
	■	■	■		■	16	■		■		■	
17		18			■	19						
	■		■		■		■		■		■	
20							■	21				
	■		■		■		■		■		■	
22				■	23							

Across

1 Gift of money (8)
5 Dejected (4)
9 Skilled job (5)
10 Morally right (7)
11 Changed (7)
12 Doctor (5)
13 Overseas (6)
14 Ludicrous failure (6)
17 Number of deadly sins (5)
19 Render perplexed (7)
20 Spicy condiment (7)
21 Vast multitude (5)
22 Tardy (4)
23 Profundity (8)

Down

1 Lazy (13)
2 Nuclear ___ : device that generates energy (7)
3 Amusing (12)
4 Fast (6)
6 Decal (anag.) (5)
7 Spite (13)
8 Type of contest (12)
15 Spend lavishly (7)
16 Biochemical catalyst (6)
18 Jump over (5)

PUZZLE 261

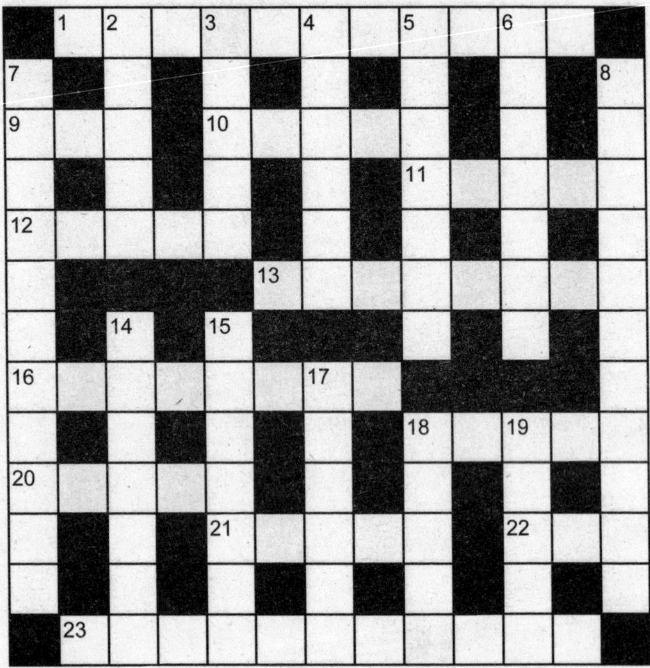

Across

1 Residents (11)
9 Conciliatory gift (3)
10 Records (5)
11 Determine the number of (5)
12 Layer (anag.) (5)
13 Enthusiasm (8)
16 Defeated (8)
18 In the middle of (5)
20 Kick out (5)
21 Prevent (5)
22 Show discontent (3)
23 Branch of medicine dealing with skin disorders (11)

Down

2 Country in the Himalayas (5)
3 Suitably (5)
4 Attribute to (6)
5 Leave quickly and in secret (7)
6 Groups of actors (7)
7 Stargazers (11)
8 Testimony (11)
14 Period of relief (7)
15 Praise strongly (7)
17 An instant in time (6)
18 e.g. iron or copper (5)
19 Remove errors from software (5)

PUZZLE 262

1		2		■	3	4		5		6		7
	■		■	8	■		■		■		■	
9							■	10				
	■		■		■		■		■		■	
11												■
	■	■	■		■		■		■		■	12
13		14				■	15					
	■		■		■	16	■		■	■	■	
■	17									18		
19	■		■		■		■		■		■	
20					■	21						
	■		■		■		■		■		■	
22								■	23			

Across

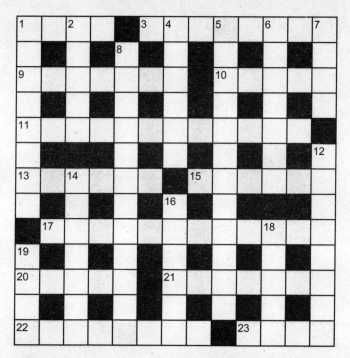

1 Pairs of people (4)
3 Reflective thinker (8)
9 Narrower (7)
10 Undergarments (5)
11 Corresponding; proportionate (12)
13 Reveal (6)
15 Common bird (6)
17 Private (12)
20 Small antelope (5)
21 Flourish (7)
22 Creator (8)
23 Employs (4)

Down

1 Separate; disconnected (8)
2 Widespread dislike (5)
4 Female monster (6)
5 Designed to distract (12)
6 Flower-shaped competition award (7)
7 Hasty or reckless (4)
8 Growing stronger (12)
12 Leans (8)
14 Showy flowers (7)
16 Fit for consumption (6)
18 Mental impressions (5)
19 Not hot (4)

PUZZLE 263

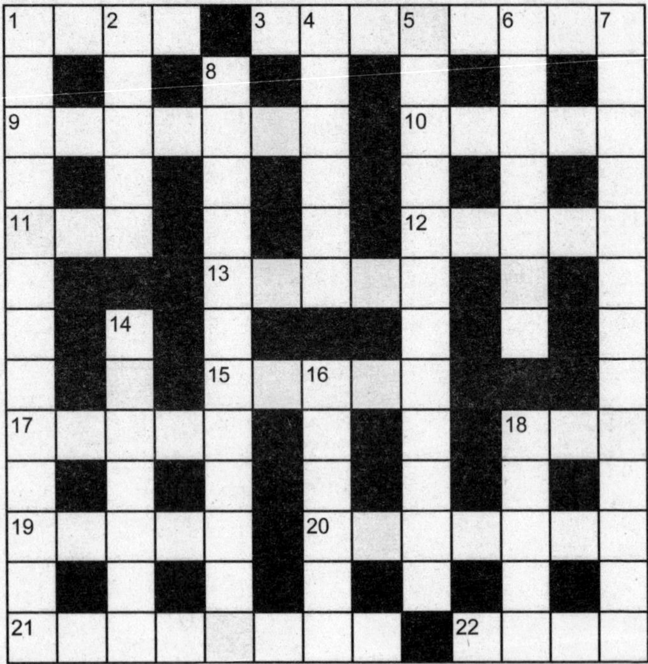

Across

1 Bone of the forearm (4)
3 Unites (8)
9 Opposite (7)
10 Sense experience (5)
11 Female pronoun (3)
12 Big (5)
13 Ethos (anag.) (5)
15 Beneath (5)
17 Quavering sound (5)
18 Space or interval (3)
19 Move out of the way (5)
20 Non-specific (7)
21 Publicity (8)
22 Meat from a calf (4)

Down

1 Unsuitable for living in (13)
2 At no time (5)
4 Exaggerate (6)
5 Place of conflict (12)
6 Nasal opening (7)
7 Lacking originality (13)
8 Productivity (12)
14 Form or accumulate steadily (5-2)
16 Risk (6)
18 Ravine (5)

PUZZLE 264

Across

1 Wild mountain goat (4)
3 Set free (8)
9 Boats (7)
10 Distinguishing character (5)
11 Bundle of wheat (5)
12 Stopped working (7)
13 Resistant to something (6)
15 Gaseous envelope of the sun (6)
17 Severely simple (7)
18 Microscopic fungus (5)
20 Angry (5)
21 Controlling a vehicle (7)
22 Making ineffective (8)
23 Sued (anag.) (4)

Down

1 Act of research (13)
2 Result (5)
4 Make certain of (6)
5 Decomposition by a current (12)
6 Fast musical composition (7)
7 Deprived (13)
8 Narcissism (4-8)
14 Small hardy range horse (7)
16 Introduction (4-2)
19 Sour substances (5)

PUZZLE 265

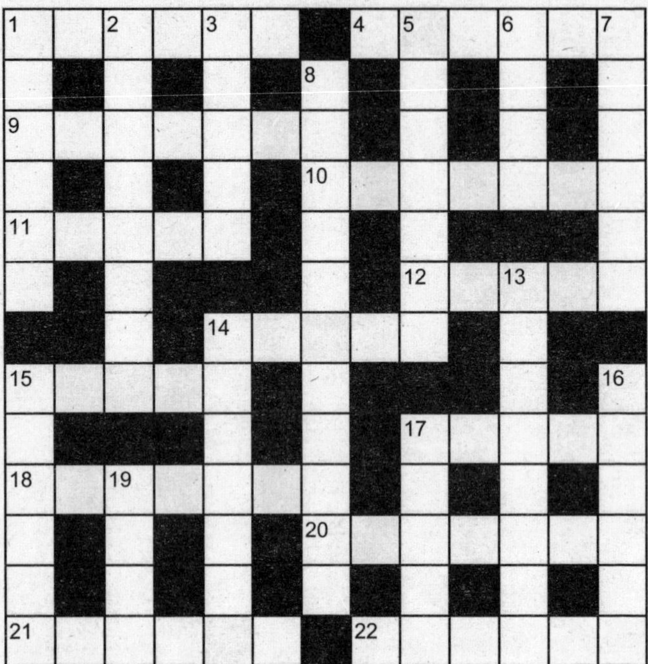

Across

1 Inform (6)
4 Bodyguard (6)
9 Imaginary scary creature (7)
10 Encode (7)
11 Exposes secret information (5)
12 In front (5)
14 In the area (5)
15 Pursue in order to catch (5)
17 Only just able to be seen (5)
18 Manned (7)
20 Act of avoiding capture (7)
21 Hawser (anag.) (6)
22 Fences made of bushes (6)

Down

1 That is to say (6)
2 Country in East Africa (8)
3 Outdoor fundraising events (5)
5 Exceptionally good (7)
6 Greasy (4)
7 Sampled (food) (6)
8 Taped in advance (3-8)
13 Stirring one's interest (8)
14 Foliage (7)
15 Type of nut (6)
16 Supplies sparingly (6)
17 Wind instrument (5)
19 Ends; goals (4)

PUZZLE 266

Across

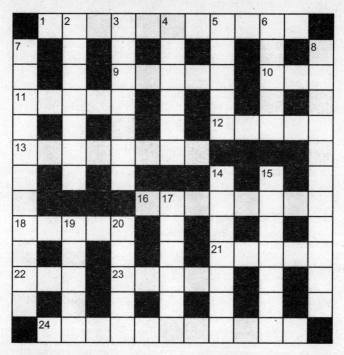

1 Study of lawbreaking (11)
9 Bewildered (5)
10 Consumed food (3)
11 Large intestine (5)
12 Electronic communication (5)
13 Completes a race (8)
16 Field game (8)
18 Iffy (5)
21 Apart from (5)
22 Word expressing negation (3)
23 Moist (of air) (5)
24 Amazing (11)

Down

2 Turning over and over (7)
3 Insanity (7)
4 Spout (6)
5 Scoop (5)
6 Tropical fruit (5)
7 Gathering information (4-7)
8 Hostile and aggressive (11)
14 Width (7)
15 Drug that relieves pain (7)
17 Former pupils (6)
19 Loves uncritically (5)
20 Loutish person (5)

PUZZLE 267

Across

1 Jeans (6)
5 Haul (3)
7 Search rigorously for (5)
8 Young hare (7)
9 Bump into (5)
10 Made another excited about (8)
12 Leave the nest (6)
14 Willingly (6)
17 Sum given to charity (8)
18 Stagger (5)
20 Part of a golf course (7)
21 The protection of a particular person (5)
22 Smack (3)
23 US state whose capital is Carson City (6)

Down

2 Endless (7)
3 Wedding (8)
4 Wine bottle closure (4)
5 Marched (7)
6 e.g. Tuesday (7)
7 Sharply inclined (5)
11 Having pH greater than 7 (8)
12 Daft (7)
13 Beg (7)
15 Large spotted cat (7)
16 Barks (5)
19 Domesticated pigs (4)

PUZZLE 268

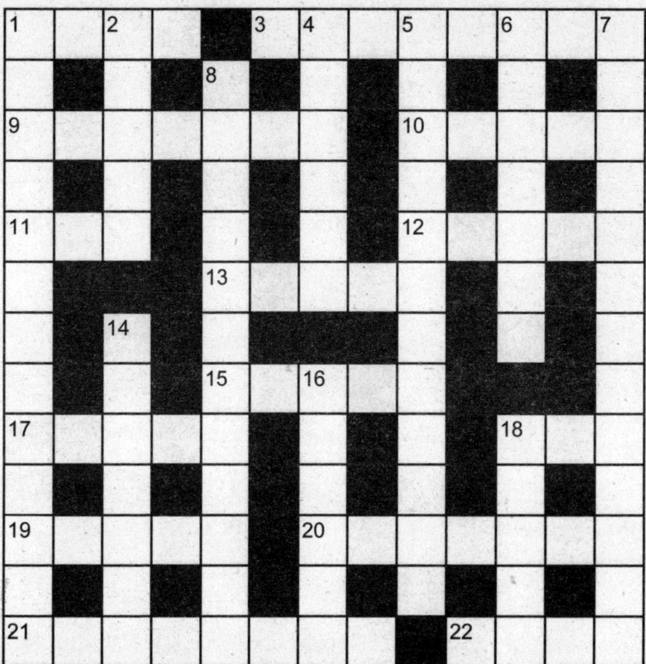

Across

1 Electrically charged particles (4)
3 Food of the gods (8)
9 Offend the modesty of (7)
10 Chubby (5)
11 Layer of a folded material (3)
12 Measuring stick (5)
13 Poisonous (5)
15 Levels out (5)
17 Carer (anag.) (5)
18 Snare or trap (3)
19 Not asleep (5)
20 Set apart (7)
21 Releasing from a duty (8)
22 Lift something heavy (4)

Down

1 Not suitable (13)
2 Attractively stylish (5)
4 Array of numbers (6)
5 Consequence of an event (12)
6 Filthy (of a place) (7)
7 Act of distribution (13)
8 Fellowship (12)
14 Old-fashioned (7)
16 Banner or flag (6)
18 Irritate (5)

PUZZLE 269

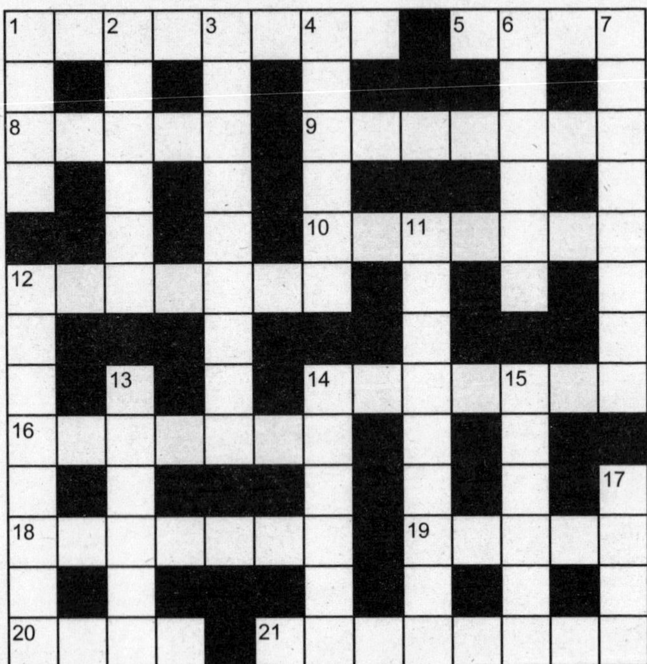

Across

1 Dismissed as inadequate (8)
5 Exchange (4)
8 These keep your feet warm (5)
9 Tearing (7)
10 Diplomatic (7)
12 Tropical disease (7)
14 Mass of flowers (7)
16 Avenger (anag.) (7)
18 Absolutely incredible (7)
19 Doctrine; system of beliefs (5)
20 Identical (4)
21 Gathering (8)

Down

1 Corrode (4)
2 Wild dog (6)
3 Country in Central America (5,4)
4 Mistakes in printed matter (6)
6 Smells (6)
7 Boxing (8)
11 Record of events (9)
12 Inorganic nutrients (8)
13 Shining (6)
14 Attacks on all sides (6)
15 Majestic (6)
17 Emaciated (4)

PUZZLE 270

Across

1 Style of architecture (6)
7 The acting out of a particular part (4,4)
8 Small truck (3)
9 Instrumental piece of music (6)
10 Challenge (4)
11 Money container (5)
13 Belgian language (7)
15 Insect body segment (7)
17 Unpleasant facial expression (5)
21 Tibetan Buddhist monk (4)
22 Dull and dreary (6)
23 Unit of current (3)
24 Until now (8)
25 Cared for (6)

Down

1 Throw in the towel (4,2)
2 Type of muscle (6)
3 Frog sound (5)
4 Flexible (7)
5 Large outbreak of a disease (8)
6 The Bull (starsign) (6)
12 Puts up with something (8)
14 People who are in a club (7)
16 Largest South American country (6)
18 Church instruments (6)
19 Jumped (6)
20 Sing softly (5)

PUZZLE 271

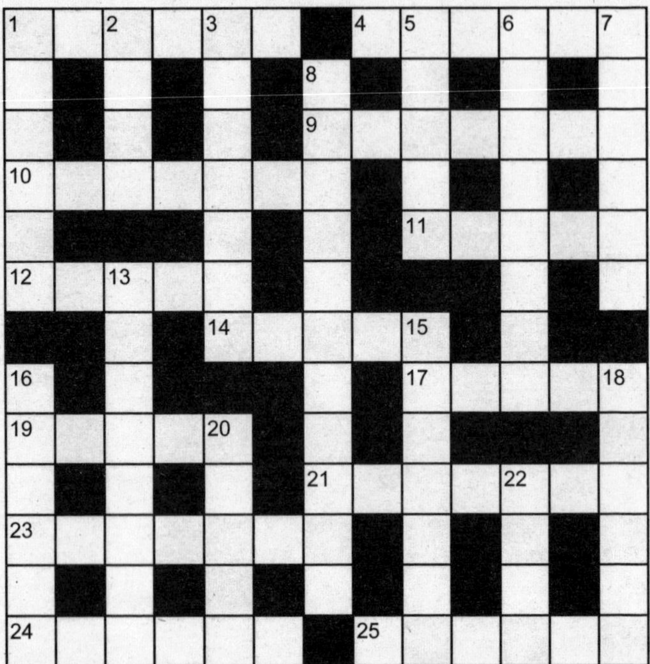

Across

1 Within this context (6)
4 Dealer in cloth (6)
9 Form of an element (7)
10 Competitors in a sprint (7)
11 Desire to hurt someone (5)
12 Personal attendant (5)
14 Suspends (5)
17 Tie; snag (5)
19 Should (5)
21 Provoked; encouraged (7)
23 Tortilla rolled around a filling (7)
24 Christian festival (6)
25 Remove; excise (6)

Down

1 History play by Shakespeare (5,1)
2 Devastation (4)
3 Thoroughly (2,5)
5 Chessmen (5)
6 Forbid (8)
7 Had a strong and unpleasant smell (6)
8 Differentiation (11)
13 Dawdlers (8)
15 Restrain; limit (7)
16 Waver (6)
18 Nestle together (6)
20 Garbage or drivel (5)
22 Story (4)

PUZZLE 272

Across

1 Pulls at (4)
3 Scrawl (8)
9 Policeman or policewoman (7)
10 Language of the Romans (5)
11 Make a guess that is too high (12)
14 Acquire; obtain (3)
16 Certain to end in failure (2-3)
17 Scarf of feathers or fur (3)
18 Terrified or extremely shocked (6-6)
21 Military trainee (5)
22 Stipulation (7)
23 Watchmen (8)
24 Mythical giant (4)

Down

1 Exhaustive (8)
2 Blunder (5)
4 Vehicle (3)
5 Clarification (12)
6 Water container (7)
7 Sea eagle (4)
8 Creator of film scripts (12)
12 Tall narrow building (5)
13 Spine (8)
15 Walked upon (7)
19 Exploiting unfairly (5)
20 Freezes over (4)
22 Type of statistical chart (3)

PUZZLE 273

Across

1 Unravel (4)
3 Relating to sound (8)
9 Egg white (7)
10 Sequence (5)
11 Exclamation of contempt (3)
12 Stand up (5)
13 More mature (5)
15 Turn inside out (5)
17 Device that splits light (5)
18 Group of whales (3)
19 Colossus (5)
20 Slanting (7)
21 Salad sauce (8)
22 Chief god of ancient Greece (4)

Down

1 Unexpected (13)
2 First appearance (5)
4 Frank (6)
5 Unkind; unsympathetic (12)
6 Mocking (7)
7 Satisfaction (13)
8 Enhancements (12)
14 Spiky weed (7)
16 Instruct to do something (6)
18 Wound the pride of (5)

PUZZLE 274

Across

1 Where one finds Tehran (4)
3 Surpass (8)
9 Seafarers (7)
10 Skirmish (5)
11 Plant flower (5)
12 Circus apparatus (7)
13 Uproar (6)
15 Not present (6)
17 One's savings for the future (4,3)
18 Foreign language (informal) (5)
20 European country (5)
21 Interiors (7)
22 Heard (8)
23 Wet with condensation (4)

Down

1 Flimsy (13)
2 Friend (Spanish) (5)
4 Surprise results (6)
5 Sleepwalking (12)
6 Release someone from duty (7)
7 Affectedly (13)
8 Preservative (12)
14 Accidents (7)
16 Set fire to (6)
19 Push gently (5)

PUZZLE 275

Across

1 Dock for small yachts (6)
7 Religion (8)
8 Gang (3)
9 Habitual practice (6)
10 Fastens a knot (4)
11 Religious groups (5)
13 Speak excitedly of (7)
15 Act of awakening from sleep (7)
17 Iron alloy (5)
21 e.g. an arm or leg (4)
22 Grime or dirt (6)
23 Edible nut (3)
24 False impression (8)
25 Device that detects a physical property (6)

Down

1 Copies (6)
2 Set of instructions (6)
3 Concerning (5)
4 Confusing (7)
5 Gossip (4-4)
6 Rhesus (anag.) (6)
12 Sign of approval (6-2)
14 Spanish beverage (7)
16 Destroyed (6)
18 Votes into office (6)
19 Move slowly and awkwardly (6)
20 Causes great damage (5)

PUZZLE 276

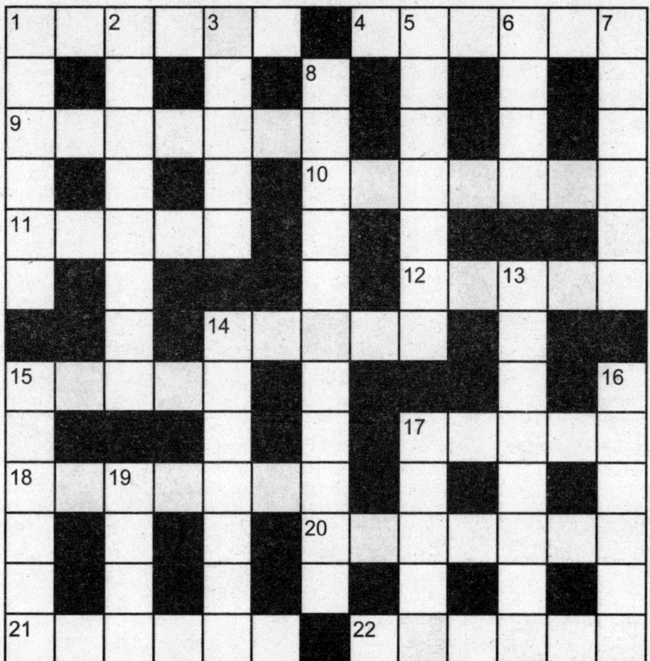

Across

1 Gently (6)
4 Person who buys and sells (6)
9 Powerful dog (7)
10 Patio or veranda (7)
11 Friendship (5)
12 Totally (5)
14 Established custom (5)
15 Mediterranean island country (5)
17 Extremely small (prefix) (5)
18 Supervisory worker (7)
20 These remove pencil marks (7)
21 Quantity of medicine to take (6)
22 Not written in any key (of music) (6)

Down

1 Relating to monkeys (6)
2 Period of celebration (8)
3 People not ordained (5)
5 Write again (7)
6 Facts and statistics collectively (4)
7 Put right (6)
8 Device used to increase thrust (11)
13 Formal meal (8)
14 Injuring (7)
15 Slightly annoyed (6)
16 Remains preserved in rock (6)
17 Intended (5)
19 Rodents (4)

PUZZLE 277

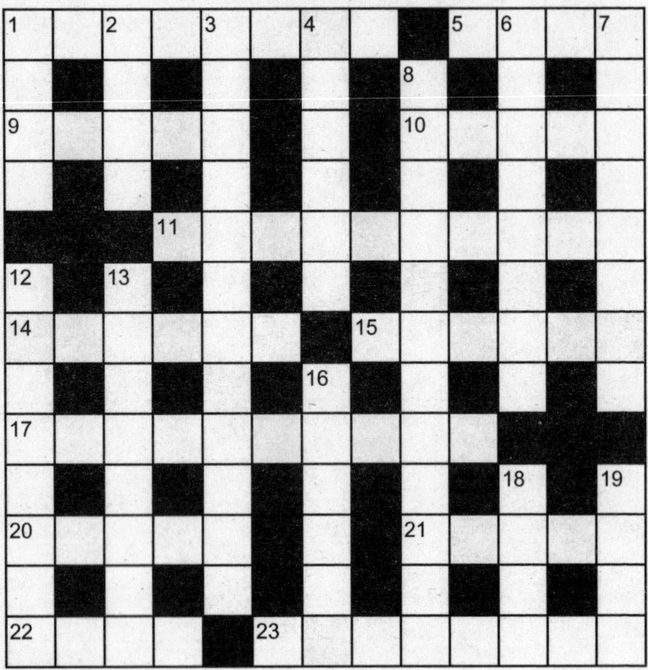

Across

1 Hard shell of a crustacean (8)
5 Skin mark from a wound (4)
9 Moves on foot (5)
10 Hurts (5)
11 Small amount (10)
14 Applauds (6)
15 Act of selling on goods (6)
17 Type of road junction (10)
20 Strength (5)
21 Chart (5)
22 Covers; tops (4)
23 Modify with new parts (8)

Down

1 Domestic cattle (4)
2 Dominion (4)
3 What p.m. stands for (4,8)
4 Wolflike wild dog (6)
6 Principal (8)
7 Left one's job (8)
8 Fast food item (12)
12 Derisive (8)
13 Needed (8)
16 Renounce an oath (6)
18 Stick with a hook (4)
19 Stimulate the appetite (4)

PUZZLE 278

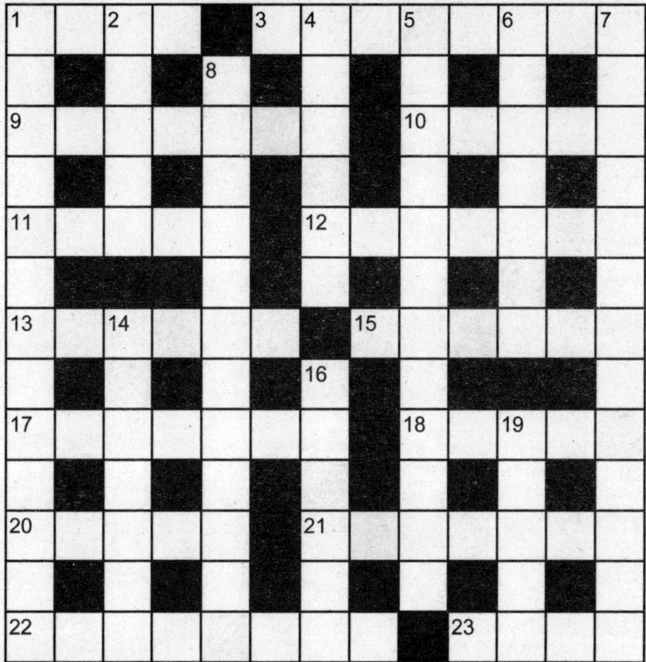

Across

1 Garden outbuilding (4)
3 Written laws (8)
9 Opposite of shortest (7)
10 Electronic device one clicks (5)
11 Excuse of any kind (5)
12 Brought to bear (7)
13 Chamber of the heart (6)
15 Photographic equipment (6)
17 Released from a duty (7)
18 Not illuminated (5)
20 Fill with high spirits (5)
21 Aseptic (7)
22 Musical interval (8)
23 Hens lay these (4)

Down

1 Conscious knowledge of oneself (4-9)
2 Boredom (5)
4 Unsteady gait (6)
5 Peruse matter (anag.) (12)
6 One who holds property for another (7)
7 Loyalty in the face of trouble (13)
8 Having a tendency to become liquid (12)
14 Get back (7)
16 More likely than not (4-2)
19 Reclining (5)

PUZZLE 279

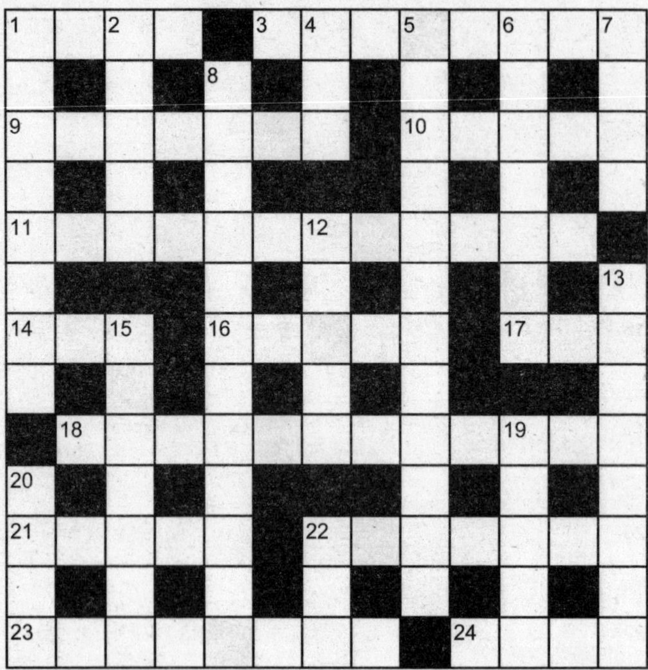

Across

1 Sprinkled with seed (4)
3 Complying with orders (8)
9 Put in order (7)
10 Empty area; gap (5)
11 Shockingly (12)
14 Unit of energy (3)
16 Cut a joint of meat (5)
17 That vessel (3)
18 Sweet red fruits (12)
21 Port-au-Prince is the capital here (5)
22 Undoing a knot (7)
23 Pleasing and captivating (8)
24 Chances of winning (4)

Down

1 Unmarried woman (8)
2 Less narrow (5)
4 Flower that is not yet open (3)
5 Break up (12)
6 Helps to happen (7)
7 Rank (4)
8 Intensely painful (12)
12 Small woody plant (5)
13 Written communications (8)
15 Acquiring (7)
19 Epic poem ascribed to Homer (5)
20 Item of footwear (4)
22 Ancient pot (3)

PUZZLE 280

Across

4 Showing utter resignation (6)
7 Moral stories (8)
8 Feline (3)
9 Spherical object (4)
10 Respire with difficulty (6)
11 Fortification (7)
12 Stinky (5)
15 Winged animals (5)
17 Places of worship (7)
20 Lower in rank (6)
21 Curse; solemn promise (4)
22 Great sorrow (3)
23 Inn (8)
24 Document granting invention rights (6)

Down

1 Capital of Bahrain (6)
2 Moved at a fast canter (8)
3 e.g. tulips (7)
4 Trembling poplar (5)
5 Unless (6)
6 Named (6)
13 Blew up (8)
14 Thaw (7)
15 Fill a balloon with air (4,2)
16 Turn down (6)
18 Obtain through intimidation (6)
19 Strength (5)

PUZZLE 281

Across

1 Slight cut (4)
3 Military post (8)
9 Timid (7)
10 Feelings and emotions (5)
11 Inharmoniously (12)
13 Hostility (6)
15 Wild horse (6)
17 Intended to attract notice (12)
20 Resay (anag.) (5)
21 Pig's foot (7)
22 Stocky (8)
23 Plunder; take illegally (4)

Down

1 People of no note (8)
2 Protective containers (5)
4 Refer to indirectly (6)
5 Money paid for work (12)
6 Enlarged; puffy (7)
7 Where a bird lays eggs (4)
8 Easily (12)
12 A large spar (8)
14 Eyelash cosmetic (7)
16 Sculptured figure (6)
18 Exceed; perform better than (5)
19 Legendary story (4)

PUZZLE 282

Across

1 Flash intermittently (6)
4 Real (6)
9 Something left over (7)
10 Motor-driven revolving cylinder (7)
11 Mountain cry (5)
12 Military blockade (5)
14 Blowing in puffs (of wind) (5)
17 Keen (5)
19 Remains expectantly (5)
21 Chivalrous (7)
23 Surface layer of earth (7)
24 Well-being (6)
25 Concurs (6)

Down

1 Causes (anag.) (6)
2 Derive the benefits (4)
3 Distribute illicitly (7)
5 Container for storing items (5)
6 Incessant (8)
7 Recently (6)
8 Bewilderingly (11)
13 African country (8)
15 Screaming (7)
16 Sample of cloth (6)
18 Turning armatures (6)
20 Recreational activity (5)
22 Apex (4)

PUZZLE 283

Across

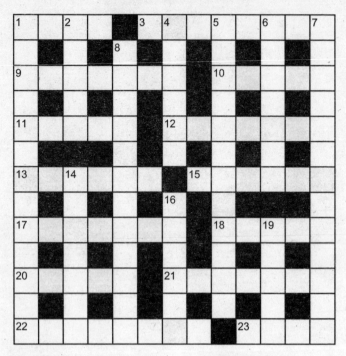

1 Symbol (4)
3 Apparition (8)
9 Plunder (7)
10 Loosen up (5)
11 Part of (5)
12 Ruled (7)
13 Encrypt (6)
15 Attack (6)
17 Cowboy hat (7)
18 Vends (5)
20 Stringed instrument (5)
21 Japanese art of paper folding (7)
22 Type of coffee (8)
23 Mass of floating ice (4)

Down

1 Not capable of being restrained (13)
2 Unit of weight (5)
4 Shrike (anag.) (6)
5 Vain (12)
6 Capital of the US state of Georgia (7)
7 An event with good and bad implications (5,8)
8 Children's toy (12)
14 Clear mess away (5,2)
16 Relishes (6)
19 Exit (5)

PUZZLE 284

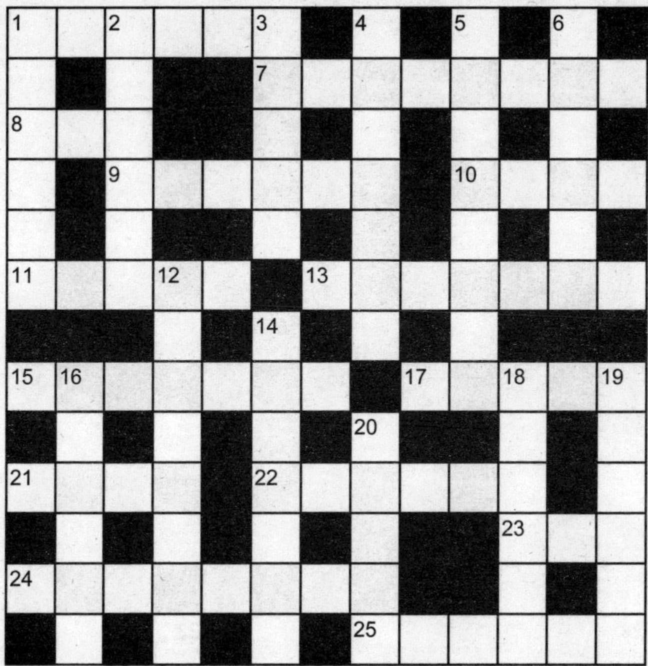

Across

1 Fictional (4,2)
7 Able to read and write (8)
8 Periodic publication (abbrev.) (3)
9 Small portion or share (6)
10 Repast (4)
11 Slips (anag.) (5)
13 Not attached or tied together (7)
15 Exposes; shows (7)
17 There are 52 of these in a year (5)
21 Alcoholic beverage (4)
22 Lightweight garment (1-5)
23 Leap on one foot (3)
24 Person with an appreciation of beauty (8)
25 Squall of snow (6)

Down

1 e.g. monkey or whale (6)
2 Doctrines or beliefs (6)
3 Worked steadily at a trade (5)
4 Remaining (7)
5 Musical wind instrument (8)
6 Reach a specified level (6)
12 Gifts (8)
14 Move like a snake (7)
16 Left (6)
18 Book of the Bible (6)
19 Provide (6)
20 Leader or ruler (5)

PUZZLE 285

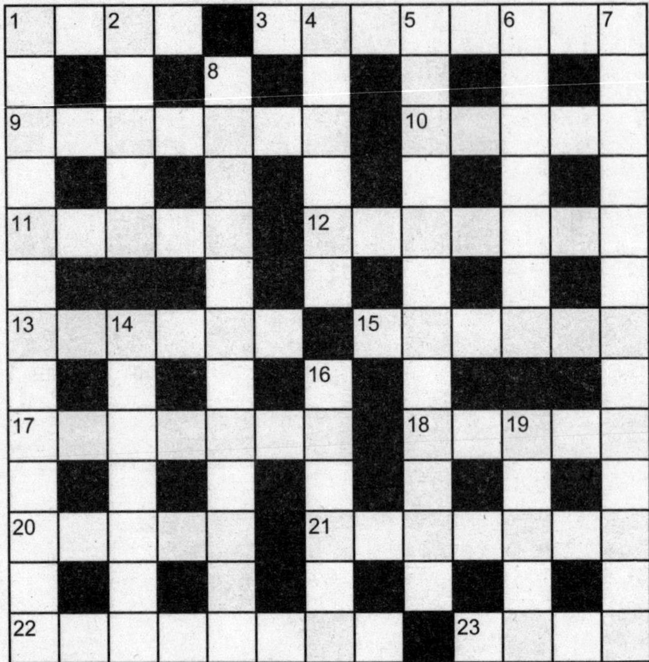

Across

1 Thin fog (4)
3 Greek dish (8)
9 Kind of breakfast cereal (7)
10 Restore factory settings (5)
11 Go away from quickly (5)
12 Witty saying (7)
13 Scope (6)
15 Wooden house (6)
17 Have a positive impact on (7)
18 Principle of morality (5)
20 Money (5)
21 Not level (7)
22 Christmas season (8)
23 In an inactive way; with no particular purpose (4)

Down

1 Dictatorially (13)
2 Elevated step (5)
4 Speaks publicly (6)
5 Uncurled (12)
6 Coming from the south (7)
7 In a reflex manner (13)
8 Beginning (12)
14 Average (7)
16 Sent out; distributed (6)
19 Dog (5)

PUZZLE 286

Across

1 Lectern (6)
7 Abiding (8)
8 Seed of an apple (3)
9 Quickly (6)
10 Medicine (4)
11 Pattern (5)
13 Snatched (7)
15 Shackle (7)
17 Microorganisms (5)
21 Legume (4)
22 From that place (6)
23 Not many (3)
24 Official document (8)
25 Shouted out (6)

Down

1 Marionette (6)
2 Mottled marking (6)
3 Financial resources (5)
4 Postpone (7)
5 Believable; plausible (8)
6 Ursine (anag.) (6)
12 Closeness (8)
14 High spirits (7)
16 Stadiums (6)
18 Expressing regret (6)
19 Packed carefully and neatly (6)
20 God (5)

PUZZLE 287

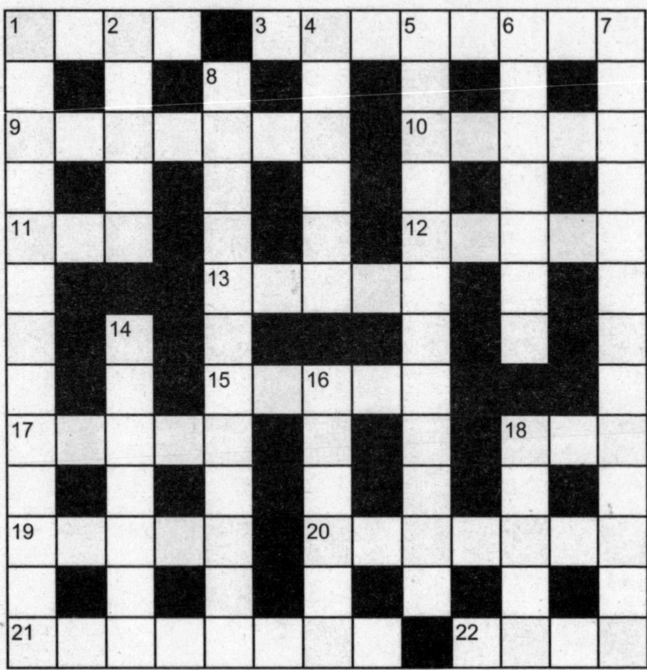

Across

1 Money in notes or coins (4)
3 Announce publicly (8)
9 Caring for (7)
10 Cuts slightly (5)
11 Uncooked (of meat) (3)
12 Escape from (5)
13 Fabric used to make jeans (5)
15 Scope or extent (5)
17 Pallid (5)
18 Joke (3)
19 Hot fluid rock (5)
20 West Indian musical style (7)
21 Gibberish (8)
22 Trees of the genus Ulmus (4)

Down

1 Female politician in the US (13)
2 Spread by scattering (5)
4 District (6)
5 Despicable (12)
6 Accumulates over time (7)
7 Of mixed character (13)
8 Drawback (12)
14 Six-sided shape (7)
16 Cabers (anag.) (6)
18 Aperture in the eye (5)

PUZZLE 288

Across

1 Irritable (3-8)
9 Piece of bread (5)
10 Female sheep (3)
11 Long tubes (5)
12 Teacher (5)
13 Prickling sensation (8)
16 Have a different opinion (8)
18 Titles (5)
21 Mammal that eats bamboo (5)
22 Protective cover (3)
23 Stage play (5)
24 Devices popular before computers existed (11)

Down

2 Jumping (7)
3 Adornments of hanging threads (7)
4 Unmarried young woman (6)
5 Upright (5)
6 Choose through voting (5)
7 Restlessly (11)
8 Keep cold (11)
14 Widespread; pandemic (7)
15 Computer peripheral (7)
17 Make worse (6)
19 Dirty (5)
20 Grasslike marsh plant (5)

PUZZLE 289

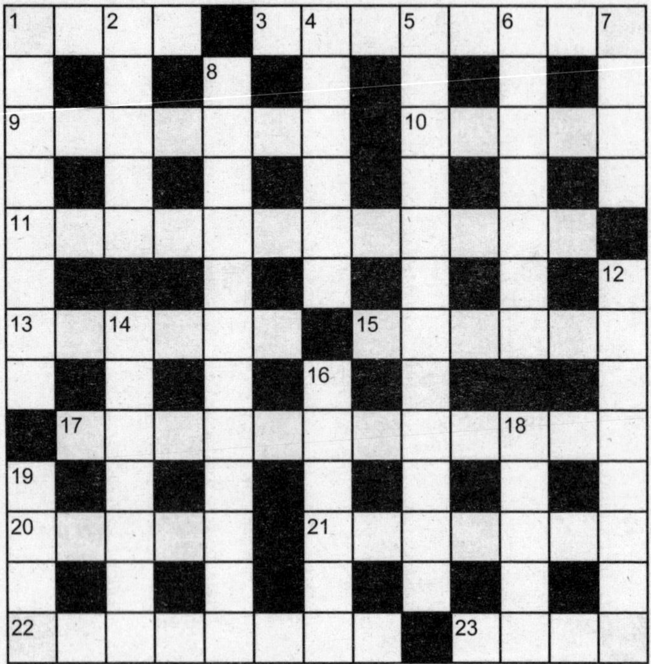

Across

1 Willing to do something (4)
3 Charm (8)
9 Chats (7)
10 Challenged (5)
11 Very eager; keen (12)
13 Venomous snakes (6)
15 One's environment (6)
17 Insistently (12)
20 Gain knowledge (5)
21 Brighten up (7)
22 Re-evaluate (8)
23 Hunted animal (4)

Down

1 Alloy of copper and tin (8)
2 Short choral composition (5)
4 Descend down a rock face (6)
5 Dimly; not clearly (12)
6 Type of vermouth (7)
7 Dons (anag.) (4)
8 Demands or needs (12)
12 Ability to float (8)
14 Small-scale model (7)
16 State of mental strain (6)
18 Intimate companion (5)
19 Smudge (4)

PUZZLE 290

Across

1 Cut (of grass) (4)
3 Medieval weapon (8)
9 State of being twisted (7)
10 First Pope (5)
11 Vertical part of a step (5)
12 Fighting vessel (7)
13 Admit openly (6)
15 Coiffure (6)
17 Narrow strip of land (7)
18 Cutting instrument (5)
20 Path to follow (5)
21 Fights (7)
22 e.g. rooks and knights (8)
23 Agitate (4)

Down

1 Desiring worldly possessions (13)
2 Functions correctly (5)
4 Rejuvenates (6)
5 Large grocery stores (12)
6 Meat seller (7)
7 Computer program for writing documents (4,9)
8 Type of cloud (12)
14 Strong reaction of anger (7)
16 Functional (6)
19 Small island (5)

PUZZLE 291

Across

4 Not sinking (6)
7 Battered (8)
8 Secret agent (3)
9 At that time (4)
10 Small metal projectile (6)
11 Light beard (7)
12 Renown (5)
15 Hints (5)
17 Made a guttural sound (7)
20 Complain about (6)
21 Depart (4)
22 Farewell remark (3)
23 People who provide massages (8)
24 Dye used as a test of acidity (6)

Down

1 Tiny bag (6)
2 Open to suggestion (8)
3 Fall slowly (of a liquid) (7)
4 Mature person (5)
5 Expelled from office (6)
6 Lymphoid organ (6)
13 Not necessary (8)
14 Aridity (7)
15 Musical instrument (6)
16 Optimistic (6)
18 Regime (anag.) (6)
19 Froths (5)

PUZZLE 292

Across

1 Bad habit (4)
3 Piece for a soloist and orchestra (8)
9 Planet (7)
10 Loop with a running knot (5)
11 Travels on a bicycle (5)
12 Agrees or corresponds (7)
13 Immature insects (6)
15 System of social perfection (6)
17 Softly; not loudly (7)
18 Number in a trio (5)
20 Balearic island (5)
21 Painkilling drug (7)
22 Uses seam (anag.) (8)
23 Hurl missiles at (4)

Down

1 Voice projection (13)
2 Managed (5)
4 Complied with orders (6)
5 Act of discussing something; deliberation (12)
6 Highest vantage point of a building (7)
7 Exaggeration (13)
8 Strengthen; confirm (12)
14 Dried grapes (7)
16 Go around (6)
19 Poetic verse (5)

PUZZLE 293

Across

1 Administrative district (4)
3 Spread out untidily (8)
9 Do repeatedly (7)
10 Relating to the kidneys (5)
11 Inventiveness (12)
13 Disengage (6)
15 Not so important (6)
17 Uncomplimentary (12)
20 Less common (5)
21 Stronghold (7)
22 Author (8)
23 Chopped; cancelled (4)

Down

1 Happen simultaneously (8)
2 Recurrent topic (5)
4 Number of Apostles (6)
5 Agreements; plans (12)
6 Book of the Bible (7)
7 Snake-like fish (pl.) (4)
8 Especially (12)
12 Squirmed (8)
14 Terms of office (7)
16 Adheres to; fastens (6)
18 Alphabetical list (5)
19 Soft creamy cheese (4)

PUZZLE 294

1		2		3		4		■	5	6		7
	■		■		■		■	■	■		■	
8					■	9						
	■		■		■		■	■	■		■	
■	■		■		■	10		11				
12							■		■		■	
	■	■	■		■	■	■		■	■	■	
	■	13	■		■	14				15		
16							■		■		■	■
	■		■	■	■		■		■		■	17
18							■	19				
	■		■	■	■		■		■		■	
20				■	21							

Across

1 Manner of giving a speech (8)
5 System of contemplation (4)
8 Ethical (5)
9 Jumbled (5-2)
10 Japanese flower arranging (7)
12 An edible jelly (7)
14 Standing erect (7)
16 V-shaped mark (7)
18 Uncovers; reveals (7)
19 A number between an eighth and a tenth (5)
20 Transmit (4)
21 Teacher (8)

Down

1 Protest march (abbrev.) (4)
2 Immature of its kind (of insects) (6)
3 Freely offer to do something (9)
4 Continue to exist (6)
6 Trying experience (6)
7 Letters of a language (8)
11 Rudimentary (9)
12 Huge ice masses (8)
13 Fighting instrument (6)
14 In mint condition (6)
15 Large seabird (6)
17 Singe; burn (4)

PUZZLE 295

Across

1 Region of France (6)
4 Abilities; talents (6)
9 Error in printing or writing (7)
10 Wears away (7)
11 Soar; rush (5)
12 Destiny; fate (5)
14 Inexpensive (5)
17 Self-evident truth (5)
19 Seethed with anger (5)
21 Dispensers (7)
23 Stately residence (7)
24 Pieces of crockery (6)
25 Fishes (6)

Down

1 Seek to hurt (6)
2 Strong pole on a ship (4)
3 Pertaining to the heart (7)
5 Small motor-racing vehicles (5)
6 Intelligentsia (8)
7 Boil gently (6)
8 Very successful (of a book) (4-7)
13 Sergeant (anag.) (8)
15 Emotion (7)
16 Prepared (6)
18 Fails to hit a target (6)
20 Operate a motor vehicle (5)
22 Morally wicked (4)

PUZZLE 296

Across

1 Fruits with pips (6)
7 All-round view (8)
8 Healthy (3)
9 Recount (6)
10 Female rabbits (4)
11 Fixes (5)
13 Engage in merrymaking (7)
15 Inert gaseous element (7)
17 Move sneakily (5)
21 Revolve around quickly (4)
22 Play boisterously (6)
23 Opposite of cold (3)
24 Permits to do something (8)
25 Substance found in wine (6)

Down

1 State publicly (6)
2 Financier (6)
3 Talk (5)
4 Patella (7)
5 Severe traffic congestion (8)
6 Glowing remains of a fire (6)
12 Relied on (8)
14 Befuddle (7)
16 Paired (anag.) (6)
18 Poorly dressed child (6)
19 Young cat (6)
20 Seashore (5)

PUZZLE 297

Across

1 Drains of energy (4)
3 Tyrannical (8)
9 Kind of abbreviation (7)
10 Bunches (5)
11 Working for oneself (4-8)
14 Top (anag.) (3)
16 Type of lizard (5)
17 Tool for making holes in leather (3)
18 In a hostile manner (12)
21 Machine for shaping wood or metal (5)
22 Kitchen implement (7)
23 e.g. resident of Cairo (8)
24 Anti-aircraft fire (4)

Down

1 Metrical analysis of verse (8)
2 Danger (5)
4 Deciduous tree (3)
5 Caused by disease (12)
6 Silk-like fabric (7)
7 Price (4)
8 Clothing such as a vest (12)
12 Walks up and down (5)
13 Reproduce recorded sound (4,4)
15 Firmly; closely (7)
19 Evenly balanced (5)
20 Hint (4)
22 Belgian town (3)

PUZZLE 298

Across

1 Reduces in length (4)
3 Spies (8)
9 Noisiest (7)
10 Smallest quantity (5)
11 Part of the mind (12)
13 Assert without proof (6)
15 Festival (6)
17 Scolding (8-4)
20 Last Greek letter (5)
21 Mechanical keyboard (7)
22 Qualified for by right (8)
23 Seabird (4)

Down

1 Gigantic (8)
2 Pollex (5)
4 Most recent (6)
5 Knowing more than one language (12)
6 Sculptures (7)
7 Locate or place (4)
8 Medicine taken when blocked-up (12)
12 Preserve (8)
14 Biggest (7)
16 Spot (6)
18 Form of oxygen found in the atmosphere (5)
19 Manage (4)

PUZZLE 299

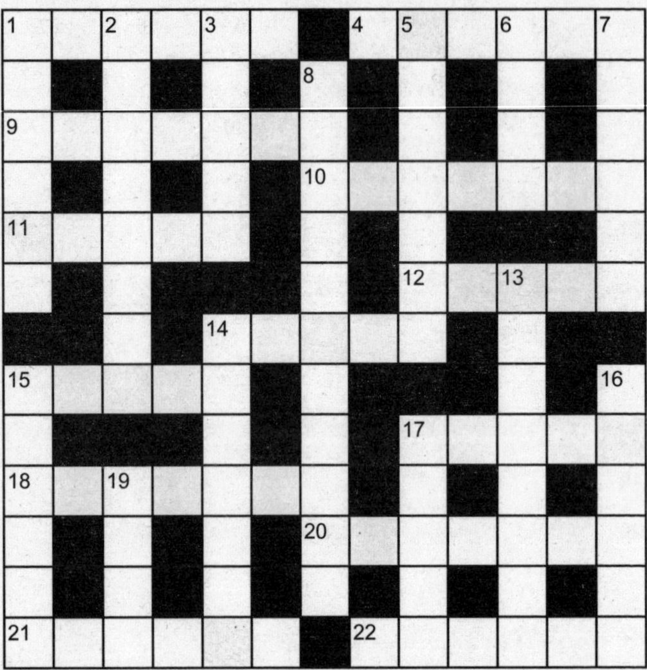

Across

1 Decorative pattern (6)
4 Climbs (6)
9 Gold or silver in bulk (7)
10 Made less narrow (7)
11 Satisfied a desire (5)
12 Prickly (5)
14 Retrieve (5)
15 Juicy fruit (5)
17 Celestial body (5)
18 Floating mass of frozen water (7)
20 Reasonably to be believed (7)
21 Sprints (6)
22 Mixes up or confuses (6)

Down

1 Lower in value (6)
2 Answer to a problem (8)
3 Crunch; wear down (5)
5 Offensively discourteous (7)
6 Silly person (4)
7 Day of rest (6)
8 Unintentionally (11)
13 Harmful in effect (8)
14 Envisage (7)
15 Posted (6)
16 Fashions (6)
17 Enclosed (of animals) (5)
19 Finishes (4)

PUZZLE 300

Across

1 Greek cheese (4)
3 Initiative (8)
9 Expressive (of music) (7)
10 Become ready to eat (of fruit) (5)
11 Domestic bovine animal (3)
12 Solid blow (5)
13 Foot joint (5)
15 Indentation; nick (5)
17 Impair (5)
18 Level golf score (3)
19 The Hunter (constellation) (5)
20 Tall stand used by a preacher (7)
21 Similarity between different things (8)
22 Unit of heredity (4)

Down

1 Congratulations (13)
2 Hurled away (5)
4 Unbolt (6)
5 Firework display (12)
6 Seize and take custody of (7)
7 Absence (13)
8 Someone you know (12)
14 One of the platinum metals (7)
16 Garment maker (6)
18 Annoy (5)

SOLUTIONS

1

U	R	D	U		A	B	R	A	S	I	V	E
N		A		C		E		S		C		X
F	A	T	U	O	U	S		T	H	E	T	A
O		U		I		I		R		P		G
R	A	M		N		D		O	W	I	N	G
E				C	H	E	E	P		C		E
S		L		I				H		K		R
E		O		D	U	M	P	Y				A
E	X	U	D	E		U		S		G	U	T
A		T		N		F		I		U		E
B	U	I	L	T		F	O	C	U	S	E	D
L		S		A		I		S		T		L
E	C	H	E	L	O	N	S		P	O	S	Y

2

C	U	B	S		T	W	O	F	A	C	E	D
O		I		A		H		R		A		A
L	I	B	E	R	T	Y		O	I	L	E	D
L		L		T				N		L		O
A	M	E	L	I	O	R	A	T	I	O	N	
P				S		I		I		U		S
S	A	P		T	U	S	K	S		S	I	P
E		A		I		E		P				O
	P	R	E	C	O	N	D	I	T	I	O	N
A		S		A				E		R		S
C	A	N	A	L		P	I	C	C	O	L	O
N		I		L		E		E		N		R
E	M	P	T	Y	I	N	G		A	S	K	S

3

T	O	L	L		N	E	B	R	A	S	K	A
H		E		A		V		E		A		S
E	N	M	A	S	S	E		C	O	M	E	S
O		O		T		N		E		U		E
R	O	N	D	O		E	M	P	E	R	O	R
E				N		D		T		A		T
T	R	A	G	I	C		B	I	K	I	N	I
I		Q		S		A		O				V
C	R	U	S	H	E	D		N	O	B	L	E
A		A		M		J		I		O		N
L	A	T	T	E		O	B	S	C	U	R	E
L		I		N		I		T		N		S
Y	A	C	H	T	I	N	G		O	D	E	S

4

D	A	S	H		C	O	N	S	I	D	E	R
I		K		S		E		H		I		A
S	H	I	A	T	S	U		O	U	S	T	S
P		E		R		V		R		T		P
R	E	S	T	A	U	R	A	T	E	U	R	
O				I		E		C		R		A
V	I	S	A	G	E		G	I	B	B	O	N
E		A		H		B		R				T
	U	N	A	T	T	R	A	C	T	I	V	E
G		D		E		I		U		N		R
U	N	P	I	N		C	H	I	C	A	G	O
L		I		E		K		T		P		O
F	U	T	U	R	I	S	M		S	T	E	M

5

R	E	L	I	C	S		E	L	U	D	E	D
E		O		H		N		A		E		U
V		U		I		O	P	P	O	S	E	S
A	R	T	I	S	A	N		A		T		T
M				E		P		Z	A	I	R	E
P	A	P	A	L		A				N		R
		R		S	C	R	A	P		E		
I		O				T		H	I	D	E	S
G	I	V	E	S		I		R				T
U		I		I		S	W	A	G	G	E	R
A	D	D	E	N	D	A		S		A		E
N		E		G		N		E		T		A
A	D	D	L	E	D		E	S	T	E	E	M

6

	U	N	D	E	R	W	R	I	T	E	R	
B		O		X		A		N		J		T
I		T		P	I	N	E	D		E	K	E
C	A	I	R	O		G		I		C		T
E		O		R		L		A	C	T	O	R
N	I	N	E	T	I	E	S					A
T		S		S				F		S		H
E					S	M	O	O	T	H	I	E
N	A	D	I	R		A		R		A		D
A		O		E		T		F	E	M	U	R
R	A	Y		V	E	R	S	E		P		O
Y		E		E		O		I		O		N
	I	N	C	L	I	N	A	T	I	O	N	

7

L	O	O	T	E	R		W	R	I	S	T	S
O		N		N		A		E		K		T
D		E		T		C	O	N	F	I	D	E
G	A	S	T	R	I	C		E		M		R
E				A		O		W	O	M	E	N
S	P	A	I	N		R				I		S
		B		T	E	D	D	Y		N		
B		R				I		A	U	G	U	R
R	O	O	F	S		N		W				I
O		G		T		G	U	N	S	H	I	P
G	L	A	C	I	A	L		I		O		E
U		T		N		Y		N		R		N
E	V	E	N	T	S		A	G	E	N	T	S

8

S	E	N	A	T	E		C	A	V	O	R	T
U		E		U		I		S		U		R
B	O	U	R	B	O	N		C		Z		E
U		R		E		C	O	R	P	O	R	A
R	I	O	T	S		O		I				T
B		T				M		B	U	S	H	Y
		I		C	O	P	S	E		Q		
M	U	C	K	Y		E				U		P
O				C		T		P	O	I	S	E
R	E	V	A	L	U	E		A		R		D
A		I		I		N	I	G	E	R	I	A
S		N		S		T		E		E		L
S	C	E	N	T	S		A	D	U	L	T	S

9

	A	R	T	I	C	U	L	A	T	E	D	
S		E		N		T		L		S		D
U		P		M	A	M	B	A		S	K	I
B	A	L	S	A		O		R		A		S
O		A		T		S		M	A	Y	O	R
R	E	C	R	E	A	T	E					E
D		E		S				P		S		S
I					D	O	O	R	S	T	O	P
N	Y	M	P	H		U		E		A		E
A		A		A		T		L	O	G	I	C
T	E	N		V	I	L	L	A		I		T
E		I		E		A		T		N		S
	A	C	K	N	O	W	L	E	D	G	E	

10

	U	N	T	H	I	N	K	A	B	L	E	
R		A		E		O		C		I		S
H	A	M		A	N	O	D	E		N		I
O		E		D		S		R	E	G	A	L
D	A	D	D	Y		E		B		U		V
E					E	S	T	I	M	A	T	E
I		S		F				C		L		R
S	T	A	I	R	W	A	Y					M
L		M		E		B		B	E	L	I	E
A	D	O	P	T		L		O		E		D
N		V		F	L	O	O	R		V	I	A
D		A		U		O		O		E		L
	P	R	E	L	I	M	I	N	A	R	Y	

11

I	L	L	S		S	C	A	B	B	A	R	D
N		A		O		U		I		U		U
D	E	R	I	V	E	D		O	C	T	E	T
I		K		E		G		G		O		Y
R	E	S	E	R	V	E	P	R	I	C	E	
E				E		L		A		U		D
C	R	E	A	M	Y		S	P	H	E	R	E
T		M		P		U		H				W
	A	U	T	H	E	N	T	I	C	I	T	Y
L		L		A		P		C		T		E
A	M	A	S	S		A	N	A	R	C	H	Y
C		T		I		C		L		H		E
K	E	E	P	S	A	K	E		E	Y	E	D

12

A	N	S	W	E	R	E	R		A	C	I	D
N		L		L		X		S		I		I
T	R	U	C	E		I	M	P	E	T	U	S
I		M		C		S		I		E		C
H	A	B	I	T	A	T		C	E	D	A	R
I		E		R		S		K				E
S	T	R	A	I	N		P	A	U	S	E	D
T				F		O		N		C		I
A	M	P	L	Y		R	A	D	I	A	N	T
M		O		I		I		S		P		A
I	S	L	A	N	D	S		P	L	U	M	B
N		A		G		O		A		L		L
E	R	R	S		I	N	U	N	D	A	T	E

13

F	I	N	E	S	T		R	H	I	N	A	L
E		E		T		D		E		O		O
E	N	G	O	R	G	E		I		V		A
L		L		A		C	U	R	T	A	I	N
E	L	E	G	Y		O		E				E
R		C				R		S	U	G	A	R
		T		H	E	A	R	S		A		
R	A	S	P	Y		T				U		G
A				G		I		S	O	N	A	R
V	E	R	T	I	G	O		C		T		A
I		O		E		N	E	E	D	L	E	D
N		A		N		S		N		E		E
E	A	R	N	E	R		B	E	L	T	E	D

14

N	O	I	S	Y		C	H	A	R	G	E	D
E		N		O		A			E		D	
W		F		U		V		S	P	O	U	T
S	P	L	I	N	T	E	R		E		C	
P		E		G		A		P	A	W	E	D
A	N	C	I	E	N	T	S		L			E
P		T		R				H		S		M
E			B		W	A	T	E	R	W	A	Y
R	A	P	I	D		R		E		E		S
	M		O		A	C	I	D	T	E	S	T
P	I	S	T	E		T		F		T		I
	S		I			I		U		E		F
P	S	Y	C	H	I	C		L	A	N	K	Y

15

C	O	M	E		T	R	A	I	T	O	R	S
O		U		D		I		N		C		L
M	A	S	K	I	N	G		F	L	A	K	E
P		I		S		H		R		R		I
A	C	C	R	A		T	A	I	L	I	N	G
N				G		S		N		N		H
I	N	T	E	R	N		A	G	H	A	S	T
O		O		E		S		E				O
N	U	N	N	E	R	Y		M	O	T	I	F
A		G		A		M		E		E		H
B	L	U	R	B		B	O	N	A	N	Z	A
L		E		L		O		T		E		N
E	A	S	T	E	R	L	Y		S	T	U	D

16

F	I	D	D	L	E		A	D	O	R	E	S
O		O		A		L		E		O		T
R	E	V	E	N	U	E		P		O		A
U		E		D		G	R	O	M	M	E	T
M	Y	T	H	S		E		S				E
S		A				R		E	N	D	E	D
		I		W	A	D	E	D		I		
F	O	L	I	O		E				A		J
A				M		M		A	L	G	A	E
C	A	N	T	A	T	A		R		R		T
T		A		N		I	N	R	O	A	D	S
O		I		L		N		A		M		A
R	E	L	A	Y	S		G	Y	P	S	U	M

17

B	O	R	R	O	W		A		A		C	
E		A			H	A	L	L	M	A	R	K
F	U	N			O		S		I		A	
A		K	I	M	O	N	O		C	A	V	E
L		L			P		R		A		E	
L	E	E	K	S		J	A	W	B	O	N	E
			I		P		N		L			
A	S	U	N	D	E	R		V	E	N	T	S
	H		G		D		P			U		U
L	A	I	D		A	G	E	I	N	G		M
	D		O		N		A			G	U	M
D	O	G	M	A	T	I	C			E		E
	W		S		S		H	E	A	T	E	D

18

	C	O	N	F	E	D	E	R	A	C	Y	
B		U		R		R		E		O		B
I		T		E	T	U	D	E		P	H	I
R	U	S	T	S		D		F		R		T
D		T		H		G		S	L	A	N	T
W	E	A	K	E	N	E	D					E
A		Y		N				H		T		R
T					T	W	E	E	T	E	R	S
C	A	D	R	E		A		A		L		W
H		R		N		R		D	R	A	P	E
E	R	A		A	C	R	E	S		V		E
R		W		C		E		E		I		T
	I	N	S	T	I	N	C	T	I	V	E	

19

C	U	T	O	F	F		B		C		A	
O		H			L	A	U	G	H	I	N	G
F	O	E			O		F		E		T	
F		S	C	R	U	F	F		R	O	L	L
E		I			T		O		U		E	
R	I	S	E	S		R	O	B	B	E	R	Y
			X		M		N		I			
A	S	E	P	T	I	C		S	C	A	N	T
	Q		L		T		G			N		U
T	U	B	A		O	W	N	I	N	G		R
	A		I		S		A			L	U	G
T	W	E	N	T	I	E	S			E		I
	K		S		S		H	A	T	R	E	D

20

A	L	A	S		A	B	S	O	R	B	E	D
D		R		C		E		B		E		I
M	A	R	T	I	A	L		S	I	T	E	S
I		O		R		I		C		R		R
N	E	W		R		E		U	S	A	G	E
I				O	F	F	E	R		Y		S
S		A		S				A		S		P
T		D		T	R	A	I	N				E
R	A	D	A	R		L		T		S	E	C
A		R		A		B		I		P		T
T	R	E	A	T		E	A	S	E	O	F	F
O		S		U		D		M		K		U
R	E	S	I	S	T	O	R		D	E	L	L

21

	N	I	T	T	Y	G	R	I	T	T	Y	
S		M		E		I		T		W		R
M		P		R	E	V	U	E		I	C	E
A	P	R	O	N		I		M		R		C
L		O		A		N		S	A	L	V	O
L	E	V	E	R	A	G	E					M
M		E		Y				P		L		M
I					B	E	A	R	L	I	K	E
N	O	M	A	D		N		A		M		N
D		I		W		S		T	E	P	I	D
E	R	R		E	R	U	P	T		O		E
D		T		L		E		L		P		D
	C	H	O	L	E	S	T	E	R	O	L	

22

M	O	C	K		E	M	P	H	A	T	I	C
A		R		N		U		Y		I		O
S	H	Y	N	E	S	S		P	E	C	A	N
S		P		V		L		O		K		F
A	C	T		E		I		T	I	L	D	E
C				R	A	N	C	H		E		C
H		C		T				E		D		T
U		R		H	A	U	N	T				I
S	P	A	T	E		P		I		T	W	O
E		N		L		T		C		R		N
T	R	I	T	E		A	V	A	R	I	C	E
T		A		S		K		L		E		R
S	P	L	A	S	H	E	D		A	R	T	Y

23

D	O	Z	E	N	S		S		P		R	
E		E			P	A	T	E	R	N	A	L
D	I	P			E		A		I		T	
U		H	O	R	N	E	T		S	I	T	S
C		Y			T		I		T		L	
T	A	R	R	Y		N	O	T	I	C	E	S
			A		U		N		N			
B	E	N	D	I	N	G		D	E	B	A	R
	N		I		C		S			E		U
T	O	G	A		L	O	O	M	E	D		G
	U		T		E		U			L	E	G
I	G	N	O	R	A	N	T			A		E
	H		R		N		H	A	R	M	E	D

24

T	U	S	S	L	E		E	S	C	H	E	W
O		W		E		R		A		U		O
P	R	E	P	A	R	E		V		N		U
I		E		C		Q	U	I	E	T	E	N
C	A	T	C	H		U		N				D
S		P				I		G	A	M	E	S
		E		B	A	R	B	S		A		
S	K	A	T	E		E				N		C
C				H		M		P	E	D	A	L
H	E	C	T	A	R	E		R		O		O
E		I		V		N	O	O	D	L	E	S
M		A		E		T		N		I		E
A	V	O	I	D	S		R	E	I	N	E	D

25

F	O	R	G	E	S		D		P		S	
A		H			C	L	E	A	R	I	N	G
M	A	Y			O		C		E		O	
I		M	U	F	F	L	E		S	L	O	T
S		E			F		I		E		Z	
H	O	S	T	S		A	V	E	N	G	E	D
			I		U		E		C			
B	A	R	R	I	N	G		P	E	S	T	S
	V		E		C		G			O		O
S	E	A	L		I	R	O	N	E	D		R
	N		E		V		N			D	A	B
T	U	S	S	L	I	N	G			E		E
	E		S		L		S	O	N	N	E	T

26

H	I	G	H	S	E	A	S		A	G	E	D
O		I		I		B		P		A		I
P	I	V	O	T		B		R	A	M	P	S
E		E		T		E		E		B		T
			D	I	S	S	I	M	I	L	A	R
E		A		N		S		E		E		U
M	A	L	I	G	N		A	D	O	R	N	S
B		T		D		G		I		S		T
I	N	E	Q	U	A	L	I	T	Y			
T		R		C		A		A		R		O
T	H	I	N	K		N		T	H	O	R	N
E		N		S		C		E		V		U
R	A	G	E		H	E	E	D	L	E	S	S

27

	C	H	O	R	E	O	G	R	A	P	H	
C		A		I		R		E		E		H
O	U	T		G	R	I	N	S		T		O
N		E		I		O		C	R	U	S	T
J	A	D	E	D		L		U		N		T
E					T	E	N	E	R	I	F	E
C		P		A				D		A		M
T	U	R	N	P	I	K	E					P
U		E		O		A		P	L	A	C	E
R	U	L	E	S		R		O		D		R
A		U		T	R	A	C	K		O	D	E
L		D		L		T		E		R		D
	N	E	V	E	R	E	N	D	I	N	G	

28

D	I	S	C	U	S		P	R	O	B	E	D
A		W		N		P		I		R		E
H		I		R		R	E	F	R	A	C	T
L	U	M	B	A	G	O		T		N		E
I				V		P		S	I	D	E	S
A	L	I	V	E		O				N		T
		N		L	Y	R	E	S		E		
A		V				T		C	O	W	E	D
F	R	O	S	T		I		R				E
F		I		R		O	R	A	N	G	E	S
A	U	C	T	I	O	N		P		A		I
I		E		B		S		E		V		S
R	I	S	K	E	D		A	D	V	E	N	T

29

M	E	L	T	D	O	W	N		A	W	E	D
E		E		I		H		M		H		I
D	E	A	N	S		I	S	O	B	A	R	S
I		V		C		M		T		C		G
T	A	I	L	O	R	S		H	I	K	E	R
E		N		U		Y		E				A
R	E	G	A	R	D		T	R	O	P	I	C
R				T		A		T		R		E
A	P	A	C	E		D	R	O	P	O	F	F
N		B		O		V		N		D		U
E	P	I	C	U	R	E		G	R	U	E	L
A		D		S		R		U		C		L
N	O	E	S		A	B	S	E	N	T	L	Y

30

N	E	A	R	M	I	S	S		O	R	C	A
U		N		A		L				E		N
L	O	C	U	S		O	V	E	R	P	A	Y
L		H		C		P				E		W
		O		U		E	P	I	T	A	P	H
M	A	R	B	L	E	D		N		T		E
A				I				T				R
R		I		N		P	U	R	P	O	S	E
Z	A	M	B	E	Z	I		I		L		
I		P				C		N		D		P
P	R	E	P	L	A	N		S	M	A	L	L
A		N				I		I		G		U
N	O	D	E		I	C	E	C	R	E	A	M

31

T	H	R	E	E	S		W		O		B	
A		A			P	A	R	A	M	O	U	R
P	U	P			A		I		I		T	
E		P	E	A	N	U	T		S	P	A	N
R		E			K		E		S		N	
S	U	R	L	Y		C	R	U	I	S	E	R
			O		B		S		O			
T	R	A	C	T	O	R		G	N	A	W	S
	E		A		M		S			R		K
C	A	S	T		B	O	T	T	O	M		A
	S		I		A		U			F	A	T
H	O	L	O	G	R	A	M			U		E
	N		N		D		P	E	E	L	E	D

32

A	C	H	E		E	V	A	N	E	S	C	E
R		A		D		I		U		I		T
T	R	I	R	E	M	E		R	E	R	U	N
I		K		P				S		O		A
F	L	U	O	R	E	S	C	E	N	C	E	
I				E		O		R		C		U
C	A	B		C	A	N	N	Y		O	W	N
E		R		I		I		R				I
	N	O	N	A	L	C	O	H	O	L	I	C
C		W		T				Y		I		O
H	A	N	O	I		G	A	M	B	L	E	R
I		I		O		N		E		A		N
C	L	E	A	N	C	U	T		A	C	T	S

33

D	E	T	R	I	T	U	S		S	P	U	R
I		E		N		R				U		E
V	A	S	E	S		B	I	K	I	N	I	S
A		T		T		A				D		E
		E		A		N	O	I	S	I	E	R
C	A	D	E	N	C	E		N		T		V
O				C				T				E
L		N		E		G	R	E	A	S	E	D
D	R	E	S	S	E	R		R		T		
N		U				A		A		A		O
E	N	R	A	G	E	D		L	A	D	E	N
S		A				E		I		I		C
S	A	L	T		E	S	C	A	L	A	T	E

34

R	E	F	U	G	E		G	R	O	W	T	H
E		U		E		H		A		E		I
M	A	N	D	A	T	E		W		I		S
A		C		R		A	D	H	E	R	E	S
K	I	T	E	S		R		I				E
E		I				T		D	I	V	A	S
		O		F	A	B	L	E		O		
J	U	N	T	A		R				C		B
O				R		O		B	L	A	Z	E
T	O	K	A	M	A	K		R		L		A
T		I		E		E	L	I	X	I	R	S
E		N		R		N		S		S		T
R	A	D	I	S	H		S	K	A	T	E	S

35

S	I	N	E	W	S		S	H	A	D	E	S
H		O		E		F		E		E		P
I		U		L		A	U	D	I	T	O	R
N	E	S	T	L	E	S		G		H		A
E				O		C		E	A	R	L	Y
S	C	U	F	F		I				O		S
		N		F	E	N	D	S		N		
W		I				A		C	L	E	F	T
R	A	F	T	S		T		R				H
I		O		T		I	M	A	G	I	N	E
T	O	R	P	E	D	O		T		R		S
H		M		R		N		C		I		E
E	A	S	I	N	G		C	H	E	S	T	S

36

T	A	C	T	I	C		E		L		S	
E		O			A	P	P	O	I	N	T	S
D	U	B			R		I		G		A	
I		A	T	H	E	N	S		A	N	T	S
U		L			T		O		T		I	
M	E	T	E	S		A	D	J	U	N	C	T
			N		P		E		R			
M	E	R	C	U	R	Y		S	E	A	L	S
	E		R		O		S			Z		I
D	R	N	O		P	A	T	I	N	A		E
	I		A		H		A			L	O	G
A	L	L	C	L	E	A	R			E		E
	Y		H		T		S	T	E	A	K	S

37

C	H	I	L	D	R	E	N		T	H	O	R
R		R		I		X		P		A		I
Y	O	K	E	S		C	L	O	S	I	N	G
P		S		S		U		S		R		H
T	R	O	W	E	L	S		T	R	Y	S	T
O		M		R		E		G				E
G	R	E	E	T	S		G	R	O	T	T	O
R				A		B		A		E		U
A	D	A	P	T		U	N	D	R	E	S	S
P		I		I		N		U		N		N
H	A	M	M	O	C	K		A	D	A	G	E
E		E		N		E		T		G		S
R	E	D	S		F	R	E	E	Z	E	R	S

38

R	A	V	E		E	Y	E	S	I	G	H	T
U		I		O		E		T		R		O
S	T	R	I	V	E	S		R	E	E	D	S
S		U		E				A		E		S
I	N	S	T	R	U	C	T	I	O	N	S	
A				I		A		G		E		T
N	O	R		N	O	R	T	H		R	Y	E
S		A		D		A		T				E
	I	L	L	U	S	T	R	A	T	I	O	N
O		L		L				W		C		A
S	T	I	N	G		R	E	A	P	I	N	G
L		E		E		I		Y		N		E
O	B	S	I	D	I	A	N		A	G	A	R

39

I	O	T	A		A	G	L	I	T	T	E	R
N		R		D		O		N		H		O
C	O	U	L	O	M	B		C	A	R	O	L
O		S		U		L		O		I		L
R	O	T		B		E		N	O	V	A	E
R				L	U	T	E	S		E		R
U		T		E				O		D		C
P		H		D	R	O	L	L				O
T	W	I	C	E		B		A		B	A	A
I		E		A		T		B		R		S
B	E	V	E	L		A	I	L	M	E	N	T
L		E		E		I		E		V		E
E	N	S	H	R	I	N	E		J	E	E	R

40

K	E	P	T		P	R	O	D	U	C	E	D
N		O		P		H		I		A		U
A	L	L	E	R	G	Y		S	A	L	V	E
P		K		E		T		C		D		L
S	H	A	R	P	S	H	O	O	T	E	R	
A				O		M		U		R		U
C	O	S	I	N	E		O	R	D	A	I	N
K		Y		D		F		A				D
	I	N	T	E	L	L	I	G	E	N	C	E
O		O		R		A		I		E		R
M	A	N	I	A		G	E	N	E	R	A	L
I		Y		N		O		G		V		I
T	E	M	P	T	I	N	G		L	Y	R	E

41

	T		A		H		A	D	O	P	T	S
O	U	T	L	O	O	K	S			R		E
	T		T		L		K			A	W	E
G	O	B	I		L	E	E	W	A	Y		K
	R		T		A		W			E		E
I	S	S	U	I	N	G		C	I	D	E	R
			D		D		H		N			
A	D	D	E	D		R	E	S	T	A	T	E
K		E			A		P		E		R	
I		V	I	E	N	N	A		R	A	I	D
M	O	O			G		T		V		C	
B		T			S	R	I	L	A	N	K	A
O	C	E	L	O	T		C		L		Y	

42

H	I	D	E		D	I	S	S	E	C	T	S
A		R		D		N		H		H		E
R	E	A	D	E	R	S		A	F	I	R	E
D		W		L		E		R		M		P
C	A	L	L	I	G	R	A	P	H	E	R	
O				C		T		T		R		P
P	I	L	L	A	R		T	O	M	A	T	O
Y		I		T		F		N				L
	I	N	T	E	L	L	I	G	I	B	L	Y
O		K		S		O		U		L		G
H	A	I	L	S		O	V	E	R	A	L	L
I		N		E		D		D		M		O
O	R	G	A	N	I	S	M		V	E	N	T

43

	C	O	N	N	O	T	A	T	I	O	N	
E		D		E		O		E		U		D
D	A	D		W	O	R	M	S		T		I
U		L		L		P		T	O	G	A	S
C	O	Y	L	Y		O		I		R		T
A					G	R	A	N	D	E	U	R
T		N		B				G		W		E
I	S	O	L	A	T	E	D					S
O		V		B		M		J	A	M	B	S
N	E	E	D	Y		B		U		A		I
A		L		S	A	L	A	D		Y	E	N
L		L		I		E		G		B		G
	B	A	D	T	E	M	P	E	R	E	D	

44

I	N	D	U	L	G	E	D		B	E	D	S
R		R		O		N				N		T
O	P	E	R	A		T	E	Q	U	I	L	A
N		A		T		E				G		N
		R		H		R	E	N	A	M	E	D
U	L	Y	S	S	E	S		I		A		A
N				O				G				R
T		A		M		A	S	H	A	M	E	D
I	L	L	N	E	S	S		T		I		
M		P				P		C		K		W
E	V	A	S	I	V	E		L	E	A	S	H
L		C				C		U		D		E
Y	U	A	N		S	T	U	B	B	O	R	N

45

	I		C		L		S	E	E	S	A	W
A	D	H	E	S	I	O	N			P		A
	E		L		G		A			I	C	Y
W	A	N	E		H	I	G	H	E	R		L
	L		R		T		S			E		A
O	S	S	I	C	L	E		A	S	S	A	Y
			A		Y		V		E			
S	N	I	C	K		P	A	N	A	C	H	E
W		M			P		L		W		O	
A		P	A	P	A	Y	A		A	X	L	E
Y	O	U			P		N		T		L	
E		G			E	X	C	E	E	D	E	D
D	I	N	N	E	R		E		R		R	

46

M	I	L	D		S	U	P	E	R	M	A	N
E		A		P		N		X		O		O
A	I	R	S	H	I	P		T	A	S	K	S
S		V		O		A		R		E		Y
U	N	A	T	T	A	I	N	A	B	L	E	
R				O		D		V		L		D
E	U	L	O	G	Y		M	A	K	E	D	O
S		A		R		S		G				G
	B	R	E	A	T	H	T	A	K	I	N	G
A		C		P		A		N		D		E
T	E	E	T	H		P	U	Z	Z	L	E	D
O		N		E		E		A		E		L
M	A	Y	O	R	E	S	S		E	D	D	Y

47

B	I	G	A	P	P	L	E		L	O	A	M
O		A		R		O		M		P		E
B	O	W	I	E		G		Y	I	E	L	D
S		K		D		J		T		N		I
			D	E	T	A	C	H	M	E	N	T
B		V		T		M		O		Y		A
O	L	I	V	E	S		A	L	B	E	I	T
A		S		R		K		O		D		E
S	E	I	S	M	O	L	O	G	Y			
T		T		I		A		I		Y		B
F	R	O	W	N		X		C	R	A	Z	E
U		R		E		O		A		W		E
L	O	S	E		I	N	K	L	I	N	G	S

48

P	O	D	S		S	T	R	U	G	G	L	E
L		E		H		O		N		R		A
U	N	C	L	A	S	P		A	W	A	I	T
M		O		P				C		N		S
P	E	R	S	P	I	C	A	C	I	T	Y	
I				Y		L		E		E		H
N	E	E		G	R	O	U	P		E	T	A
G		T		O		T		T				R
	W	H	O	L	E	H	E	A	R	T	E	D
F		A		U				B		R		S
I	O	N	I	C		S	E	L	F	I	S	H
R		O		K		E		E		C		I
M	I	L	K	Y	W	A	Y		S	K	I	P

49

O	C	U	L	A	R			C		A	N	Y
	U			P		T	O	L	L	S		E
S	L	E	E	P	E	R		E		K		L
	T			L		E		F	R	A	I	L
F	U	N	N	Y	M	A	N			N		O
	R			I		D		E		C		W
L	E	G	E	N	D		E	X	P	E	L	S
E		R		G		F		A			E	
M		A			F	A	R	C	I	C	A	L
M	O	V	E	S		R		T			R	
I		E		A		A	R	I	Z	O	N	A
N		L	I	V	I	D		N			E	
G	U	Y		E			U	G	A	N	D	A

50

	C	O	M	P	A	R	T	M	E	N	T	
S		U		E		E		E		O		A
U		T		N	O	T	E	D		O	L	D
B	I	D	E	S		I		I		K		I
S		O		I		N		A	R	S	O	N
T	E	E	T	O	T	A	L					F
I		S		N				C		A		I
T					R	O	T	A	T	I	O	N
U	N	F	I	T		D		N		R		I
T		U		A		D		A	D	M	I	T
E	N	D		K	E	E	P	S		A		U
D		G		E		S		T		I		M
	R	E	G	R	E	T	T	A	B	L	E	

51

	D	E	S	P	O	N	D	E	N	C	Y	
F		B		I		U		N		O		F
O	R	B		T	E	M	P	T		N		U
R		E		H		B		W	A	D	E	R
G	I	D	D	Y		E		I		U		T
E					B	R	A	N	D	I	S	H
T		E		B				E		T		E
M	E	M	O	R	I	A	L					R
E		B		I		T		B	E	D	I	M
N	E	A	R	S		H		E		E		O
O		R		K	N	E	E	S		B	A	R
T		G		E		N		E		T		E
	P	O	R	T	R	A	I	T	I	S	T	

52

P	I	C	K	L	E		S	P	O	K	E	N
O		O		I		I		U		I		I
P	U	M	P	K	I	N		B		W		C
L		E		E		V	U	L	P	I	N	E
A	I	D	E	D		O		I				L
R		O				L		S	A	U	C	Y
		W		C	O	U	C	H		P		
P	U	N	C	H		N				M		V
A				E		T		A	B	A	S	E
N	I	R	V	A	N	A		B		R		R
A		A		P		R	E	B	U	K	E	S
M		N		E		Y		O		E		U
A	S	K	I	N	G		S	T	A	T	E	S

53

	C	R	Y	P	T	I	C	A	L	L	Y	
C		U		U		M		B		A		E
H	E	N		S	O	P	P	Y		N		M
A		G		H		E		S	E	G	U	E
R	I	S	K	Y		L		M		U		R
I					E	S	C	A	P	I	N	G
S		W		A				L		D		E
M	E	A	N	T	I	M	E					N
A		V		T		I		C	U	B	I	C
T	H	E	R	E		N		O		R		I
I		R		S	I	N	E	W		O	N	E
C		E		T		O		E		T		S
	T	R	U	S	T	W	O	R	T	H	Y	

54

P	A	C	T		S	W	E	E	P	E	R	S
R		O		U		A		M		X		E
O	R	D	I	N	A	L		P	H	I	A	L
P		E		A		K		H		S		F
O	A	S	I	S		E	L	A	S	T	I	C
R				S		R		T		E		O
T	O	N	G	U	E		H	I	D	D	E	N
I		A		M		N		C				T
O	R	I	F	I	C	E		A	O	R	T	A
N		R		N		L		L		E		I
A	M	O	N	G		S	I	L	I	C	O	N
T		B		L		O		Y		A		E
E	D	I	F	Y	I	N	G		A	P	E	D

55

B	A	T	H		C	O	N	C	E	R	T	I
O		A		A		P		O		O		N
U	P	T	I	G	H	T		M	I	M	I	C
N		T		R		I		P		A		R
T	H	Y		I		O		L	U	N	G	E
I				C	A	N	O	E		I		D
F		B		U				T		A		U
U		A		L	A	P	S	E				L
L	I	G	H	T		O		N		A	D	O
N		H		U		L		E		T		U
E	I	D	E	R		L	E	S	S	O	N	S
S		A		A		E		S		L		L
S	I	D	E	L	I	N	E		P	L	A	Y

56

S	U	M	S		D	R	A	M	A	T	I	C
O		O		B		U		U		A		O
U	T	T	E	R	E	D		L	U	M	E	N
L		T		O		E		T		A		S
S	H	O	O	T		S	T	I	R	R	U	P
E				H		T		P		I		I
A	N	S	W	E	R		C	L	I	N	I	C
R		C		R		N		I				U
C	H	O	R	I	Z	O		C	A	R	G	O
H		R		N		R		I		E		U
I	M	P	E	L		M	O	T	H	E	R	S
N		I		A		A		Y		V		L
G	O	O	D	W	I	L	L		V	E	R	Y

57

C	O	M	E	T	S		F		S		O	
O		U			P	R	E	T	T	I	F	Y
W	E	T			R		R		R		F	
E		T	H	W	A	R	T		A	R	I	D
R		E			Y		I		D		C	
S	T	R	O	P		P	L	E	D	G	E	S
			K		D		E		L			
A	T	E	L	I	E	R		K	E	T	C	H
	R		A		N		S			H		A
G	A	S	H		S	E	N	O	R	A		S
	I		O		I		A			T	O	T
A	N	I	M	A	T	O	R			C		E
	S		A		Y		L	I	C	H	E	N

58

C	U	B	A		B	E	S	O	T	T	E	D
O		R		I		E		B		E		E
C	H	A	N	N	E	L		L	A	M	P	S
K		V		V				I		P		K
C	L	O	S	E	M	O	U	T	H	E	D	
R				R		R		E		R		W
O	F	F		T	I	G	E	R		A	S	H
W		O		E		A		A				I
	C	O	M	B	I	N	A	T	I	O	N	S
A		T		R				I		C		T
C	H	I	N	A		S	T	O	I	C	A	L
E		N		T		E		N		U		E
S	E	G	M	E	N	T	S		O	R	B	S

59

D	U	S	K		S	T	A	C	C	A	T	O
O		I		D		H		O		L		U
W	A	R	R	I	O	R		N	I	C	E	R
N		E		S		O		S		O		S
B	A	N	T	A	M	W	E	I	G	H	T	
E				P		S		D		O		S
A	C	C	E	P	T		W	E	A	L	T	H
T		O		O		E		R				O
	F	L	Y	I	N	G	S	A	U	C	E	R
S		L		N		R		B		A		T
E	V	I	C	T		E	C	L	I	P	S	E
L		D		E		S		E		E		S
F	I	E	N	D	I	S	H		F	R	E	T

60

T	R	A	N	S	E	C	T		S	H	O	O
I		M		I		L		A		A		V
D	E	I	S	M		E		V	E	R	G	E
Y		D		I		A		A		V		R
			C	L	E	V	E	R	N	E	S	S
C		S		A		E		I		S		E
U	N	C	O	R	K		S	C	A	T	H	E
C		H		I		B		I		S		R
U	N	O	R	T	H	O	D	O	X			
M		O		I		O		U		M		L
B	E	L	L	E		B		S	W	O	R	E
E		E		S		O		L		N		A
R	O	D	S		B	O	D	Y	W	O	R	K

61

	O	B	S	T	R	U	C	T	I	V	E	
E		E		A		P		E		A		I
M	A	R		L	A	T	E	X		L		N
B		Y		L		U		T	A	I	L	S
A	L	L	E	Y		R		I		A		T
R					O	N	E	L	I	N	E	R
R		P		B				E		T		U
A	I	R	B	R	U	S	H					M
S		O		U		E		F	O	R	C	E
S	A	V	E	S		X		A		O		N
E		E		Q	A	T	A	R		P	A	T
D		R		U		E		C		E		S
	A	B	S	E	N	T	E	E	I	S	M	

62

G	R	E	E	D	Y		A	S	T	R	A	L
I		A		E		A		T		E		O
N		R		V		G	E	R	M	A	N	S
G	I	N	S	E	N	G		A		B		E
E				L		R		P	O	S	E	R
R	O	M	E	O		A				O		S
		E		P	A	V	E	D		R		
P		N				A		E	M	B	E	R
U	N	I	T	S		T		A				E
D		S		K		I	N	D	O	O	R	S
D	I	C	T	I	O	N		E		O		T
L		U		L		G		N		Z		E
E	A	S	E	L	S		A	S	C	E	N	D

63

	R		S		R		G	A	F	F	E	S
R	E	V	I	S	I	O	N			A		U
	F		S		S		A			T	U	B
A	U	N	T		I	N	T	E	N	T		M
	T		E		B		S			E		I
W	E	I	R	D	L	Y		B	U	R	N	T
			L		E		B		B			
S	T	A	Y	S		T	A	R	I	F	F	S
L		T			B		D		Q		L	
I		O	F	F	E	N	D		U	P	O	N
D	I	N			L		E		I		U	
E		E			L	O	B	S	T	E	R	S
S	A	S	H	A	Y		T		Y		Y	

64

S	N	A	P		S	T	A	M	P	E	D	E
O		R		I		U		I		M		F
P	H	O	E	N	I	X		S	H	E	L	F
H		M		C		E		R		R		E
I	D	A	H	O		D	R	E	D	G	E	R
S				N		O		P		E		V
T	H	R	I	V	E		G	R	U	D	G	E
I		E		E		S		E				S
C	O	C	O	N	U	T		S	T	O	I	C
A		I		I		U		E		O		E
T	I	T	H	E		D	E	N	I	Z	E	N
E		A		N		I		T		E		C
D	I	L	A	T	I	O	N		E	D	G	E

65

R	E	L	O	C	A	T	E		C	L	A	P
A		O		O		A		M		A		A
C	H	A	R	M		B	L	A	B	B	E	R
K		D		P				T		E		A
	K	I	L	L	E	R	W	H	A	L	E	S
S		N		A		E		E				I
P	U	G		C	L	A	I	M		P	I	T
O				E		C		A		A		E
R	E	C	O	N	S	T	I	T	U	T	E	
A		H		T				I		R		M
D	O	U	B	L	E	D		C	H	I	V	E
I		R		Y		O		A		O		M
C	A	N	T		S	T	I	L	E	T	T	O

66

	R	E	S	E	M	B	L	A	N	C	E	
D		N		X		L		R		R		P
E		S		T	Y	I	N	G		E	L	L
L	I	N	E	R		G		U		P		A
I		A		A		H		E	V	E	R	Y
V	E	R	A	C	I	T	Y					I
E		E		T				K		T		N
R					I	N	V	I	T	I	N	G
A	G	L	O	W		O		C		T		C
N		A		A		O		K	O	A	L	A
C	U	R		V	I	D	E	O		N		R
E		G		E		L		F		I		D
	W	O	R	D	P	E	R	F	E	C	T	

67

P	A	S	T	R	I	E	S		G	R	A	M
R		U		O		U		U		U		E
A	L	B	U	M		R	I	N	G	L	E	T
C		V		A		O		B		E		A
T	I	E	I	N		P		E		D	I	M
I		R		T	R	A	W	L				O
C		T		I				I		S		R
A				C	L	O	S	E		T		P
L	A	B		A		R		V	O	U	C	H
J		R		L		I		A		C		O
O	V	E	R	L	I	E		B	A	K	E	S
K		A		Y		N		L		U		I
E	M	M	Y		A	T	T	E	M	P	T	S

68

D	R	E	A	D	S		P		T		O	
E		N			A	Q	U	A	R	I	U	S
F	A	D			V		E		I		T	
I		U	P	R	E	A	R		C	U	S	P
E		R			D		I		Y		E	
D	I	E	T	S		E	L	I	C	I	T	S
			O		U		E		L			
C	A	R	R	O	T	S		S	E	W	E	D
	B		T		I		T			A		E
T	O	F	U		L	A	R	G	E	R		E
	U		O		I		A			M	A	P
I	N	D	U	S	T	R	Y			E		L
	D		S		Y		S	U	N	D	R	Y

69

H	A	C	K		S	T	R	E	N	G	T	H
I		A		M		E		S		A		A
D	E	S	P	A	I	R		T	A	L	E	S
E		E		T		R		R		I		H
A	D	D	I	T	I	O	N	A	L	L	Y	
W				E		R		N		E		A
A	B	S	O	R	B		I	G	L	O	O	S
Y		H		O		C		E				C
	N	O	N	F	L	A	M	M	A	B	L	E
S		W		F		N		E		O		N
C	O	M	M	A		I	G	N	I	T	E	D
A		A		C		N		T		C		E
N	I	N	E	T	E	E	N		T	H	U	D

70

	O	B	S	T	R	U	C	T	I	O	N	
D		A		A		N		A		C		C
I	R	K		S	M	E	A	R		T		O
S		E		T		V		G	R	O	A	N
G	O	D	L	Y		E		E		P		S
R					I	N	S	T	R	U	C	T
A		E		H				S		S		R
C	A	S	T	A	W	A	Y					U
E		P		I		U		C	I	V	I	C
F	L	O	U	R		P		A		I		T
U		U		C	H	A	S	M		A	R	E
L		S		U		I		E		L		D
	F	E	A	T	U	R	E	L	E	S	S	

71

E	L	A	N		B	I	C	U	S	P	I	D
S		L		D		N		N		E		I
C	O	O	L	I	N	G		D	A	R	E	S
A		N		S		O		E		T		H
P	R	E	P	O	S	T	E	R	O	U	S	
A				B		S		S		R		R
D	A	S	H	E	D		S	T	A	B	L	E
E		H		D		W		A				C
	D	E	L	I	G	H	T	F	U	L	L	Y
B		L		E		I		F		E		C
R	I	V	E	N		T	H	E	R	M	A	L
E		E		C		E		D		M		E
W	E	S	T	E	R	N	S		D	A	Y	S

72

P	I	C	A		E	L	L	I	P	S	I	S
E		R		S		I		M		T		H
R	O	E	B	U	C	K		P	H	O	T	O
I		E		B		I		E		M		R
O	A	K		T		N		R	O	A	S	T
D				E	D	G	E	S		C		T
I		S		R				O		H		E
C		O		R	O	B	I	N				M
T	I	B	I	A		R		A		R	I	P
A		B		N		O		T		I		E
B	R	I	B	E		W	H	O	E	V	E	R
L		N		A		S		R		A		E
E	N	G	I	N	E	E	R		C	L	A	D

73

S	O	L	O		W	R	E	C	K	A	G	E
U		Y		C		O		O		P		V
C	O	R	R	U	P	T		N	U	R	S	E
C		I		R		T		C		I		N
I	N	C	O	M	P	E	T	E	N	C	E	
N				U		N		N		O		O
C	I	C	A	D	A		S	T	A	T	O	R
T		H		G		S		R				D
	D	E	C	E	L	E	R	A	T	I	O	N
A		R		O		A		T		M		A
R	A	V	E	N		S	T	E	E	P	E	N
E		I		L		O		D		L		C
A	L	L	A	Y	I	N	G		T	Y	P	E

74

Q	U	A	Y		E	C	S	T	A	T	I	C
U		W		L		A		R		A		R
I	T	A	L	I	C	S		A	U	D	I	O
C		R		F		I		N		P		S
K	I	D		E		N		S	P	O	T	S
T				S	T	O	R	M		L		C
E		D		E				I		E		U
M		E		N	A	I	L	S				L
P	I	P	I	T		C		S		S	I	T
E		E		E		A		I		M		U
R	U	N	I	N		R	O	O	M	I	E	R
E		D		C		U		N		T		A
D	I	S	P	E	R	S	E		R	E	E	L

75

	M		B		S		B	E	H	E	S	T
C	O	W	O	R	K	E	R			U		O
	R		T		A		O			R	A	P
W	A	S	H		T	A	N	G	L	E		P
	L		E		I		X			K		L
J	E	E	R	I	N	G		A	B	A	T	E
			E		G		C		A			
H	O	L	D	S		E	L	U	S	I	V	E
E		A			A		O		E		E	
R		N	I	M	B	U	S		L	O	R	D
O	R	C			E		E		E		B	
I		E			T	H	U	R	S	D	A	Y
C	A	T	E	R	S		P		S		L	

76

R	W	A	N	D	A		A		A		U	
O		D			V	A	G	A	B	O	N	D
V	I	M			I		I		U		L	
I		I	M	P	A	R	T		T	A	I	L
N		T			N		A		M		K	
G	A	S	E	S		S	T	E	E	P	E	D
			N		C		E		N			
O	U	T	D	O	O	R		S	T	O	V	E
	N		A		N		L			U		V
M	I	E	N		C	L	A	R	E	T		A
	Q		G		E		Y			W	E	D
J	U	V	E	N	I	L	E			I		E
	E		R		T		R	O	U	T	E	S

77

	P	E	R	A	M	B	U	L	A	T	E	
I		M		N		R		A		A		I
N		B		S	P	U	R	N		M	E	N
T	H	R	O	W		T		C		E		G
R		O		E		E		E	L	D	E	R
A	P	I	A	R	I	S	T					E
C		L		S				D		M		D
T					B	E	R	I	B	E	R	I
A	L	T	A	R		X		S		A		E
B		I		E		H		B	A	S	I	N
L	A	G		F	L	O	R	A		U		T
E		H		E		R		N		R		S
	S	T	A	R	S	T	U	D	D	E	D	

78

E	A	C	H		P	R	O	B	A	B	L	Y
Y		R		A		U		E		R		O
E	X	E	M	P	T	S		S	W	I	L	L
P		E		P		S		P		O		K
I	M	P	E	R	T	I	N	E	N	C	E	
E				O		A		C		H		A
C	A	V	I	A	R		S	T	R	E	E	T
E		I		C		S		A				T
	A	R	C	H	I	T	E	C	T	U	R	E
A		T		A		E		L		N		N
S	Q	U	I	B		P	I	E	R	C	E	D
I		E		L		P		D		L		E
A	N	S	W	E	R	E	D		L	E	A	D

79

	F	L	A	B	B	E	R	G	A	S	T	
A		U		U		A		U		I		F
P	E	R		S	P	R	E	E		R		A
P		E		E		N		S	O	L	A	R
R	O	S	E	S		E		S		O		R
O					A	D	H	E	S	I	V	E
X		C		H				S		N		A
I	N	A	H	U	R	R	Y					C
M		R		M		E		W	I	D	T	H
A	W	A	R	E		B		E		O		I
T		M		R	E	U	S	E		W	O	N
E		E		U		F		D		S		G
	C	L	O	S	E	F	I	S	T	E	D	

80

C	A	T	N	A	P		E		T		S	
O		O			I	N	F	O	R	M	A	L
W	A	R			E		F		O		D	
A		Q	U	A	R	T	O		P	A	D	S
R		U			S		R		I		L	
D	R	E	S	S		S	T	O	C	K	E	D
			C		C		S		A			
S	T	A	R	C	H	Y		F	L	I	P	S
	E		A		A		B			N		T
D	E	E	M		F	A	R	O	F	F		Y
	M		B		I		U			A	R	M
F	E	E	L	I	N	G	S			N		I
	D		E		G		H	U	S	T	L	E

81

T	O	M	A	T	O	E	S		N	U	M	B
A		A		H		R				N		L
M	I	N	O	R		E	N	T	I	T	L	E
E		T		I		C				R		S
		R		L		T	I	S	S	U	E	S
B	E	A	T	L	E	S		P		E		I
O				I				A				N
B		B		N		S	A	G	G	I	N	G
W	R	O	U	G	H	T		H		N		
H		L				A		E		C		K
I	N	E	P	T	L	Y		T	R	O	P	E
T		R				E		T		M		G
E	R	O	S		E	D	G	I	N	E	S	S

82

N	I	C	E	S	T		E	S	T	A	T	E
Y		O		U		M		T		L		D
M		W		C		A	V	A	I	L	E	D
P	O	L	E	C	A	T		F		E		I
H				U		R		F	A	L	S	E
S	T	R	U	M		I				U		S
		A		B	U	M	P	S		I		
S		V				O		C	R	A	W	L
H	E	E	D	S		N		R				E
A		N		T		I	C	E	L	A	N	D
P	R	O	R	A	T	A		E		I		G
E		U		G		L		D		D		E
D	U	S	T	E	D		A	S	S	E	T	S

83

P	A	C	E		A	D	V	O	C	A	T	E
L		U		D		I		U		R		A
A	C	T	R	E	S	S		T	E	R	M	S
C		U		T		T		S		I		E
A	P	P	R	E	C	I	A	T	I	V	E	
R				R		L		R		E		P
D	E	C	A	M	P		T	E	A	S	E	R
S		L		I		S		T				E
	C	O	U	N	T	E	R	C	L	A	I	M
S		B		A		A		H		W		O
K	E	B	A	B		N	E	E	D	F	U	L
I		E		L		C		D		U		A
D	A	R	K	E	N	E	D		S	L	U	R

84

S	T	R	O	K	E		A	M	A	Z	E	D
Q		E		E		T		E		E		E
U		A		R		R	E	L	A	P	S	E
A	M	M	O	N	I	A		T		P		P
L				E		C		S	U	E	D	E
L	E	V	E	L		K				L		N
		E		S	C	R	E	W		I		
S		S				E		A	U	N	T	S
C	O	U	T	H		C		R				E
Y		V		O		O	F	F	L	O	A	D
T	W	I	S	T	E	R		A		N		G
H		U		E		D		R		Y		E
E	A	S	I	L	Y		X	E	R	X	E	S

85

C	A	L	L		P	E	N	U	M	B	R	A
H		I		M		C		S		E		L
I	N	K	W	E	L	L		E	A	S	E	S
L		E		T		A		R		E		O
D	I	S	S	A	T	I	S	F	I	E	D	
I				P		R		R		C		W
S	E	E	T	H	E		E	I	G	H	T	H
H		X		Y		A		E				I
	P	A	R	S	I	M	O	N	I	O	U	S
D		C		I		U		D		V		K
O	P	T	I	C		S	A	L	V	A	G	E
O		L		A		E		Y		T		R
R	O	Y	A	L	I	S	T		L	E	T	S

86

C	U	B	E		I	D	E	A	L	I	S	M
O		O		G		A		R		N		I
N	E	W	B	O	R	N		O	R	C	A	S
S		E		O		I		M		E		C
T	I	R	E	D		S	T	A	U	N	C	H
R				T		H		T		S		I
U	N	D	O	E	S		C	H	E	E	S	E
C		I		M		A		E				V
T	R	U	M	P	E	T		R	E	T	R	O
I		R		E		T		A		E		U
O	W	N	E	R		E	X	P	E	R	T	S
N		A		E		S		Y		S		L
S	O	L	I	D	I	T	Y		L	E	V	Y

87

B	R	I	G	H	T		P	A	T	R	O	L
E		D		O		E		C		O		A
M	A	I	L	B	O	X		R		T		R
U		O		B		P	R	O	G	E	N	Y
S	U	L	L	Y		E		B				N
E		E				R		A	F	F	I	X
		C		W	R	I	S	T		R		
P	I	T	C	H		E				O		L
U				E		N		K	E	N	D	O
F	A	N	A	T	I	C		N		T		G
F		O		H		E	V	O	K	I	N	G
E		U		E		S		T		E		E
D	I	N	E	R	S		U	S	U	R	E	R

88

	A	L	L	P	O	W	E	R	F	U	L	
S		O		U		A		E		N		A
W	A	S		R	A	N	K	S		T		R
I		E		R		T		T	H	R	U	M
T	U	R	F	S		E		F		U		E
Z					A	D	J	U	S	T	E	D
E		S		F				L		H		F
R	E	C	K	L	E	S	S					O
L		O		O		O		T	A	P	E	R
A	L	O	F	T		C		O		U		C
N		T		S	T	I	C	K		F	E	E
D		E		A		A		E		F		S
	C	R	U	M	B	L	I	N	E	S	S	

89

D	E	N	T	A	L		S	T	A	V	E	S
E		E		N		O		R		I		P
P		A		O		C	R	U	M	B	L	Y
E	R	R	A	T	I	C		M		R		I
N				H		U		P	R	A	W	N
D	R	O	N	E		P				T		G
		U		R	E	A	D	S		E		
P		T				T		W	I	S	E	R
L	A	C	E	S		I		E				A
A		R		I		O	B	E	L	I	S	K
C	H	I	F	F	O	N		T		N		I
E		E		T		S		L		T		N
R	E	S	I	S	T		C	Y	B	O	R	G

90

	E		D		K		F	U	N	D	E	D
E	F	F	U	S	I	V	E			O		O
	F		N		N		L			L	O	W
B	A	N	G		G	O	O	G	O	L		S
	C		E		P		N			O		E
A	E	R	O	B	I	C		V	I	P	E	R
			N		N		B		N			
C	L	A	S	S		D	U	T	I	F	U	L
O		L			J		R		T		N	
B		L	A	D	I	N	G		I	N	K	S
W	H	O			F		L		A		I	
E		U			F	L	A	T	T	E	N	S
B	E	T	R	A	Y		R		E		D	

91

R	A	P	I	D	S		H	U	B	B	U	B
E		I		O		I		S		I		U
V	A	T	I	C	A	N		U		K		R
E		C		K		T	E	A	S	E	R	S
A	C	H	E	S		E		L				A
L		E				N		L	I	V	E	R
		R		P	E	T	T	Y		I		
V	I	S	T	A		I				S		G
I				T		O		V	O	C	A	L
D	U	D	G	E	O	N		I		O		I
E		A		L		A	C	C	R	U	E	D
O		R		L		L		A		N		E
S	A	N	D	A	L		C	R	A	T	E	R

92

E	N	D	S		R	E	D	H	E	A	D	S
X		A		S		L		E		I		O
P	O	N	T	I	F	F		A	C	R	I	D
O		C		N				D		L		A
S	L	E	D	G	E	H	A	M	M	E	R	
I				L		E		I		S		E
N	I	L		E	X	A	M	S		S	I	N
G		O		M		R		T				T
	S	C	R	I	P	T	W	R	I	T	E	R
S		U		N				E		H		A
E	A	S	E	D		R	U	S	S	I	A	N
E		T		E		E		S		R		C
N	O	S	E	D	I	V	E		I	D	L	E

93

C	H	U	B		S	T	A	R	T	L	E	D
O		N		E		I		E		O		I
L	A	C	O	N	I	C		A	L	O	O	F
L		U		T		K		P		K		F
A	F	T	E	R		E	X	P	L	O	R	E
B				E		R		E		U		R
O	C	C	U	P	Y		M	A	N	T	L	E
R		U		R		U		R				N
A	R	T	L	E	S	S		A	D	E	P	T
T		L		N		E		N		A		I
I	M	A	G	E		F	U	C	H	S	I	A
O		S		U		U		E		E		T
N	O	S	T	R	I	L	S		G	L	U	E

94

B	I	S	H	O	P		A		O		A	
U		E			L	A	Z	I	N	E	S	S
F	O	R			A		I		E		P	
F		M	E	D	I	U	M		O	V	I	D
E		O			T		U		N		R	
T	A	N	K	S		S	T	R	O	K	E	D
			I		U		H		N			
O	C	U	L	I	S	T		L	E	F	T	S
	H		O		H		J			U		H
M	E	O	W		E	V	O	K	E	S		O
	E		A		R		I			S	E	W
B	R	O	T	H	E	R	S			E		E
	Y		T		D		T	E	N	D	E	R

95

	I		V		O		E	L	D	E	R	S
I	N	T	E	N	D	E	D			N		W
	D		N		Y		I			T	E	E
J	U	D	O		S	E	T	T	E	R		R
	C		M		S		S			A		V
S	T	R	O	K	E	S		M	A	P	L	E
			U		Y		I		S			
P	U	L	S	E		A	M	U	S	I	N	G
R		A			D		M		E		U	
E		S	C	A	R	C	E		M	O	R	E
L	O	T			E		N		B		S	
I		L			A	B	S	O	L	V	E	S
M	A	Y	H	E	M		E		E		S	

96

C	A	B	S		R	U	M	B	L	I	N	G
O		U		C		N		E		M		O
N	A	R	R	O	W	S		W	H	I	R	L
V		S		M		E		I		T		D
A	N	T		M		E		L	E	A	S	E
L				O	W	N	E	D		T		N
E		F		N				E		E		J
S		O		W	I	P	E	R				U
C	U	R	V	E		R		M		F	O	B
E		E		A		I		E		U		I
N	O	V	E	L		S	E	N	E	G	A	L
C		E		T		O		T		U		E
E	A	R	T	H	I	N	G		H	E	R	E

97

	S	Y	N	D	I	C	A	T	I	O	N	
A		E		I		A		E		T		O
G	E	M		Z	O	N	E	S		T		U
O		E		Z		A		T	R	O	U	T
R	A	N	G	Y		D		I		M		S
A					H	A	L	F	M	A	S	T
P		I		T				Y		N		A
H	O	N	E	Y	B	E	E					N
O		H		P		A		P	I	L	E	D
B	R	U	T	E		T		L		O		I
I		M		S	P	I	R	E		W	I	N
A		A		E		N		A		E		G
	I	N	S	T	I	G	A	T	O	R	S	

98

R	E	S	T		E	S	T	E	E	M	E	D
A		I		S		L		M		A		I
M	I	D	W	I	F	E		B	A	R	G	E
P		L		G		E		A		I		T
A	W	E	I	N	S	P	I	R	I	N	G	
R				I		Y		R		A		O
T	I	P	O	F	F		R	A	I	S	I	N
S		O		I		B		S				E
	G	R	A	C	I	O	U	S	N	E	S	S
P		T		A		D		I		E		I
A	P	I	A	N		K	I	N	D	R	E	D
I		C		C		I		G		I		E
L	O	O	S	E	E	N	D		S	E	E	D

99

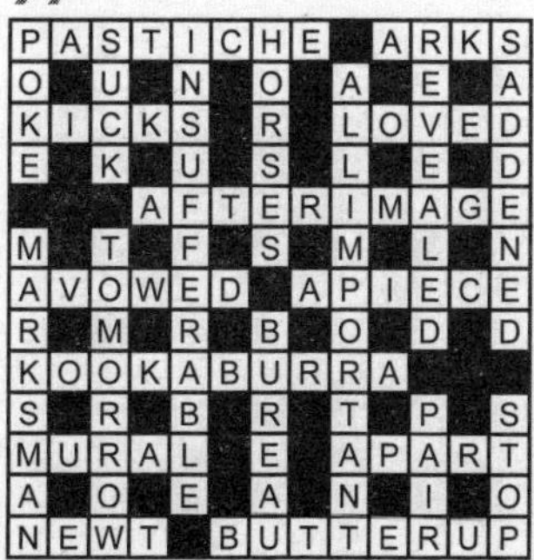

100

101

102

S	E	W	A	G	E		P	O	T	T	E	D
E		A		I		S		B		I		A
C	O	V	E	R	U	P		V		M		R
U		E		L		E	V	I	D	E	N	T
R	O	L	E	S		C		A				E
E		E				T		T	I	M	I	D
		T		S	C	A	P	E		A		
B	O	S	S	Y		C				T		H
A				N		U		S	P	I	N	E
C	U	R	T	A	I	L		M		N		R
K		E		P		A	N	I	S	E	E	D
E		I		S		R		T		E		E
R	A	N	T	E	D		C	H	A	S	E	D

103

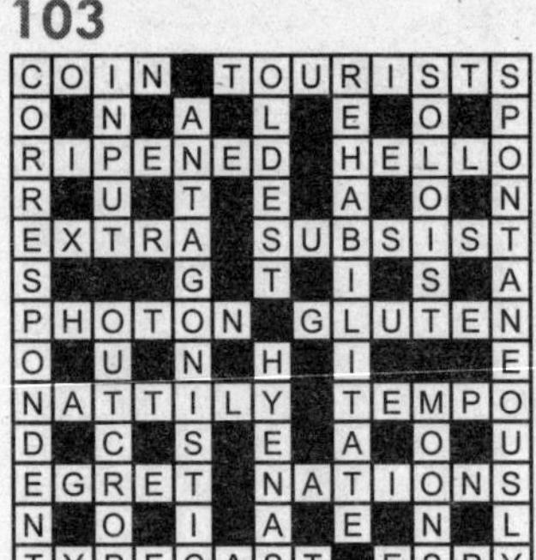

C	O	I	N		T	O	U	R	I	S	T	S
O		N		A		L		E		O		P
R	I	P	E	N	E	D		H	E	L	L	O
R		U		T		E		A		O		N
E	X	T	R	A		S	U	B	S	I	S	T
S				G		T		I		S		A
P	H	O	T	O	N		G	L	U	T	E	N
O		U		N		H		I				E
N	A	T	T	I	L	Y		T	E	M	P	O
D		C		S		E		A		O		U
E	G	R	E	T		N	A	T	I	O	N	S
N		O		I		A		E		N		L
T	Y	P	E	C	A	S	T		E	S	P	Y

104

I	T	S	E	L	F		S		A		D	
N		I			O	C	C	A	S	I	O	N
L	E	T			R		H		T		M	
A		C	U	C	K	O	O		E	R	A	S
N		O			S		L		R		I	
D	O	M	E	S		C	A	T	I	O	N	S
			A		W		R		S			
G	L	A	S	S	E	S		S	K	I	R	T
	O		T		A		S			N		U
A	V	O	W		K	U	N	G	F	U		R
	E		A		E		O			R	U	B
A	L	F	R	E	S	C	O			E		O
	Y		D		T		P	R	E	S	E	T

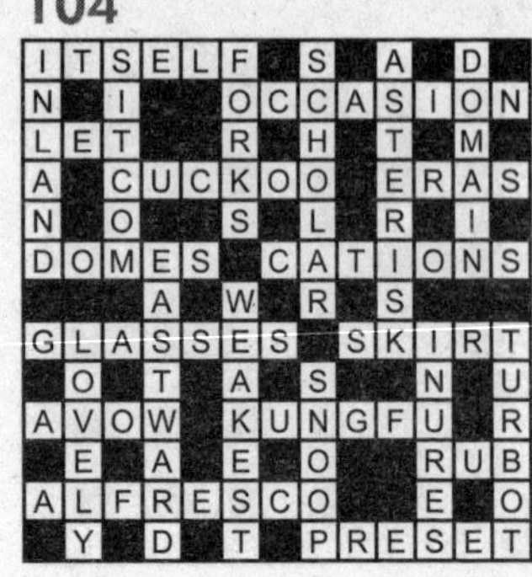

105

U	P	L	I	F	T		A	B	O	D	E	S
N		I		R		R		E		U		E
E	M	B	R	A	C	E		L		E		C
A		R		U		D	R	I	F	T	E	R
S	T	E	E	D		H		E				E
Y		T				E		F	A	U	L	T
		T		H	U	R	T	S		N		
C	L	O	N	E		R				D		L
O				A		I		W	H	E	R	E
V	E	T	E	R	A	N		H		R		A
E		E		S		G	U	A	R	D	E	D
R		L		A		S		L		O		E
S	P	L	A	Y	S		V	E	R	G	E	R

106

L	A	S	H		H	I	G	H	B	R	O	W
Y		A		E		R		A		E		I
R	O	M	A	N	C	E		I	D	L	E	S
I		B		C				R		E		H
C	R	A	S	H	L	A	N	D	I	N	G	
I				A		G		R		T		I
S	I	C		N	O	R	S	E		S	U	N
T		R		T		E		S				V
	B	U	S	I	N	E	S	S	L	I	K	E
S		C		N				I		N		R
C	L	I	N	G		C	A	N	D	L	E	S
A		A		L		O		G		A		E
B	A	L	L	Y	H	O	O		E	Y	E	S

107

U	N	C	U	R	L		A	M	U	S	E	D
N		L		U		C		U		A		A
T	R	I	U	M	P	H		S		R		N
O		M		M		E	X	I	T	I	N	G
L	O	B	B	Y		E		N				L
D		E				R		G	R	A	Z	E
		R		K	I	L	N	S		S		
B	I	S	O	N		E				P		D
R				O		A		P	R	I	O	R
A	L	L	O	W	E	D		L		R		I
K		E		H		E	D	I	T	I	O	N
E		E		O		R		E		N		K
S	T	R	E	W	N		U	S	A	G	E	S

108

F	I	G	H	T		A	C	I	D	I	F	Y
L		O		I		B		U		O		
E		D		G		S		P	R	O	X	Y
D	E	L	I	R	I	U	M		B		E	
G		I		E		R		H	A	R	D	Y
L	A	K	E	S	I	D	E		N			O
I		E		S				S		A		U
N			A		C	A	S	T	I	R	O	N
G	U	E	S	S		L		R		M		G
	N		T		S	P	L	A	S	H	E	S
P	I	L	E	S		I		N		O		T
	F		R			N		D		L		E
C	Y	A	N	I	D	E		S	W	E	A	R

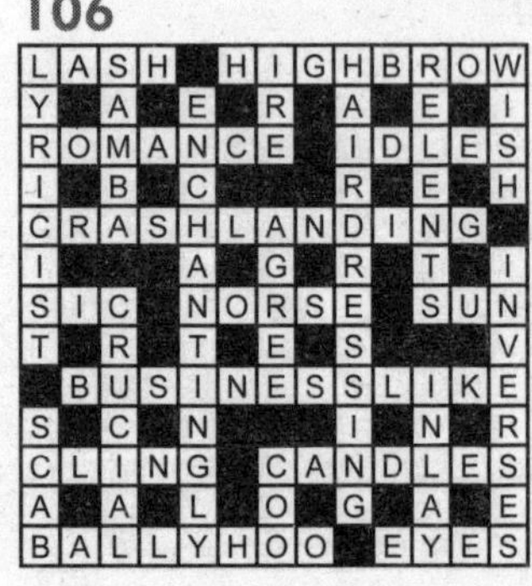

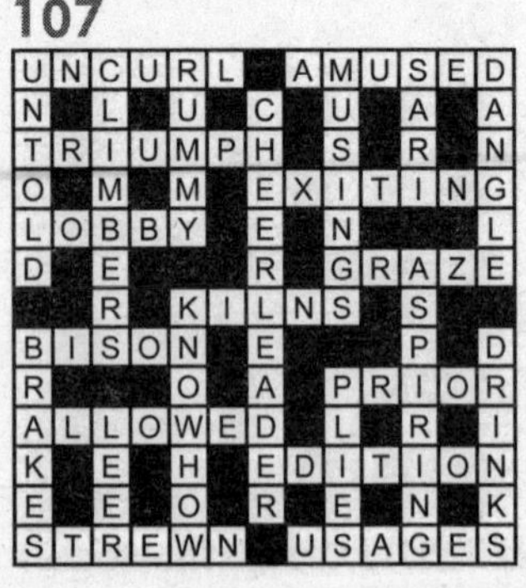

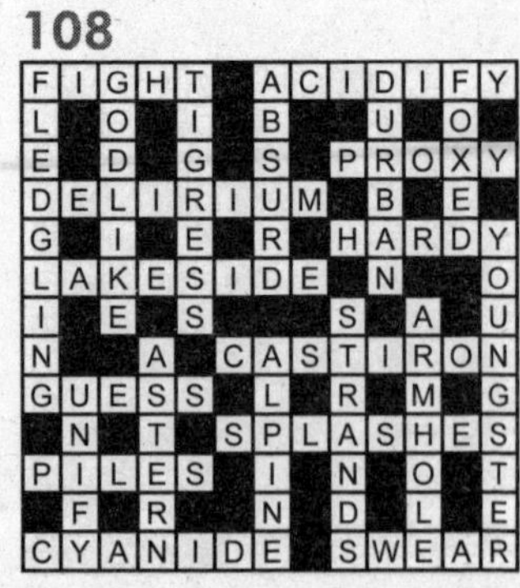

109

L	I	S	P		D	I	S	C	R	E	E	T
A		Y		A		S		O		S		U
U	P	L	I	F	T	S		N	O	T	E	S
D		P		F		U		S		A		K
A	C	H	I	E	V	E	M	E	N	T	S	
B				C		S		Q		E		E
L	O	C	A	T	E		B	U	R	S	T	S
E		O		I		S		E				C
	H	Y	P	O	C	H	O	N	D	R	I	A
C		N		N		O		T		E		R
H	Y	E	N	A		C	A	L	L	I	N	G
A		S		T		K		Y		G		O
D	I	S	P	E	N	S	E		U	N	I	T

110

A	D	D	S		W	E	R	E	W	O	L	F
L		U		C		X		X		R		O
P	R	O	B	A	T	E		A	L	D	E	R
H		M		R		M		S		E		E
A	R	O	S	E		P	E	P	T	A	L	K
A				L		T		E		L		N
N	E	A	R	E	D		F	R	E	S	C	O
D		P		S		A		A				W
O	P	P	O	S	E	D		T	O	T	A	L
M		E		N		A		I		I		E
E	R	A	S	E		G	R	O	W	L	E	D
G		S		S		I		N		L		G
A	V	E	R	S	I	O	N		I	S	L	E

111

	D		I		S		S	H	A	D	E	D
H	E	A	D	R	E	S	T			R		A
	L		E		T		A			A	S	P
L	A	V	A		T	A	K	I	N	G		P
	Y		L		E		E			O		E
A	S	P	I	R	E	S		M	I	N	E	R
			S		S		F		N			
M	E	A	T	S		E	A	R	A	C	H	E
O		M			G		I		C		E	
R		P	L	U	R	A	L		T	A	L	L
O	R	E			E		U		I		P	
S		R			B	O	R	R	O	W	E	D
E	M	E	R	G	E		E		N		R	

112

S	O	S	O		M	E	R	C	I	F	U	L
T		U		A		N		L		L		U
A	U	S	T	R	I	A		A	B	Y	S	S
R		H		I		M		I		L		T
F	A	I	N	T	H	E	A	R	T	E	D	
I				H		L		V		A		G
S	T	E	A	M	S		B	O	X	F	U	L
H		P		E		P		Y				O
	D	I	C	T	I	O	N	A	R	I	E	S
H		S		I		N		N		N		S
A	T	T	I	C		C	O	C	H	L	E	A
L		L		A		H		E		A		R
O	V	E	R	L	O	O	K		A	W	A	Y

113

	S		U		S		U	N	H	O	L	Y
S	C	A	T	T	E	R	S			R		I
	O		E		A		U			D	U	E
T	W	I	N		S	P	A	R	S	E		L
	L		S		O		L			R		D
A	S	S	I	G	N	S		B	A	S	I	S
			L		S		C		N			
W	H	I	S	K		M	O	N	G	R	E	L
A		R			M		N		S		V	
R		O	B	O	I	S	T		T	R	A	Y
B	U	N			X		A		R		D	
L		I			E	N	C	L	O	S	E	S
E	U	C	L	I	D		T		M		D	

114

C	O	M	A		G	O	O	D	N	E	S	S
O		U		M		R		I		V		T
N	I	T	R	A	T	E		S	T	E	E	R
S		E		N		G		B		R		A
C	U	D		U		O		E	V	E	N	T
I				F	I	N	A	L		S		E
O		C		A				I		T		G
U		H		C	A	B	L	E				I
S	H	O	U	T		E		V		S	A	C
N		R		U		A		I		H		A
E	N	T	E	R		C	E	N	T	R	A	L
S		L		E		O		G		U		L
S	N	E	E	R	I	N	G		U	G	L	Y

115

B	I	C	E	P	S		P	R	E	Y	E	D
L		A		I		T		E		E		O
O	U	T	W	E	A	R		C		T		I
U		A		T		O	P	I	N	I	O	N
S	A	L	T	Y		U		P				G
E		Y				B		E	A	R	L	S
		S		G	U	L	F	S		I		
S	A	T	Y	R		E				C		C
U				E		S		C	H	O	I	R
B	U	F	F	A	L	O		A		C		O
T		O		S		M	A	T	T	H	E	W
L		R		E		E		E		E		N
E	N	M	E	S	H		F	R	O	T	H	S

116

G	E	M	S		A	B	L	A	T	I	V	E
U		A		H		U		S		N		A
T	A	N	G	E	N	T		T	E	S	T	S
T		N		N				R		P		T
U	N	A	C	C	U	S	T	O	M	E	D	
R				E		T		L		C		S
A	I	D		F	O	R	G	O		T	A	U
L		E		O		A		G				N
	N	A	R	R	O	W	M	I	N	D	E	D
A		D		W				C		E		E
P	A	S	T	A		C	R	A	W	L	E	R
E		E		R		A		L		T		E
S	C	A	L	D	I	N	G		S	A	I	D

117

O	N	E	O	F	F		M	A	S	S	I	F
B		N		I		S		R		O		R
J	A	C	U	Z	Z	I		B		R		O
E		I		Z		G	L	I	D	E	R	S
C	U	R	V	Y		N		T				T
T		C				I		E	M	P	T	Y
		L		S	A	F	E	R		E		
C	L	E	A	N		I				C		C
O				O		C		D	O	U	G	H
D	I	P	L	O	M	A		U		L		I
D		O		K		N	U	P	T	I	A	L
L		M		E		T		E		A		L
E	M	P	I	R	E		O	S	I	R	I	S

118

N	O	T	I	O	N	A	L		S	A	G	O
E		O		L		S		P		N		B
C	L	O	U	D		T		R	E	A	R	S
K		L		F		U		I		C		E
			F	A	S	T	I	D	I	O	U	S
A		T		S		E		E		N		S
T	A	U	G	H	T		F	O	N	D	L	E
Y		T		I		B		F		A		S
P	H	O	T	O	G	R	A	P	H			
I		R		N		A		L		V		G
C	R	I	M	E		Z		A	L	I	G	N
A		N		D		E		C		S		A
L	O	G	S		U	N	D	E	R	A	C	T

119

D	I	R	E		A	B	S	U	R	D	L	Y
O		E		I		O		N		I		O
M	A	S	O	N	R	Y		D	U	S	T	Y
I		I		T				E		A		O
C	O	N	S	E	R	V	A	T	I	V	E	
I				R		E		E		O		C
L	I	P		M	A	G	I	C		W	O	O
E		I		E		A		T				N
	G	O	L	D	E	N	E	A	G	L	E	S
T		N		I				B		U		I
A	R	E	N	A		T	A	L	E	N	T	S
L		E		R		O		E		A		T
C	A	R	R	Y	I	N	G		A	R	M	S

120

S	O	U	P		S	T	R	I	D	E	N	T
H		L		B		R		N		T		R
O	U	T	C	O	M	E		C	O	C	O	A
O		R		O		A		O		H		N
T	W	A	N	G		D	O	M	A	I	N	S
I				I		S		P		N		P
N	U	D	G	E	S		Z	E	U	G	M	A
G		R		W		U		T				R
S	H	A	D	O	W	S		E	L	I	D	E
T		G		O		U		N		N		N
A	L	O	N	G		R	I	C	H	E	S	T
R		N		I		P		Y		P		L
S	U	S	P	E	N	S	E		S	T	A	Y

121

	M	A	S	T	E	R	P	I	E	C	E	
P		V		O		I		N		A		A
R	O	E		D	I	C	E	D		L		S
A		R		A		H		R	O	O	T	S
C	U	S	H	Y		E		A		R		I
T					C	R	O	W	N	I	N	G
I		B		W				N		E		N
C	U	R	R	E	N	C	Y					M
A		O		I		H		P	U	R	E	E
B	R	I	N	G		E		A		O		N
L		L		H	E	R	O	N		B	I	T
E		E		E		U		E		O		S
	C	R	E	D	I	B	I	L	I	T	Y	

122

S	L	A	M		A	M	E	R	I	C	A	N
E		N		C		O		E		U		O
M	A	N	T	L	E	S		M	A	S	O	N
I		O		O		C		O		T		A
C	R	Y		T		O		R	O	O	S	T
O				H	O	W	L	S		M		T
N		S		E				E		S		E
S		O		S	C	A	R	F				N
C	R	U	S	H		R		U		A	N	D
I		R		O		C		L		U		A
O	S	C	A	R		H	A	L	O	G	E	N
U		E		S		E		Y		E		C
S	U	S	P	E	N	D	S		T	R	U	E

123

C	O	D	A		O	C	C	U	R	R	E	D
A		I		I		O		N		E		A
T	O	R	O	N	T	O		E	A	T	E	R
C		G		C		L		M		S		T
H	I	E	R	O	G	L	Y	P	H	I	C	
I				N		Y		L		N		M
N	E	W	E	S	T		P	O	T	A	T	O
G		R		I		F		Y				N
	M	E	A	S	U	R	E	M	E	N	T	S
A		S		T		A		E		A		T
B	A	T	H	E		C	O	N	N	I	V	E
U		L		N		A		T		V		R
T	R	E	A	T	I	S	E		W	E	D	S

124

C	A	M	E	R	O	O	N		S	W	A	B
H		A		E		R				I		R
A	N	G	E	L		A	L	L	E	G	R	O
T		P		I		C				W		A
		I		Q		L	A	G	G	A	R	D
P	R	E	S	U	M	E		U		M		W
E				A				I				A
D		B		R		M	O	D	E	S	T	Y
A	C	O	L	Y	T	E		E		H		
N		W				R		B		R		E
T	I	M	P	A	N	I		O	V	O	I	D
R		A				N		O		U		I
Y	A	N	K		P	O	L	K	A	D	O	T

125

	O	P	E	N	A	N	D	S	H	U	T	
C		I		E		E		E		N		I
L	U	X		S	O	R	T	S		D		L
I		I		T		V		S	P	O	O	L
F	E	E	L	S		E		I		I		U
F					A	S	T	O	U	N	D	S
H		B		S				N		G		T
A	P	E	R	T	U	R	E					R
N		L		I		E		B	U	R	M	A
G	R	I	E	F		T		R		A		T
E		E		F	A	U	N	A		T	O	E
R		V		E		R		W		E		S
	M	E	A	N	I	N	G	L	E	S	S	

126

A	L	B	U	M	S		C		C		S	
V		A			C	H	A	I	R	M	A	N
O	A	F			A		T		I		L	
W		F	O	L	L	O	W		T	W	I	G
A		L			P		A		E		N	
L	E	E	R	S		A	L	A	R	M	E	D
			E		U		K		I			
H	E	A	D	I	N	G		F	A	C	E	T
	X		D		C		R			L		H
T	U	B	E		L	O	A	T	H	E		U
	D		N		O		T			R	I	M
R	E	L	E	V	A	N	T			I		P
	D		D		K		Y	U	C	C	A	S

127

E	P	I	L	O	G	U	E		S	T	A	R
A		N		S		N				O		E
R	I	V	E	T		I	M	P	E	R	I	L
S		A		R		O				P		E
		D		A		N	A	G	G	I	N	G
P	I	E	R	C	E	S		A		D		A
R				I				U				T
O		F		S		V	A	C	U	O	L	E
D	I	L	E	M	M	A		H		U		
U		O				L		E		T		S
C	A	R	I	B	O	U		R	E	A	C	H
E		A				E		I		G		O
R	O	L	E		A	D	H	E	R	E	N	T

128

A	R	C	S		P	L	A	T	Y	P	U	S
B		A		E		E		R		H		E
B	O	M	B	A	S	T		I	D	Y	L	L
R		E		V		T		G		S		F
E	R	O	D	E		E	M	O	T	I	V	E
V				S		R		N		C		V
I	N	S	I	D	E		B	O	N	S	A	I
A		I		R		A		M				D
T	E	N	D	O	N	S		E	V	O	K	E
I		G		P		T		T		C		N
O	X	L	I	P		H	A	R	V	E	S	T
N		E		E		M		Y		A		L
S	A	T	U	R	D	A	Y		E	N	V	Y

129

C	O	L	U	M	N		A	B	A	T	E	S
A		U		E		E		U		U		E
J	A	K	A	R	T	A		L		N		N
O		E		R		R	E	L	O	A	D	S
L	O	W	L	Y		T		O				E
E		A				H		C	R	I	E	D
		R		T	W	E	A	K		N		
Y	U	M	M	Y		N				S		L
A				R		W		S	M	I	L	E
C	A	S	S	A	V	A		A		G		A
H		I		N		R	A	V	I	N	E	S
T		G		T		E		E		I		E
S	C	H	I	S	M		T	R	I	A	D	S

130

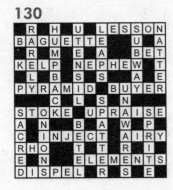

	R		H		U		L	E	S	S	O	N
B	A	G	U	E	T	T	E			U		A
	R		M		E		A			B	E	T
K	E	L	P		N	E	P	H	E	W		T
	L		B		S		S			A		E
P	Y	R	A	M	I	D		B	U	Y	E	R
			C		L		S		N			
S	T	O	K	E		U	P	R	A	I	S	E
A		N			B		A		W		P	
C		I	N	J	E	C	T		A	I	R	Y
R	H	O			T		T		R		I	
E		N			E	L	E	M	E	N	T	S
D	I	S	P	E	L		R		S		E	

131

D	I	V	E		P	R	E	C	E	P	T	S
E		E		O		E		H		A		E
T	U	N	E	F	U	L		R	E	P	E	L
E		O		F		O		I		R		F
R	E	M	I	T		A	S	S	A	I	L	S
M				H		D		T		K		A
I	N	C	H	E	S		I	M	P	A	C	T
N		O		R		S		A				I
A	R	M	R	E	S	T		S	A	L	E	S
T		P		C		E		E		O		F
I	G	L	O	O		R	A	V	I	O	L	I
O		E		R		E		E		S		E
N	E	X	T	D	O	O	R		B	E	A	D

132

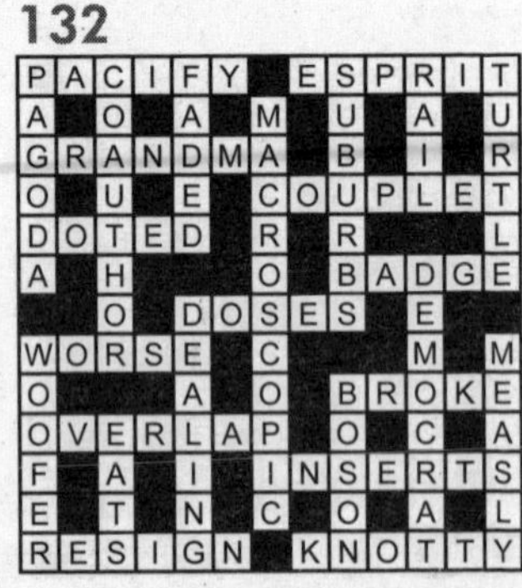

P	A	C	I	F	Y		E	S	P	R	I	T
A		O		A		M		U		A		U
G	R	A	N	D	M	A		B		I		R
O		U		E		C	O	U	P	L	E	T
D	O	T	E	D		R		R				L
A		H				O		B	A	D	G	E
		O		D	O	S	E	S		E		
W	O	R	S	E		C				M		M
O				A		O		B	R	O	K	E
O	V	E	R	L	A	P		O		C		A
F		A		I		I	N	S	E	R	T	S
E		T		N		C		O		A		L
R	E	S	I	G	N		K	N	O	T	T	Y

133

	P	R	O	S	P	E	C	T	I	V	E	
R		E		O		V		H		A		N
O		M		M	O	O	S	E		G	O	O
C	R	A	T	E		L		R		U		N
K		R		H		V		M	E	E	T	S
T	A	K	E	O	V	E	R					E
H		S		W				L		F		N
E					D	E	N	I	Z	E	N	S
B	A	S	E	D		F		G		R		I
O		U		I		F		H	A	V	O	C
A	D	D		S	N	O	U	T		E		A
T		A		C		R		E		N		L
	U	N	F	O	R	T	U	N	A	T	E	

134

K	N	E	E	J	E	R	K		T	A	X	I
I		R		E		I				D		M
S	T	O	U	T		D	E	C	L	A	I	M
S		D		T		G				P		O
		E		I		E	N	A	C	T	E	D
A	S	S	I	S	T	S		M		S		E
I				O				S				S
R		C		N		F	I	T	M	E	N	T
B	R	O	W	S	E	R		E		X		
O		N				I		R		P		B
R	E	D	T	A	P	E		D	R	O	V	E
N		O				N		A		R		A
E	U	R	O		O	D	O	M	E	T	E	R

135

	B	E	W	I	T	C	H	M	E	N	T	
A		Y		N		A		E		E		I
M		E		C	A	N	O	N		I	O	N
B	A	S	I	L		D		S		G		C
A		O		U		L		A	B	H	O	R
S	H	R	E	D	D	E	R					E
S		E		E				E		G		D
A					T	H	A	N	K	Y	O	U
D	E	P	O	T		E		A		M		L
O		A		O		L		B	O	N	G	O
R	A	N		K	R	I	L	L		A		U
S		I		Y		U		E		S		S
	A	C	C	O	M	M	O	D	A	T	E	

136

B	R	A	S		S	T	E	A	M	I	N	G
E		D		A		H		S		G		O
A	U	D	I	B	L	E		T	A	N	G	O
S		E		S		I		R		I		D
T	O	R	S	O		S	H	O	R	T	E	N
O				L		M		N		E		A
F	I	T	F	U	L		C	O	R	S	E	T
B		O		T		I		M				U
U	M	P	T	E	E	N		I	D	L	E	R
R		M		Z		F		C		E		E
D	I	O	D	E		U	N	A	I	D	E	D
E		S		R		S		L		G		L
N	I	T	R	O	G	E	N		R	E	L	Y

137

E	T	C	H		U	M	B	R	E	L	L	A
M		L		F		E		E		O		G
B	L	U	R	R	E	D		A	N	G	E	R
E		M		A		I		S		B		E
L	O	P		U		A		S	T	O	L	E
L				D	E	L	V	E		O		A
I		C		U				S		K		B
S		O		L	E	A	D	S				L
H	A	L	V	E		C		M		S	U	E
M		L		N		U		E		T		N
E	X	I	S	T		M	A	N	M	A	D	E
N		E		L		E		T		T		S
T	A	R	R	Y	I	N	G		P	E	T	S

138

	S	T	A	G	E	F	R	I	G	H	T	
W		I		U		L		N		U		C
O	U	R		S	P	O	O	F		N		L
N		E		T		W		A	N	G	L	E
D	E	S	K	S		E		N		A		A
E					B	R	E	T	H	R	E	N
R		V		G				S		Y		S
F	O	O	T	N	O	T	E					H
U		L		O		I		H	O	S	T	A
L	O	C	K	S		T		Y		C		V
L		A		T	O	T	E	M		O	W	E
Y		N		I		E		N		R		N
	S	O	R	C	E	R	E	S	S	E	S	

139

T	E	N	O	R		S	C	O	U	R	G	E
R		A		A		E			N		L	
A		U		I		R		A	B	B	E	Y
D	I	G	E	S	T	E	D		E		A	
E		H		I		N		E	N	E	M	Y
M	U	T	I	N	E	E	R		T			E
A		Y		G				F		A		A
R			S		A	S	S	E	S	S	O	R
K	O	O	K	Y		T		A		S		L
	M		E		M	I	S	S	O	U	R	I
B	I	R	T	H		N		T		R		N
	T		C			G		E		E		G
E	S	C	H	E	W	S		D	O	D	O	S

140

M	I	F	F		S	A	V	A	G	E	R	Y
O		A		I		I		L		X		A
N	O	M	I	N	A	L		L	A	T	E	R
G		E		T				E		I		N
O	L	D	T	E	S	T	A	M	E	N	T	
O				R		O		B		C		P
S	O	B		F	I	N	E	R		T	O	R
E		O		E		E		A				I
	I	N	T	R	O	D	U	C	T	I	O	N
M		F		E				I		N		C
A	L	I	E	N		F	I	N	A	N	C	E
L		R		C		O		G		E		S
I	C	E	B	E	R	G	S		A	R	T	S

141

I	M	P	S		W	A	N	D	E	R	E	R
N		Y		D		S		E		U		E
C	E	L	S	I	U	S		M	I	N	I	M
O		O		S		E		O		A		O
N	U	N		P		N		N	E	W	E	R
S				L	O	T	U	S		A		S
I		P		A				T		Y		E
D		L		C	O	D	E	R				L
E	V	A	D	E		Y		A		T	H	E
R		C		M		N		B		A		S
A	G	A	T	E		A	L	L	E	L	E	S
T		T		N		M		E		O		L
E	J	E	C	T	I	O	N		O	N	L	Y

142

B	R	A	Y		T	H	R	I	L	L	E	R
R		D		U		I		N		I		I
O	B	L	O	N	G	S		T	E	N	D	S
N		I		I				R		T		K
C	A	B	I	N	E	T	M	A	K	E	R	
H				T		R		N		L		A
U	S	A		E	P	I	C	S		S	A	T
S		N		R		A		I				T
	I	N	T	E	L	L	I	G	I	B	L	E
O		U		S				E		I		N
P	I	L	O	T		A	N	N	E	L	I	D
U		A		E		P		T		G		E
S	H	R	E	D	D	E	D		C	E	D	E

143

S	L	A	L	O	M		B	R	I	D	A	L
T		L		R		Q		I		I		A
A		G		C		U	N	L	O	V	E	D
T	R	A	C	H	E	A		L		O		D
U				A		N		S	E	R	V	E
S	P	O	O	R		T				C		R
		X		D	O	U	B	T		E		
G		Y				M		W	E	D	G	E
A	R	M	E	D		L		I				N
U		O		R		E	N	S	U	R	E	S
C	O	R	S	I	C	A		T		E		U
H		O		E		P		E		A		E
O	W	N	E	R	S		A	D	O	R	E	D

144

F	E	A	S	I	B	L	E		E	B	B	S
A		S		N		A				E		I
R	O	L	L	S		T	W	I	N	N	E	D
M		E		U		H				I		E
		E		R		E	N	S	I	G	N	S
A	P	P	E	A	R	S		C		N		T
C				N				R				E
C		R		C		S	T	A	R	T	U	P
E	X	I	G	E	N	T		T		A		
N		D				I		C		N		P
T	U	G	G	I	N	G		H	Y	D	R	A
E		E				M		E		E		L
D	O	D	O		C	A	R	D	A	M	O	M

145

	R	E	C	O	G	N	I	T	I	O	N	
C		X		N		I		I		B		C
A		T		E	X	C	E	L		E	G	O
T	A	R	O	T		K		T		S		U
C		E		I		E		S	P	E	A	R
H	O	M	E	M	A	D	E					T
P		E		E				P		I		E
H					I	N	N	U	E	N	D	O
R	I	S	K	S		E		N		E		U
A		T		U		S		C	U	R	E	S
S	I	R		P	A	T	C	H		T		L
E		I		E		E		E		I		Y
	A	P	H	R	O	D	I	S	I	A	C	

146

M	A	R	M	O	S	E	T		P	L	U	G
I		A		P		X				U		R
T	E	N	S	E		O	R	G	A	N	Z	A
E		S		R		T				A		N
		O		A		I	N	D	U	C	E	D
D	E	M	O	T	I	C		O		Y		S
R				I				W				O
A		B		N		D	U	N	G	E	O	N
W	R	A	N	G	L	E		R		F		
B		T				C		I		F		T
A	D	M	I	R	E	R		G	A	U	Z	E
C		A				E		H		S		S
K	I	N	K		S	E	N	T	I	E	N	T

147

	Q		P		U		S	O	R	R	E	L
O	U	T	R	I	G	H	T			O		I
	A		E		L		A			A	U	K
D	R	O	P		I	R	I	S	E	S		E
	R		A		E		N			T		L
C	Y	P	R	E	S	S		S	A	S	S	Y
			E		T		B		C			
J	O	U	S	T		F	I	C	T	I	V	E
U		N			A		P		I		O	
G		C	A	R	P	E	L		V	E	I	L
G	E	L			P		A		A		C	
E		E			L	E	N	G	T	H	E	N
D	I	S	U	S	E		E		E		S	

148

L	I	N	T		D	A	N	D	R	U	F	F
O		I		F		U		I		K		E
N	E	E	D	I	N	G		C	U	R	I	A
G		C		E		U		T		A		T
S	M	E	L	L		S	P	A	N	I	S	H
U				D		T		T		N		E
F	O	R	A	G	E		P	O	S	E	U	R
F		E		L		H		R				W
E	X	P	I	A	T	E		S	L	O	P	E
R		R		S		A		H		N		I
I	D	O	L	S		V	O	I	C	I	N	G
N		V		E		E		P		O		H
G	U	E	S	S	I	N	G		K	N	I	T

149

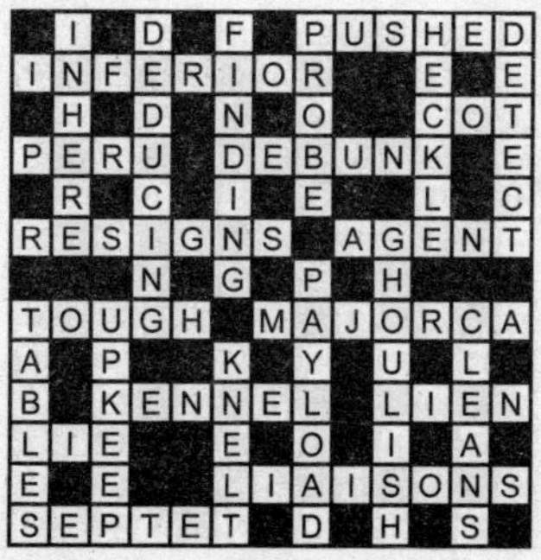

	I		D		F		P	U	S	H	E	D
I	N	F	E	R	I	O	R			E		E
	H		D		N		O			C	O	T
P	E	R	U		D	E	B	U	N	K		E
	R		C		I		E			L		C
R	E	S	I	G	N	S		A	G	E	N	T
			N		G		P		H			
T	O	U	G	H		M	A	J	O	R	C	A
A		P			K		Y		U		L	
B		K	E	N	N	E	L		L	I	E	N
L	I	E			E		O		I		A	
E		E			L	I	A	I	S	O	N	S
S	E	P	T	E	T		D		H		S	

150

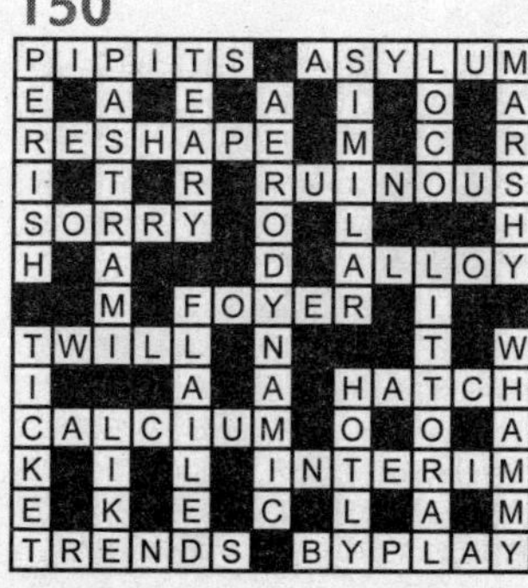

P	I	P	I	T	S		A	S	Y	L	U	M
E		A		E		A		I		O		A
R	E	S	H	A	P	E		M		C		R
I		T		R		R	U	I	N	O	U	S
S	O	R	R	Y		O		L				H
H		A				D		A	L	L	O	Y
		M		F	O	Y	E	R		I		
T	W	I	L	L		N				T		W
I				A		A		H	A	T	C	H
C	A	L	C	I	U	M		O		O		A
K		I		L		I	N	T	E	R	I	M
E		K		E		C		L		A		M
T	R	E	N	D	S		B	Y	P	L	A	Y

151

F	U	L	L	■	D	R	A	B	N	E	S	S
R	■	U	■	C	■	U	■	E	■	V	■	A
E	N	C	L	O	S	E	■	L	I	O	N	S
Q	■	I	■	U	■	■	■	L	■	L	■	H
U	N	D	E	R	A	C	H	I	E	V	E	■
E	■	■	■	A	■	H	■	G	■	E	■	C
N	A	P	■	G	E	E	S	E	■	D	U	O
T	■	L	■	E	■	A	■	R	■	■	■	L
■	R	U	N	O	F	T	H	E	M	I	L	L
G	■	N	■	U	■	■	■	N	■	R	■	E
N	O	D	E	S	■	P	I	C	K	I	N	G
A	■	E	■	L	■	I	■	Y	■	S	■	E
W	O	R	R	Y	I	N	G	■	T	H	U	S

152

■	A	N	N	I	V	E	R	S	A	R	Y	■
P	■	E	■	D	■	P	■	I	■	O	■	A
A	■	G	■	E	L	O	P	E	■	C	U	B
S	A	L	S	A	■	C	■	V	■	K	■	S
S	■	E	■	L	■	H	■	E	G	Y	P	T
T	A	C	T	L	E	S	S	■	■	■	■	R
H	■	T	■	Y	■	■	■	S	■	C	■	A
E	■	■	■	■	E	S	O	T	E	R	I	C
B	E	B	O	P	■	N	■	U	■	O	■	T
U	■	I	■	I	■	A	■	M	O	C	H	A
C	O	N	■	T	H	R	O	B	■	H	■	R
K	■	G	■	O	■	E	■	L	■	E	■	T
■	C	O	G	N	O	S	C	E	N	T	I	■

153

D	O	C	I	L	E	■	S	N	I	P	E	S
E	■	H	■	O	■	O	■	O	■	U	■	P
F	E	A	R	F	U	L	■	T	■	M	■	O
T	■	R	■	T	■	I	N	E	X	A	C	T
L	E	A	K	Y	■	V	■	P	■	■	■	T
Y	■	D	■	■	■	E	■	A	L	L	A	Y
■	■	E	■	C	U	B	E	D	■	O	■	■
P	E	S	K	Y	■	R	■	■	■	C	■	R
L	■	■	■	C	■	A	■	C	R	U	D	E
U	P	S	I	L	O	N	■	H	■	T	■	I
S	■	E	■	O	■	C	E	I	L	I	N	G
E	■	E	■	N	■	H	■	R	■	O	■	N
S	U	R	V	E	Y	■	S	P	E	N	D	S

154

P	A	R	A	D	I	G	M	■	E	M	U	S
I	■	I	■	E	■	A	■	I	■	O	■	C
G	L	O	O	M	■	L	■	L	U	N	C	H
S	■	T	■	O	■	A	■	L	■	O	■	E
■	■	■	U	N	E	X	P	E	C	T	E	D
D	■	A	■	S	■	Y	■	G	■	O	■	U
I	N	C	I	T	E	■	S	I	G	N	A	L
S	■	T	■	R	■	G	■	T	■	Y	■	E
P	R	I	M	A	F	A	C	I	E	■	■	■
O	■	V	■	T	■	Z	■	M	■	E	■	E
S	N	I	P	E	■	E	■	A	D	M	I	X
E	■	S	■	D	■	B	■	T	■	I	■	A
D	O	T	S	■	M	O	M	E	N	T	U	M

155

C	U	T	E	■	A	C	C	U	S	T	O	M
O	■	O	■	Q	■	L	■	N	■	U	■	A
M	I	X	T	U	R	E	■	S	P	R	I	G
P	■	I	■	I	■	V	■	E	■	M	■	N
A	W	N	■	N	■	E	■	A	B	O	V	E
N	■	■	■	T	O	R	U	S	■	I	■	T
I	■	C	■	E	■	■	■	O	■	L	■	I
O	■	E	■	S	E	D	A	N	■	■	■	C
N	O	R	M	S	■	I	■	A	■	M	A	N
S	■	A	■	E	■	B	■	B	■	E	■	O
H	U	M	A	N	■	B	O	L	S	T	E	R
I	■	I	■	C	■	L	■	E	■	E	■	T
P	O	C	K	E	T	E	D	■	A	R	C	H

156

F	I	G	S	■	G	R	A	C	I	O	U	S
L	■	O	■	M	■	A	■	O	■	R	■	T
A	B	R	E	A	S	T	■	U	N	I	T	E
M	■	E	■	S	■	■	■	N	■	N	■	T
I	N	D	I	S	C	R	E	T	I	O	N	■
N	■	■	■	P	■	A	■	E	■	C	■	P
G	I	G	■	R	O	T	O	R	■	O	I	L
O	■	R	■	O	■	I	■	P	■	■	■	A
■	C	A	R	D	I	O	L	O	G	I	S	T
S	■	M	■	U	■	■	■	I	■	N	■	I
C	O	M	I	C	■	L	A	N	O	L	I	N
A	■	A	■	E	■	E	■	T	■	E	■	U
M	E	R	I	D	I	A	N	■	I	T	E	M

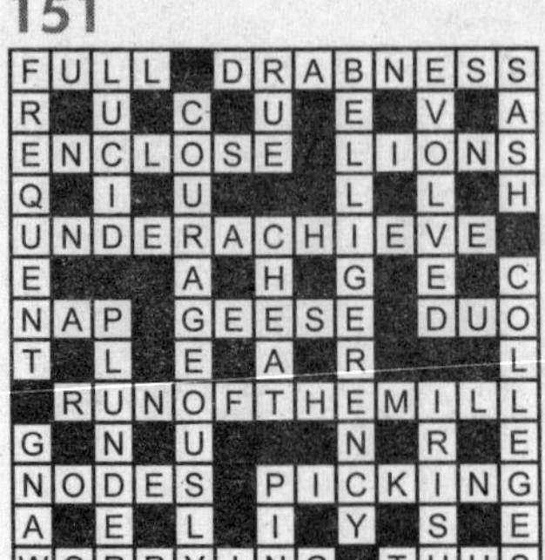

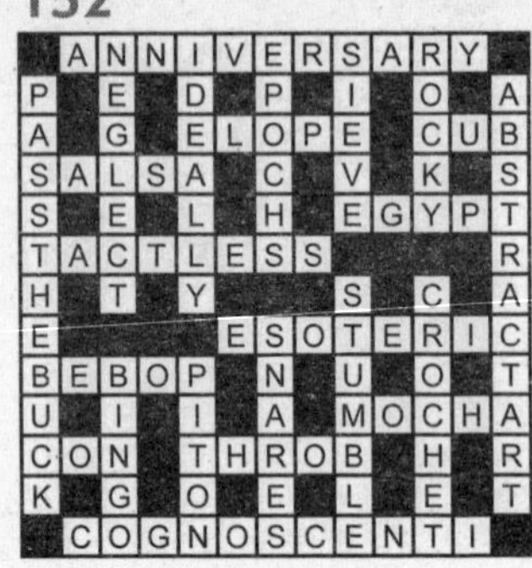

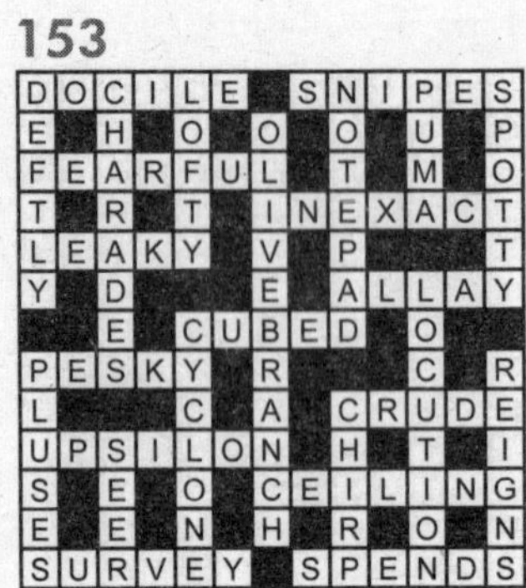

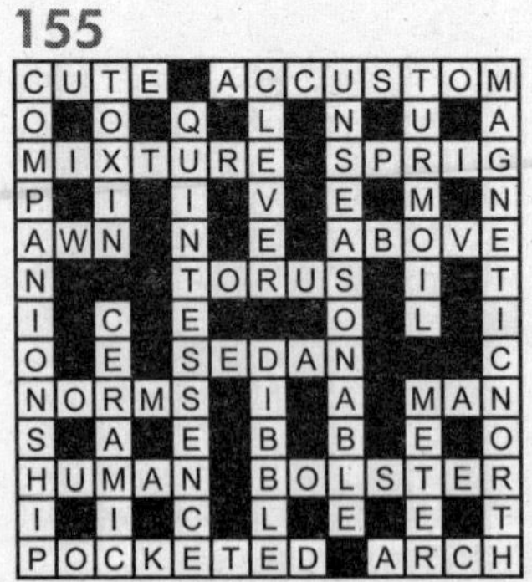

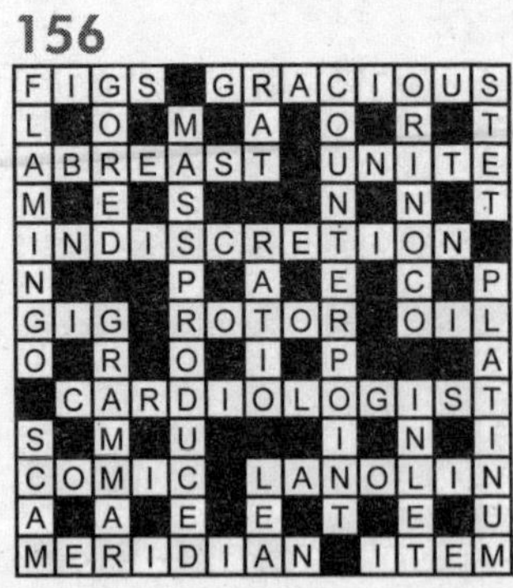

157

	P	H	O	T	O	G	R	A	P	H	S	
T		O		E		L		V		A		R
H	I	P		S	T	O	R	E		L		E
E		E		T		W		R	U	C	K	S
R	U	D	D	Y		E		A		Y		U
A					D	R	A	G	O	O	N	S
P		D		F				E		N		C
E	Y	E	L	I	N	E	R					I
U		B		E		N		T	A	C	I	T
T	R	A	P	S		T		A		A		A
I		U		T	H	A	N	K		M	E	T
C		C		A		I		E		P		E
	G	H	O	S	T	L	I	N	E	S	S	

158

E	M	B	O	S	S	E	D		A	R	I	A
L		R		O		L				A		L
K	N	E	L	L		A	B	Y	S	S	A	L
S		W		I		P				C		U
		E		L		S	C	R	E	A	M	S
S	C	R	O	O	G	E		E		L		I
P				Q				D				V
L		B		U		E	D	U	C	A	T	E
A	L	L	O	Y	E	D		N		R		
T		U				G		D		A		K
T	E	R	M	I	N	I		A	M	B	L	E
E		R				L		N		I		E
R	A	Y	S		M	Y	S	T	I	C	A	L

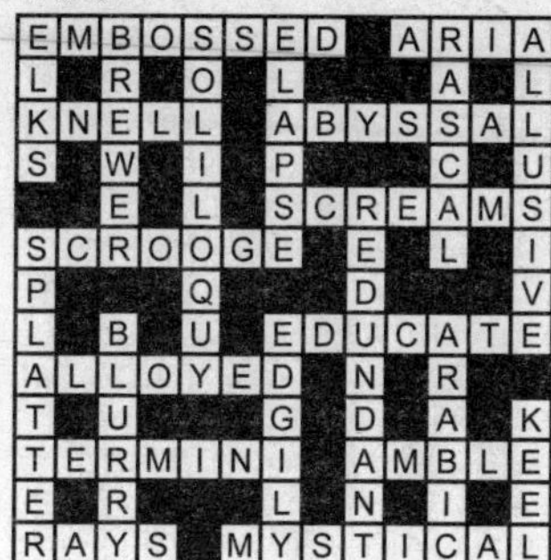

159

S	I	D	E		P	R	E	D	A	T	O	R
H		O		M		U		E		E		O
I	N	G	R	A	I	N		V	E	N	U	S
P		M		G				E		A		Y
P	L	A	I	N	S	A	I	L	I	N	G	
I				I		D		O		T		S
N	I	B		F	E	D	U	P		S	L	Y
G		A		I		O		M				N
	D	I	S	C	O	N	N	E	C	T	E	D
A		L		E				N		H		R
G	R	O	W	N		A	R	T	D	E	C	O
U		U		C		P		S		I		M
E	N	T	R	E	A	T	Y		F	R	E	E

160

I	N	P	U	T	S		A		A		P	
N		E			T	O	D	D	L	E	R	S
J	A	R			A		I		T		O	
U		M	E	S	S	U	P		H	O	P	S
R		I			H		O		O		E	
Y	E	T	I	S		E	S	T	U	A	R	Y
			N		S		E		G			
C	A	T	C	H	U	P		C	H	E	C	K
	G		U		S		B			X		R
D	R	A	B		T	U	R	N	I	P		A
	E		A		A		O			A	S	K
N	E	U	T	R	I	N	O			N		E
	D		E		N		M	A	D	D	E	N

161

A	D	J	U	S	T		O	F	F	S	E	T
D		A		P		T		U		K		W
S	O	L	D	I	E	R		S		U		A
O		A		C		A	B	S	T	A	I	N
R	E	P	A	Y		D		I				G
B		E				I		L	A	M	B	S
		N		W	I	T	T	Y		N		
B	O	O	T	H		I				E		S
E				I		O		K	E	M	P	T
W	R	I	T	T	E	N		N		O		O
A		N		E		A	D	O	R	N	E	D
R		N		S		L		L		I		G
E	R	S	A	T	Z		P	L	U	C	K	Y

162

P	E	N	S		S	P	E	C	I	F	I	C
H		A		P		E		O		O		U
I	N	S	U	R	E	D		M	E	R	I	T
L		A		E		D		P		E		T
A	L	L		D		L		E	A	R	T	H
N				E	X	E	R	T		U		E
T		S		C				I		N		M
H		A		E	X	A	L	T				U
R	A	N	T	S		N		I		B	U	S
O		C		S		I		O		A		T
P	A	T	I	O		M	A	N	A	G	U	A
I		U		R		A		S		E		R
C	A	M	I	S	O	L	E		P	L	O	D

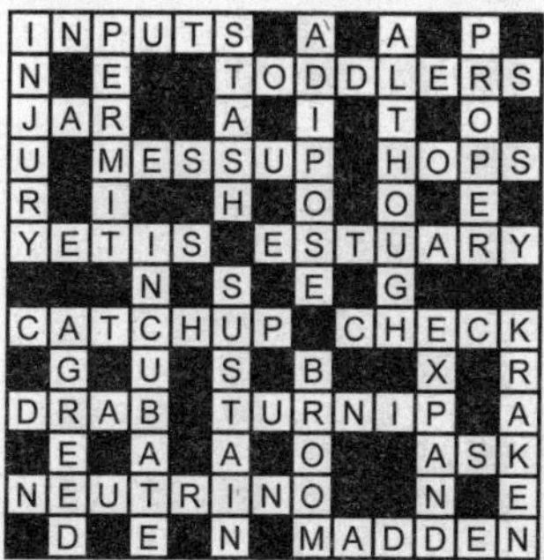

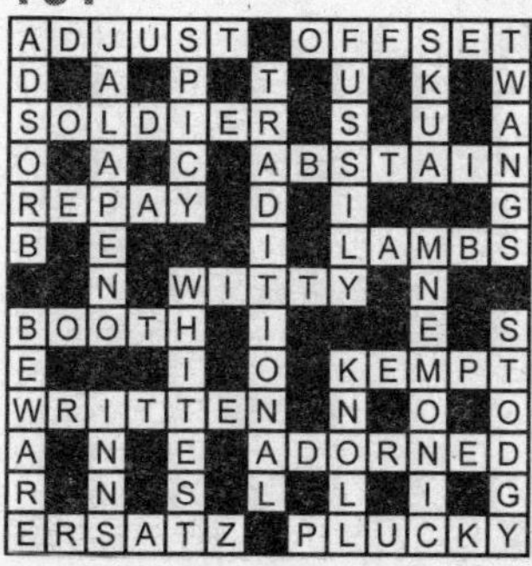

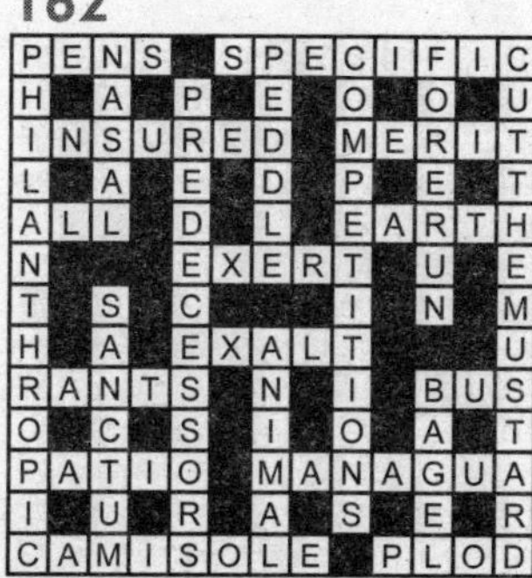

163

S	T	A	F	F	S		S	T	E	P	U	P
H		U		O		E		R		O		A
A	N	T	I	G	E	N		A		L		U
B		O		G		V	E	N	E	E	R	S
B	U	M	P	Y		I		C				E
Y		A				R		H	O	P	E	S
		T		W	R	O	T	E		R		
P	L	A	Z	A		N				O		B
A				L		M		V	O	D	K	A
C	R	A	C	K	L	E		I		I		R
K		L		I		N	O	S	E	G	A	Y
E		U		N		T		I		A		O
D	A	M	A	G	E		S	T	O	L	E	N

164

R	O	W	S		A	N	C	H	O	R	E	D
E		R		S		U		O		E		U
S	N	I	P	P	E	T		U	R	G	E	S
I		T		R				S		R		T
D	I	S	H	E	A	R	T	E	N	E	D	
E				A		A		K		S		A
N	O	W		D	O	D	G	E		S	A	D
T		I		E		I		E				D
	S	T	R	A	T	O	S	P	H	E	R	E
E		L		G				I		R		N
W	H	E	E	L		I	G	N	O	R	E	D
E		S		E		N		G		E		U
R	E	S	I	D	I	N	G		A	D	A	M

165

C	A	S	U	A	L		P	E	N	T	U	P
H		H		R		D		N		O		L
A	L	A	N	I	N	E		G		M		A
N		M		A		F	O	R	G	E	R	Y
G	O	R	E	S		I		O				E
E		O				N		S	T	A	N	D
		C		T	W	I	G	S		N		
B	A	K	E	R		T				T		S
E				E		I		S	H	E	E	T
S	O	P	R	A	N	O		A		R		A
T		O		D		N	U	D	G	I	N	G
O		P		L		S		L		O		E
W	A	S	H	E	S		H	Y	B	R	I	D

166

V	A	L	U	E		S	E	R	I	O	U	S
A		I		X		U			M		N	
C		T		P		I		S	P	O	I	L
C	H	E	R	O	O	T	S		O		T	
I		R		U		E		F	R	A	Y	S
N	E	A	T	N	E	S	S		T			P
A		L		D				A		S		A
T			R		P	H	O	N	E	T	I	C
E	M	B	E	D		O		G		U		E
	A		C		P	R	E	L	U	D	E	S
S	K	U	A	S		D		E		E		H
	E		L			E		R		N		I
U	S	E	L	E	S	S		S	I	T	U	P

167

A	F	F	E	C	T		A	F	F	O	R	D
N		U		A		C		R		X		I
G	O	R	I	L	L	A		I		E		V
E		L		M		L	O	Z	E	N	G	E
L	O	O	M	S		L		Z				R
S		N				O		L	A	N	E	S
		G		D	E	U	C	E		I		
M	E	S	S	Y		S				C		A
A				N		N		W	A	K	E	N
N	A	R	R	A	T	E		O		N		G
I		A		S		S	U	R	N	A	M	E
L		I		T		S		T		M		R
A	N	N	O	Y	S		S	H	R	E	W	S

168

	S	I	S	T	E	R	I	N	L	A	W	
M		N		O		E		A		S		I
E		D		P	A	T	H	S		T	I	N
N	O	U	N	S		A		T		I		E
T		C		I		I		Y	A	R	D	S
A	M	E	N	D	I	N	G					T
L		S		E				W		M		I
B					H	E	D	O	N	I	S	M
L	A	S	E	R		A		R		S		A
O		A		I		S		S	C	R	U	B
C	O	L		F	A	I	T	H		U		L
K		O		L		E		I		L		E
	I	N	T	E	R	R	U	P	T	E	D	

169

B	A	L	M		P	E	D	I	G	R	E	E
I		E		B		V		N		I		A
C	O	M	P	E	T	E		E	L	V	E	S
Y		U		L				X		I		Y
C	A	R	T	O	G	R	A	P	H	E	R	
L				W		E		E		R		P
E	A	T		T	U	B	E	R		A	G	O
S		R		H		U		I				L
	R	E	L	E	N	T	L	E	S	S	L	Y
E		A		B				N		M		M
P	A	S	T	E		T	O	C	C	A	T	A
I		O		L		I		E		R		T
C	E	N	O	T	A	P	H		I	T	C	H

170

D	I	S	A	R	M		C	H	A	P	E	L
R		C		I		I		O		L		A
E	C	H	E	L	O	N		R		A		W
A		E		E		T	Y	R	A	N	N	Y
M	I	M	E	D		E		I				E
Y		A				L		F	E	V	E	R
		T		S	P	L	A	Y		E		
C	O	A	C	H		I				H		S
O				U		G		S	M	E	L	T
M	A	N	A	T	E	E		T		M		I
M		I		T		N	E	A	R	E	S	T
A		C		E		T		L		N		C
S	W	E	A	R	S		B	L	O	T	C	H

171

	D	U	P	L	I	C	A	T	I	O	N	
O		P		I		U		A		F		P
B		S		M	A	D	A	M		F	A	R
S	E	T	U	P		D		E		A		O
E		A		E		L		S	I	L	O	S
S	P	R	I	T	Z	E	R					A
S		T		S				C		C		N
I					S	M	O	O	T	H	E	D
V	O	G	U	E		E		M		I		C
E		L		Q		D		M	A	C	H	O
L	A	Y		U	N	D	U	E		K		N
Y		P		I		L		N		E		S
	S	H	E	P	H	E	R	D	I	N	G	

172

S	E	S	A	M	E		E	V	I	C	T	S
C		M		I		A		E		O		Y
A		O		D		P	R	I	N	C	E	S
L	I	G	H	T	U	P		N		K		T
E				E		E		S	H	A	M	E
D	E	F	E	R		A				T		M
		R		M	I	S	T	S		O		
G		I				E		Q	U	O	T	A
L	O	G	O	S		M		U				N
O		H		K		E	P	I	T	A	X	Y
B	E	T	W	E	E	N		R		V		W
A		E		I		T		T		E		A
L	I	N	I	N	G		A	S	T	R	A	Y

173

C	O	O	T		E	N	V	I	A	B	L	E
H		N		H		O		N		U		W
I	N	S	T	E	A	D		T	R	O	V	E
P		E		A				R		Y		S
M	O	T	I	V	A	T	I	O	N	A	L	
U				Y		U		V		N		K
N	A	B		H	E	N	C	E		T	E	A
K		A		E		I		R				N
	B	R	O	A	D	C	A	S	T	I	N	G
P		R		R				I		N		A
E	X	A	C	T		P	R	O	F	F	E	R
S		G		E		E		N		E		O
O	V	E	R	D	R	A	W		T	R	I	O

174

F	A	C	E		B	A	T	H	R	O	O	M
O		A		O		I		O		C		I
L	O	B	S	T	E	R		P	U	T	T	S
L		A		H		M		E		O		M
O	W	L		E		A		L	I	B	R	A
W				R	I	N	S	E		E		N
T		D		W				S		R		A
H		I		O	B	O	E	S				G
R	O	V	E	R		X		N		A	G	E
O		I		L		Y		E		C		M
U	N	D	I	D		G	E	S	T	U	R	E
G		E		L		E		S		T		N
H	U	R	R	Y	I	N	G		M	E	E	T

175

A	M	B	I	T	I	O	N		K	I	E	V
L		A		E		S				N		A
M	O	D	E	M		P	L	A	Y	F	U	L
S		G		P		R				O		I
		E		O		E	N	S	U	R	E	D
D	E	S	T	R	O	Y		U		M		I
A				A				G				T
Y		C		R		A	N	G	R	I	L	Y
D	R	Y	E	Y	E	D		E		S		
R		C				H		S		O		M
E	N	L	A	R	G	E		T	A	B	L	E
A		E				R		E		A		A
M	U	S	K		T	E	N	D	E	R	E	D

176

	I	N	A	T	T	E	N	T	I	V	E	
U		E		H		N		O		I		A
N		U		E	N	D	O	W		O	D	D
D	I	T	T	O		I		N		L		O
E		R		R		N		S	H	A	L	L
S	T	O	N	E	A	G	E					E
I		N		M				S		T		S
R					R	H	E	T	O	R	I	C
A	N	V	I	L		A		A		A		E
B		I		A		N		R	O	M	A	N
L	A	X		S	I	G	H	T		P		C
E		E		S		U		L		L		E
	U	N	C	O	M	P	L	E	T	E	D	

177

S	A	P	I	E	N	C	E		B	L	O	C
E		R		N		A				E		O
A	L	I	K	E		R	E	F	R	A	I	N
R		V		R		P				R		T
		E		G		E	S	S	E	N	C	E
F	I	T	T	E	S	T		P		S		M
O				T				R				P
R		A		I		E	L	I	T	I	S	T
S	E	D	U	C	E	S		N		N		
W		D				C		G		D		S
E	Q	U	A	T	O	R		B	L	I	M	P
A		C				O		O		A		E
R	E	E	K		A	W	A	K	E	N	E	D

178

	O	B	S	E	R	V	A	T	I	O	N	
E		E		X		A		E		S		P
X		A		A	N	N	E	X		I	L	L
P	E	T	A	L		D		A		E		E
R		I		T		A		S	Y	R	I	A
E	N	F	E	E	B	L	E					S
S		Y		D				E		I		U
S					M	I	L	L	I	N	E	R
I	N	A	N	E		N		E		Q		A
O		L		P		F		C	R	U	M	B
N	E	T		O	V	E	R	T		E		L
S		E		C		R		O		S		E
	O	R	C	H	E	S	T	R	A	T	E	

179

	H		T		D		S	I	E	R	R	A
J	U	D	I	C	I	A	L			O		N
	M		M		S		Y			C	O	Y
O	B	O	E		C	A	L	I	C	O		O
	L		L		O		Y			C		N
R	E	V	E	L	R	Y		S	C	O	P	E
			S		D		V		H			
P	A	U	S	E		R	E	P	A	I	N	T
I		P			B		N		I		I	
A		H	O	N	E	S	T		N	A	G	S
Z	O	O			I		U		S		G	
Z		L			N	O	R	M	A	L	L	Y
A	I	D	I	N	G		E		W		E	

180

D	A	R	K	R	O	O	M		C	A	L	F
A		A		E		P				M		U
F	O	R	U	M		E	X	P	L	O	I	T
T		I		I		R				U		I
		N		N		A	P	P	A	R	E	L
R	E	G	A	I	N	S		I		S		I
E				S				S				T
M		I		C		A	C	T	U	A	R	Y
I	N	G	R	E	S	S		A		S		
N		N				I		C		S		U
D	R	O	P	P	E	D		H	E	I	S	T
E		R				E		I		S		A
D	E	E	D		A	S	T	O	N	I	S	H

181

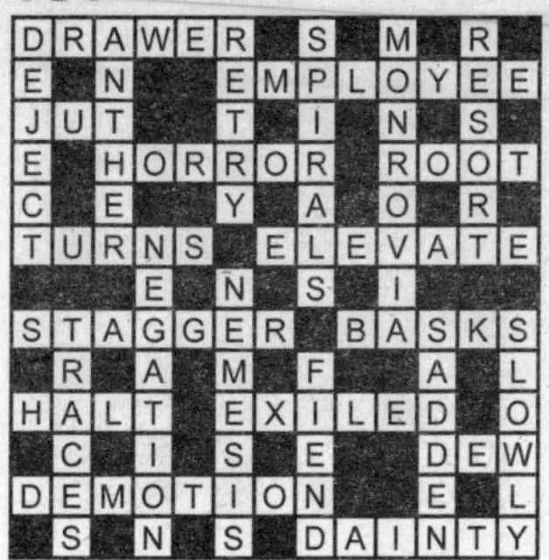

D	R	A	W	E	R		S		M		R	
E		N			E	M	P	L	O	Y	E	E
J	U	T			T		I		N		S	
E		H	O	R	R	O	R		R	O	O	T
C		E			Y		A		O		R	
T	U	R	N	S		E	L	E	V	A	T	E
			E		N		S		I			
S	T	A	G	G	E	R		B	A	S	K	S
	R		A		M		F			A		L
H	A	L	T		E	X	I	L	E	D		O
	C		I		S		E			D	E	W
D	E	M	O	T	I	O	N			E		L
	S		N		S		D	A	I	N	T	Y

182

S	W	A	N		A	P	O	S	T	A	T	E
P		L		C		L		E		N		X
I	M	P	L	O	R	E		L	E	T	U	P
T		H		N		A		F		E		R
T	R	A	I	T		S	I	L	E	N	C	E
I				R		E		E		N		S
N	E	C	T	A	R		O	S	C	A	R	S
G		L		D		U		S				I
I	T	A	L	I	A	N		N	A	C	H	O
M		S		C		I		E		H		N
A	S	S	E	T		S	A	S	H	I	M	I
G		I		E		O		S		N		S
E	N	C	O	D	I	N	G		R	O	A	M

183

I	N	C	H		O	P	T	I	O	N	A	L
M		L		C		R		N		A		I
P	L	U	M	A	G	E		D	O	I	N	G
E		N		T		T		E		V		H
R	U	G		A		T		F	L	E	E	T
C				S	T	Y	L	E		L		F
E		L		T				N		Y		I
P		I		R	O	A	R	S				N
T	A	B	O	O		L		I		H	U	G
I		E		P		K		B		O		E
B	E	R	T	H		A	L	L	O	V	E	R
L		A		I		L		E		E		E
E	C	L	E	C	T	I	C		G	L	A	D

184

S	M	U	G		C	A	N	B	E	R	R	A
T		R		C		S		A		E		P
E	M	B	A	R	K	S		C	L	A	S	P
P		A		O		U		T		C		R
P	I	N	E	S		M	A	E	S	T	R	O
I				S		E		R		E		P
N	U	A	N	C	E		C	I	N	D	E	R
G		M		O		V		O				I
S	T	I	M	U	L	I		L	L	A	M	A
T		A		N		S		O		M		T
O	R	B	I	T		I	N	G	R	A	T	E
N		L		R		O		Y		Z		L
E	V	E	R	Y	O	N	E		D	E	F	Y

185

P	A	L	T	R	Y		P	L	A	C	I	D
A		E		E		P		I		O		R
L		G		P		R	E	V	E	R	I	E
A	B	S	O	L	V	E		E		P		S
C				A		M		D	O	O	R	S
E	N	V	O	Y		O				R		Y
		I		S	I	N	C	E		A		
T		S				I		X	Y	L	E	M
R	A	C	E	D		T		C				U
E		E		U		I	C	I	C	L	E	S
M	O	R	O	C	C	O		T		O		C
O		A		K		N		E		G		L
R	E	L	I	S	H		A	S	H	O	R	E

186

M	E	D	D	L	I	N	G		R	H	E	A
O		E		U		O				A		N
B	A	S	I	C		D	I	S	P	U	T	E
S		P		R		D				N		C
		O		A		E	X	C	I	T	E	D
R	O	T	A	T	E	D		O		S		O
A				I				S				T
D		M		V		E	X	P	U	N	G	E
I	M	A	G	E	R	Y		O		U		
A		T				E		N		C		S
N	E	U	T	R	A	L		S	P	L	I	T
C		R				E		O		E		A
E	V	E	S		S	T	A	R	T	I	N	G

187

A	F	A	R		A	N	T	I	D	O	T	E
P		L		C		I		M		M		N
P	R	O	L	O	N	G		M	O	I	S	T
R		H		N		H		E		T		E
O	V	A	L	S		T	O	A	S	T	E	R
P				I		S		S		E		T
R	E	H	A	S	H		T	U	N	D	R	A
I		A		T		B		R				I
A	R	C	H	E	R	Y		A	R	G	O	N
T		K		N		E		B		E		M
I	N	S	E	T		B	A	L	A	N	C	E
O		A		L		Y		E		R		N
N	E	W	L	Y	W	E	D		N	E	X	T

188

A	F	F	R	A	Y		Z	A	M	B	I	A
R		I		R		M		L		R		R
M		S		R		O	U	T	M	O	S	T
A	T	H	E	I	S	M		O		C		I
D				V		E		S	U	C	K	S
A	T	O	N	E		N				O		T
		V		D	I	T	C	H		L		
M		E				A		E	V	I	L	S
A	I	R	E	D		R		L				H
D		F		O		I	M	P	I	N	G	E
C	O	L	O	N	E	L		I		I		L
A		O		O		Y		N		L		L
P	O	W	E	R	S		E	G	R	E	T	S

189

	U	N	S	U	P	P	O	R	T	E	D	
E		E		N		A		U		R		A
X		T		D	U	R	U	M		R	A	G
T	I	T	L	E		T		B		O		E
E		I		R		E		A	U	R	A	L
R	E	N	E	G	A	D	E					E
M		G		O				B		S		S
I					V	I	T	R	E	O	U	S
N	I	C	H	E		O		O		L		N
A		A		X		D		A	B	O	D	E
T	I	C		T	R	I	A	D		M		S
E		H		O		N		E		O		S
	W	E	L	L	M	E	A	N	I	N	G	

190

C	L	E	A	R	C	U	T		E	P	E	E
O		M		A		R				O		X
R	A	I	L	S		A	P	E	L	I	K	E
D		N		P		N				S		R
		E		B		U	P	F	R	O	N	T
D	I	M	N	E	S	S		A		N		I
I				R				I				O
S		D		R		O	A	R	S	M	A	N
S	T	R	A	Y	E	D		Y		O		
O		Y				E		T		T		P
L	O	I	T	E	R	S		A	M	I	D	E
V		N				S		L		V		G
E	R	G	O		R	A	R	E	N	E	S	S

191

L	A	C	U	N	A		C		A		A	
I		O			B	O	O	K	C	A	S	E
F	A	N			U		V		I		C	
T		F	I	Z	Z	L	E		D	U	E	S
E		E			Z		R		R		N	
D	A	R	T	S		R	E	C	A	S	T	S
			O		L		D		I			
R	A	D	I	C	A	L		S	N	A	C	K
	N		L		G		B			I		O
G	N	U	S		G	E	Y	S	E	R		W
	U		O		I		L			B	A	T
T	A	S	M	A	N	I	A			U		O
	L		E		G		W	A	R	S	A	W

192

A	R	C	H	E	R		H	E	A	R	T	H
D		O		X		C		M		A		I
J	A	M	A	I	C	A		E		R		A
U		P		T		C	U	R	R	E	N	T
R	O	A	D	S		O		A				U
E		R				P		L	O	S	E	S
		E		A	P	H	I	D		C		
L	A	S	T	S		O				I		C
A				S		N		B	E	E	C	H
T	O	R	N	A	D	O		E		N		A
T		U		U		U	N	L	O	C	K	S
E		M		L		S		O		E		E
R	E	P	U	T	E		T	W	I	S	T	S

193

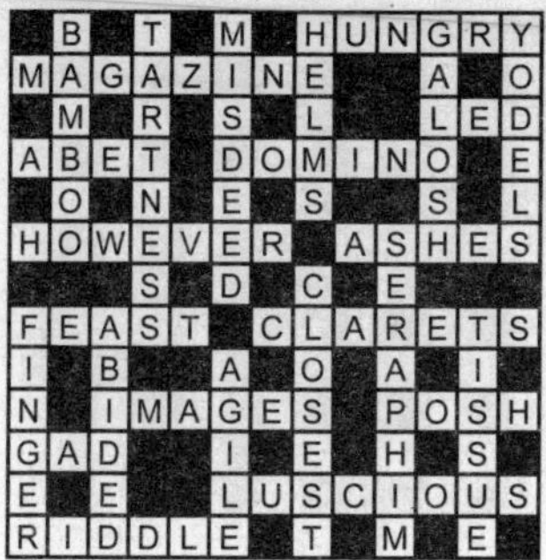

	B		T		M		H	U	N	G	R	Y
M	A	G	A	Z	I	N	E			A		O
	M		R		S		L			L	E	D
A	B	E	T		D	O	M	I	N	O		E
	O		N		E		S			S		L
H	O	W	E	V	E	R		A	S	H	E	S
			S		D		C		E			
F	E	A	S	T		C	L	A	R	E	T	S
I		B			A		O		A		I	
N		I	M	A	G	E	S		P	O	S	H
G	A	D			I		E		H		S	
E		E			L	U	S	C	I	O	U	S
R	I	D	D	L	E		T		M		E	

194

C	O	N	D	E	N	S	E		Z	E	B	U
A		I		S		M				L		N
T	I	M	E	S		O	F	F	B	E	A	T
S		B		A		O				V		I
		L		Y		T	R	I	S	E	C	T
S	T	Y	L	I	S	H		N		N		L
A				S				A				E
R		S		T		S	P	U	R	R	E	D
D	E	P	O	S	I	T		G		E		
O		E				A		U		S		H
N	U	C	L	E	U	S		R	O	U	T	E
I		K				I		A		L		R
C	A	S	K		I	S	O	L	A	T	E	S

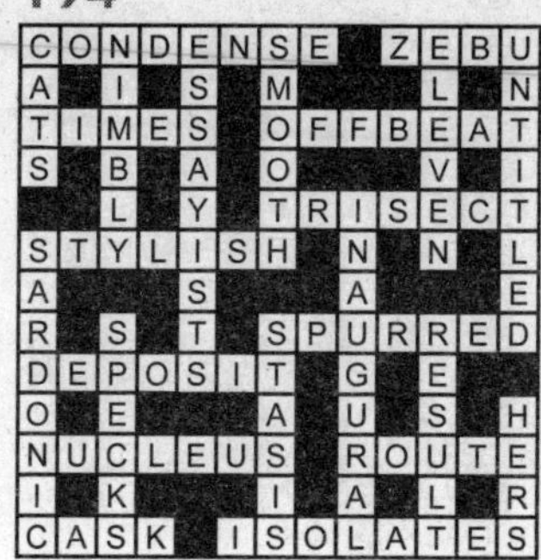

195

L	E	A	F		C	O	L	U	M	B	I	A
A		N		D		H		N		I		U
U	N	I	F	O	R	M		I	N	C	U	R
N		O		I				V		Y		A
C	O	N	S	T	I	T	U	E	N	C	Y	
H				Y		U		R		L		A
E	F	T		O	G	L	E	S		E	A	R
S		R		U		I		I				P
	D	I	S	R	E	P	U	T	A	B	L	E
S		V		S				I		R		G
N	O	I	S	E		M	E	E	T	I	N	G
A		A		L		R		S		D		I
G	O	L	D	F	I	S	H		R	E	D	O

196

S	E	V	E	R	E		W	R	E	N	C	H
I		E		A		E		E		A		E
C	A	R	R	I	E	S		M		V		Y
K		T		D		S	T	I	P	E	N	D
L	I	E	N	S		E		N				A
E		B				N		D	I	C	E	Y
		R		H	A	T	E	S		L		
S	L	A	K	E		I				E		M
O				A		A		F	E	N	C	E
F	R	O	N	T	A	L		I		C		N
T		M		I		L	U	R	C	H	E	D
E		E		N		Y		T		E		E
R	E	N	E	G	E		P	H	A	S	E	D

197

	P	E	R	S	P	I	C	U	I	T	Y	
C		N		A		N		S		R		P
O		T		W	I	T	C	H		O	A	R
M	O	R	A	Y		O		E		L		I
F		U		E		N		R	E	L	I	C
O	B	S	E	R	V	E	D					K
R		T		S				S		D		L
T					A	S	T	U	T	E	L	Y
A	S	T	E	R		A		B		F		P
B		I		O		F		T	E	A	S	E
L	A	D		D	R	A	K	E		C		A
Y		E		E		R		X		T		R
	A	S	S	O	C	I	A	T	I	O	N	

198

	F	R	I	G	H	T	E	N	I	N	G	
A		U		A		A		U		E		C
P	A	P		M	O	T	O	R		G		O
O		E		U		T		S	P	A	S	M
C	R	E	P	T		L		E		T		M
A					R	E	P	R	I	E	V	E
L		M		A				Y		S		M
Y	E	A	R	B	O	O	K					O
P		N		A		P		P	O	W	E	R
T	R	I	E	S		P		O		O		A
I		K		H	O	O	K	S		M	A	T
C		I		E		S		I		A		E
	I	N	A	D	V	E	R	T	E	N	T	

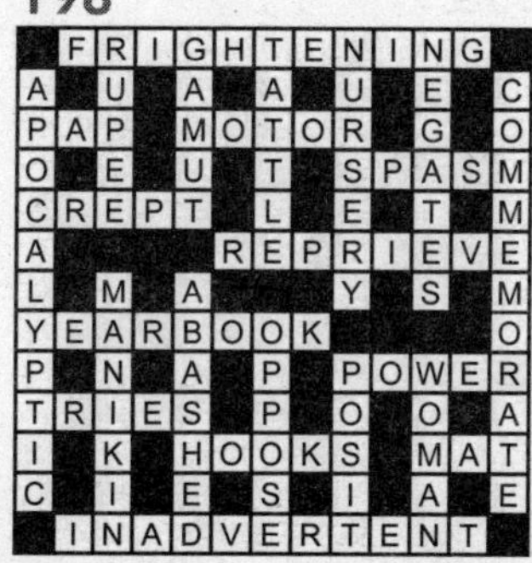

199

D	E	C	I	B	E	L	S		P	I	E	R
O		O		E		Y		O		M		E
V	I	G	I	L		R		L	A	P	E	L
E		S		L		I		Y		O		A
			C	I	R	C	U	M	F	L	E	X
C		D		G		S		P		I		I
O	P	E	N	E	D		L	I	S	T	E	N
M		C		R		S		C		E		G
P	E	R	C	E	N	T	A	G	E			
U		E		N		A		A		A		S
T	O	P	I	C		N		M	O	G	U	L
E		I		E		Z		E		O		I
R	I	T	E		M	A	S	S	A	G	E	D

200

S	T	R	A	I	G	H	T		M	A	T	T
I		O		N		E				F		E
C	L	O	W	N		R	U	F	F	I	A	N
K		T		O		M				E		D
		E		C		I	N	D	U	L	G	E
R	E	D	O	U	B	T		E		D		N
E				O				P				C
T		S		U		E	A	R	T	H	L	Y
A	C	C	U	S	E	S		E		A		
I		O				T		C		W		C
N	U	R	T	U	R	E		A	G	A	P	E
E		E				R		T		I		L
R	O	S	E		E	S	P	E	C	I	A	L

201

M	A	K	E		P	E	A	C	E	F	U	L
U		N		W		U		L		I		A
S	M	O	T	H	E	R		E	I	G	H	T
I		W		E		O		A		U		H
C	O	N	T	E	M	P	O	R	A	R	Y	
I				L		E		S		E		C
A	M	O	E	B	A		S	I	E	S	T	A
N		P		A		S		G				K
	T	H	O	R	O	U	G	H	F	A	R	E
S		E		R		B		T		I		W
C	E	L	L	O		D	E	E	P	S	E	A
U		I		W		U		D		L		L
T	R	A	N	S	F	E	R		S	E	E	K

202

B	A	B	I	E	S		V		S		D	
E		O			A	V	I	A	T	R	I	X
D	O	N			G		R		A		V	
E		O	C	T	A	N	T		R	U	E	S
C		B			S		U		S		S	
K	I	O	S	K		R	A	D	I	A	T	E
			C		H		L		G			
S	T	E	R	N	U	M		S	N	I	F	F
	H		U		M		S			C		O
L	I	F	T		D	A	T	I	V	E		D
	E		I		R		A			B	E	D
E	V	E	N	T	U	A	L			O		E
	E		Y		M		E	L	I	X	I	R

203

D	O	S	E		L	A	B	R	A	D	O	R
E		C		Q		C		E		I		A
P	R	O	D	U	C	E		P	L	A	N	K
O		U		E				E		M		E
S	A	T	I	S	F	A	C	T	I	O	N	
I				T		N		I		N		R
N	I	T		I	N	G	O	T		D	O	E
G		R		O		R		I				V
	P	E	N	N	S	Y	L	V	A	N	I	A
G		M		M				E		A		M
R	I	O	J	A		H	I	L	L	T	O	P
U		L		R		A		Y		A		E
B	L	O	C	K	A	D	E		F	L	E	D

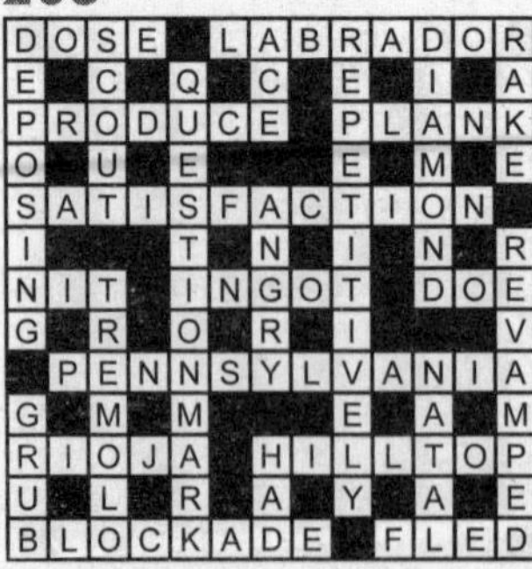

204

O	T	T	A	W	A		S	P	A	W	N	S
B		R		A		C		R		E		H
S	O	A	N	D	S	O		I		A		E
E		I		E		N	U	M	E	R	A	L
S	O	L	E	S		C		A				V
S		I				E		R	O	G	U	E
		N		M	O	N	E	Y		R		
R	U	G	B	Y		T				A		I
U				S		R		W	I	D	E	N
S	U	M	A	T	R	A		E		I		S
H		O		I		T	R	I	D	E	N	T
E		O		F		E		G		N		E
S	T	R	A	Y	S		S	H	U	T	U	P

205

C	R	A	B		P	E	D	A	N	T	I	C
H		P		M		L		L		R		O
A	G	R	O	U	N	D		P	S	A	L	M
R		I		L		E		H		U		P
A	L	L	O	T		S	L	A	M	M	E	R
C				I		T		N		A		E
T	O	W	E	L	S		P	U	T	S	C	H
E		E		A		E		M				E
R	O	A	S	T	E	D		E	A	T	E	N
L		L		E		I		R		U		S
E	S	T	E	R		C	H	I	A	N	T	I
S		H		A		T		C		E		O
S	P	Y	G	L	A	S	S		E	D	E	N

206

I	N	F	E	C	T		B		F		O	
N		A			S	E	A	M	L	E	S	S
F	I	R			A		N		Y		I	
I		C	H	A	R	G	E		P	L	E	A
R		E			S		F		A		R	
M	A	S	T	S		S	U	P	P	O	S	E
			H		T		L		E			
A	E	R	O	S	O	L		P	R	O	P	S
	L		U		U		B			U		L
S	I	N	G		C	O	R	N	E	T		O
	C		H		H		A			P	A	W
D	I	S	T	R	E	S	S			U		E
	T		S		S		S	E	C	T	O	R

207

C	A	P	S		A	S	T	E	R	O	I	D
H		R		D		W		F		C		A
A	M	E	R	I	C	A		F	A	C	E	D
R		E		S		N		E		L		S
C	A	N	T	A	N	K	E	R	O	U	S	
O				G		Y		V		D		C
A	S	S	O	R	T		G	E	N	E	R	A
L		P		E		A		S				N
	D	O	M	E	S	T	I	C	A	T	E	D
W		N		M		T		E		H		I
H	A	S	T	E		A	N	N	O	Y	E	D
Y		O		N		C		T		M		L
S	T	R	E	T	C	H	Y		D	E	N	Y

208

M	A	J	O	R	I	T	Y		M	U	L	E
A		O		E		R				P		X
D	E	C	K	S		I	M	M	E	R	S	E
E		U		P		V				O		G
		N		O		I	N	S	T	A	T	E
C	A	D	E	N	Z	A		H		R		T
O				D				O				I
V		P		E		H	E	R	E	T	I	C
E	C	H	I	D	N	A		T		R		
N		O				R		E		A		S
A	L	B	A	N	I	A		N	A	V	E	L
N		I				R		E		E		I
T	R	A	P		P	E	N	D	U	L	U	M

209

R	E	V	O	K	E		A	B	O	A	R	D
I		E		E		C		R		D		U
P		T		E		H	O	A	R	D	E	R
P	R	O	S	P	E	R		W		I		E
E				I		O		N	E	C	K	S
D	O	Z	E	N		N				T		S
		E		G	L	O	S	S		E		
A		A				M		M	O	D	E	S
F	I	L	E	D		E		A				I
R		O		I		T	O	S	S	I	N	G
I	N	T	E	N	S	E		H		D		H
C		R		G		R		E		E		T
A	N	Y	H	O	W		E	S	S	A	Y	S

210

R	E	A	L		V	A	N	I	S	H	E	S
O		C		R		G		N		A		P
U	P	H	E	A	V	E		C	A	N	T	O
N		E		B		O		O		D		R
D	U	D		B		L		H	O	I	S	T
T				L	O	D	G	E		L		S
H		L		E				R		Y		M
E		E		R	O	U	G	E				A
C	O	N	G	O		N		N		K	E	N
L		G		U		F		T		N		S
O	A	T	H	S		U	N	L	E	A	S	H
C		H		E		R		Y		V		I
K	E	S	T	R	E	L	S		N	E	A	P

211

H	O	S	T		U	P	T	H	R	U	S	T
U		T		C		U		I		N		R
M	E	A	D	O	W	S		G	U	I	S	E
O		M		N		H		H		C		E
R	E	P	O	S	S	E	S	S	I	O	N	
O				T		S		P		R		B
U	N	S	U	R	E		S	I	E	N	N	A
S		T		U		M		R				B
	B	I	O	C	H	E	M	I	S	T	R	Y
E		R		T		M		T		R		H
C	O	R	G	I		O	R	E	G	A	N	O
H		E		O		I		D		M		O
O	R	D	I	N	A	R	Y		S	P	U	D

212

A	J	A	R		E	S	C	A	P	I	S	T
C		C		B		C		E		N		A
C	A	T	E	R	E	R		R	I	T	E	S
O		E		E		A		O		E		T
M	A	D		A		W		D	E	N	S	E
M				S	U	L	K	Y		D		L
O		R		T				N		S		E
D		E		S	C	U	B	A				S
A	L	E	R	T		N		M		H	A	S
T		N		R		A		I		O		N
I	M	A	G	O		B	E	C	A	U	S	E
N		C		K		L		S		S		S
G	A	T	H	E	R	E	D		H	E	N	S

213

	P	R	O	P	O	S	I	T	I	O	N	
A		O		E		E		U		S		H
G	A	B		L	A	W	N	S		M		A
G		E		T		I		S	C	O	R	N
L	I	S	T	S		N		L		S		G
O					A	G	R	E	E	I	N	G
M		C		M				S		S		L
E	A	R	L	I	E	S	T					I
R		O		N		P		P	A	C	E	D
A	V	O	I	D		I		U		A		I
T		N		S	P	R	A	T		F	I	N
E		E		E		A		O		E		G
	B	R	I	T	T	L	E	N	E	S	S	

214

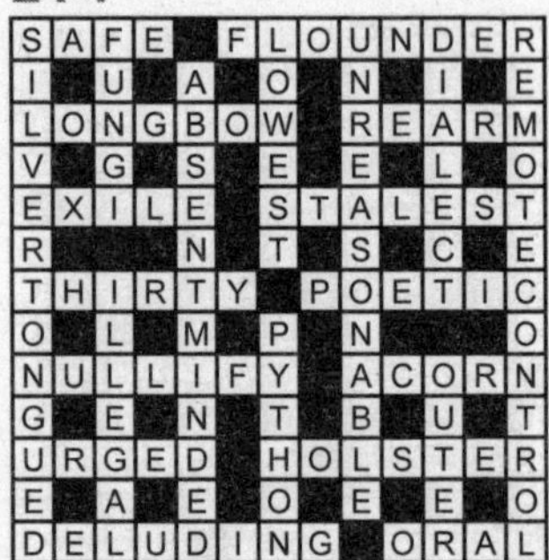

S	A	F	E		F	L	O	U	N	D	E	R
I		U		A		O		N		I		E
L	O	N	G	B	O	W		R	E	A	R	M
V		G		S		E		E		L		O
E	X	I	L	E		S	T	A	L	E	S	T
R				N		T		S		C		E
T	H	I	R	T	Y		P	O	E	T	I	C
O		L		M		P		N				O
N	U	L	L	I	F	Y		A	C	O	R	N
G		E		N		T		B		U		T
U	R	G	E	D		H	O	L	S	T	E	R
E		A		E		O		E		E		O
D	E	L	U	D	I	N	G		O	R	A	L

215

	C	O	N	S	E	C	U	T	I	V	E	
A		R		A		R		E		E		U
F	E	D		C	L	E	A	R		S		P
G		E		K		C		M	I	T	E	S
H	A	R	P	S		H		I		I		A
A					P	E	N	T	A	G	O	N
N		M		W				E		E		D
I	T	E	R	A	T	E	S					D
S		M		R		X		K	A	Z	O	O
T	H	E	F	T		H		E		E		W
A		N		H	E	A	V	E		B	A	N
N		T		O		L		L		R		S
	C	O	N	G	R	E	S	S	M	A	N	

216

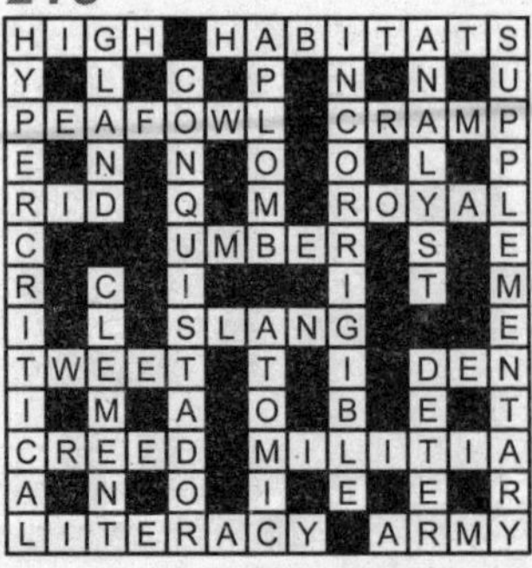

H	I	G	H		H	A	B	I	T	A	T	S
Y		L		C		P		N		N		U
P	E	A	F	O	W	L		C	R	A	M	P
E		N		N		O		O		L		P
R	I	D		Q		M		R	O	Y	A	L
C				U	M	B	E	R		S		E
R		C		I				I		T		M
I		L		S	L	A	N	G				E
T	W	E	E	T		T		I		D	E	N
I		M		A		O		B		E		T
C	R	E	E	D		M	I	L	I	T	I	A
A		N		O		I		E		E		R
L	I	T	E	R	A	C	Y		A	R	M	Y

217

	E		M		K		A	L	I	B	I	S
R	E	N	A	M	I	N	G			I		A
	R		D		B		A			R	O	W
L	I	A	R		B	O	I	L	E	D		Y
	E		I		U		N			I		E
F	R	I	G	A	T	E		S	H	E	A	R
			A		Z		P		E			
Y	E	L	L	S		C	L	E	A	V	E	R
O		O			P		A		D		A	
U		N	E	A	R	B	Y		A	L	T	O
T	I	E			O		E		C		E	
H		L			N	O	R	T	H	E	R	N
S	H	Y	I	N	G		S		E		S	

218

	D	I	S	T	R	I	B	U	T	O	R	
I		M		U		S		P		B		M
L		M		S	Y	R	U	P		E	Y	E
L	O	O	T	S		A		E		Y		A
U		R		O		E		R	E	S	T	S
S	C	A	R	C	E	L	Y					U
T		L		K				D		E		R
R					E	S	T	R	A	N	G	E
A	M	E	N	D		A		U		C		M
T		A		O		L		M	E	R	G	E
E	G	G		U	N	A	R	M		U		N
D		L		S		M		E		S		T
	D	E	T	E	R	I	O	R	A	T	E	

219

B	U	R	S	T	I	N	G		Z	I	N	C
U		O		A		E				D		Y
S	O	B	E	R		T	U	I	T	I	O	N
H		U		P		T				O		I
		S		A		E	N	D	E	M	I	C
A	S	T	O	U	N	D		E		S		I
R				L				M				S
M		G		I		A	M	A	L	G	A	M
C	H	A	I	N	E	D		R		E		
H		U				A		C		M		P
A	R	G	U	I	N	G		A	R	I	E	L
I		E				E		T		N		O
R	U	D	E		A	S	P	E	R	I	T	Y

220

I	N	F	O		Q	U	A	D	R	A	N	T
N		L		C		N		E		N		R
C	O	U	G	H	E	D		M	I	N	C	E
O		M		I		O		O		E		A
N	I	P		R		N		N	E	X	U	S
C				O	V	E	N	S		E		U
E		D		P				T		S		R
I		O		R	E	C	U	R				E
V	O	L	G	A		R		A		Y	E	T
A		E		C		E		T		E		R
B	E	F	I	T		A	V	O	C	A	D	O
L		U		O		T		R		R		V
E	N	L	A	R	G	E	S		A	N	T	E

221

R	E	L	I	V	E		C	H	I	S	E	L
E		O		A		T		E		C		U
L		C		L		H	E	A	T	H	E	R
I	N	H	A	L	E	R		L		O		K
E				E		E		S	P	O	R	E
F	I	F	T	Y		A				N		R
		I		S	I	T	A	R		E		
A		L				E		E	A	R	N	S
B	R	I	N	K		N		V				A
A		G		A		I	N	I	T	I	A	L
C	A	R	R	Y	O	N		V		F		V
U		E		A		G		A		F		E
S	N	E	A	K	Y		P	L	A	Y	E	R

222

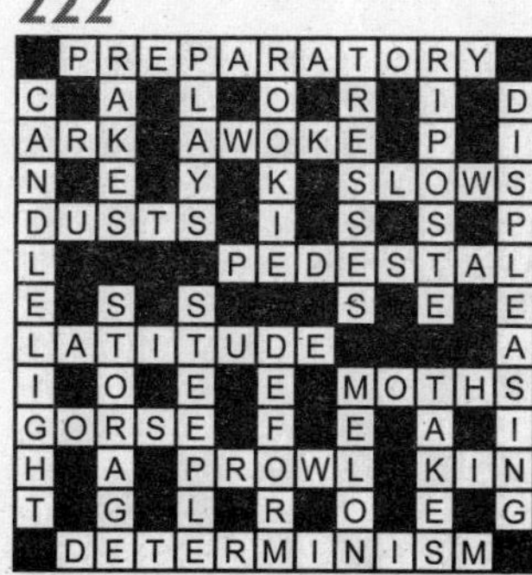

	P	R	E	P	A	R	A	T	O	R	Y	
C		A		L		O		R		I		D
A	R	K		A	W	O	K	E		P		I
N		E		Y		K		S	L	O	W	S
D	U	S	T	S		I		S		S		P
L					P	E	D	E	S	T	A	L
E		S		S				S		E		E
L	A	T	I	T	U	D	E					A
I		O		E		E		M	O	T	H	S
G	O	R	S	E		F		E		A		I
H		A		P	R	O	W	L		K	I	N
T		G		L		R		O		E		G
	D	E	T	E	R	M	I	N	I	S	M	

223

	E	S	T	A	B	L	I	S	H	E	D	
A		T		P		I		T		M		S
N		R		L	I	M	B	O		I	V	Y
T	R	A	D	E		I		M		T		M
E		T		N		T		A	E	S	O	P
C	O	U	R	T	E	S	Y					A
H		M		Y				C		R		T
A					A	D	M	O	N	I	S	H
M	A	C	R	O		I		N		S		E
B		O		G		A		C	L	O	U	T
E	B	B		R	I	D	G	E		T		I
R		R		E		E		A		T		C
	M	A	R	S	H	M	A	L	L	O	W	

224

C	A	L	M		C	H	U	T	Z	P	A	H
I		I		R		O		R		R		A
R	O	C	K	E	T	S		I	D	E	A	L
C		I		F		T		G		M		F
U	T	T	E	R		E	N	G	L	I	S	H
M				I		L		E		U		E
F	R	I	N	G	E		C	R	I	M	E	A
E		N		E		A		H				R
R	E	S	O	R	T	S		A	U	D	I	T
E		I		A		S		P		U		E
N	I	G	H	T		I	M	P	U	T	E	D
C		H		O		G		Y		C		L
E	N	T	E	R	I	N	G		W	H	E	Y

225

E	X	P	E	R	T		P		S		L	
M		S			W	H	I	S	T	L	E	D
B	U	Y			I		G		A		A	
A		C	L	O	S	E	T		R	U	N	E
R		H			T		A		G		E	
K	N	E	E	L		L	I	Z	A	R	D	S
			N		A		L		Z			
P	R	E	V	E	N	T		G	E	N	U	S
	A		E		C		F			O		U
G	I	R	L		H	E	A	R	E	R		R
	D		O		O		I			D	U	G
T	E	M	P	O	R	A	L			I		E
	R		E		S		S	L	I	C	E	S

226

	T	R	A	N	S	P	O	R	T	E	D	
N		O		A		I		E		D		S
E		U		S	O	F	I	A		I	L	K
C	Y	N	I	C		F		L		C		Y
E		D		E		L		M	O	T	E	S
S	Q	U	A	N	D	E	R					C
S		P		T				I		E		R
A					M	O	N	G	O	L	I	A
R	U	S	T	Y		P		N		L		P
I		E		U		I		E	L	I	T	E
L	I	T		C	A	N	D	O		P		R
Y		T		C		E		U		S		S
	S	O	L	A	R	S	Y	S	T	E	M	

227

S	P	L	I	T	S		S		S		C	
E		A			C	O	U	N	T	E	R	S
L	A	P			A		B		R		E	
D		S	A	C	R	U	M		A	G	E	S
O		E			E		I		T		P	
M	U	S	T	Y		A	T	H	E	I	S	T
			H		S		S		G			
A	B	S	E	N	C	E		M	Y	R	R	H
	I		O		R		G			E		A
F	A	I	R		E	A	R	W	I	G		G
	S		I		E		A			R	I	G
H	E	L	S	I	N	K	I			E		L
	D		T		S		N	E	S	T	L	E

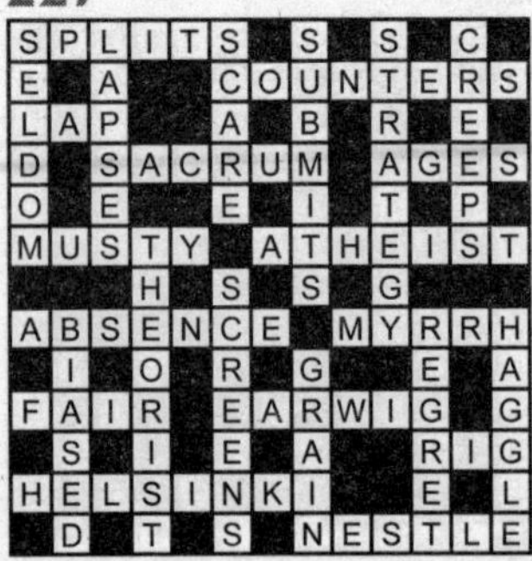

228

S	O	B	S		O	F	F	S	H	O	O	T
E		E		D		I		A		V		E
L	O	G	G	I	N	G		C	R	E	A	M
F		I		S		U		R		R		P
C	O	N	G	A		R	E	I	S	S	U	E
O				S		E		L		E		R
N	I	C	E	T	Y		G	E	N	E	V	A
S		E		R		I		G				M
C	O	N	J	O	I	N		I	S	S	U	E
I		T		U		B		O		P		N
O	P	A	L	S		O	P	U	L	E	N	T
U		U		L		R		S		N		A
S	P	R	A	Y	I	N	G		I	D	O	L

229

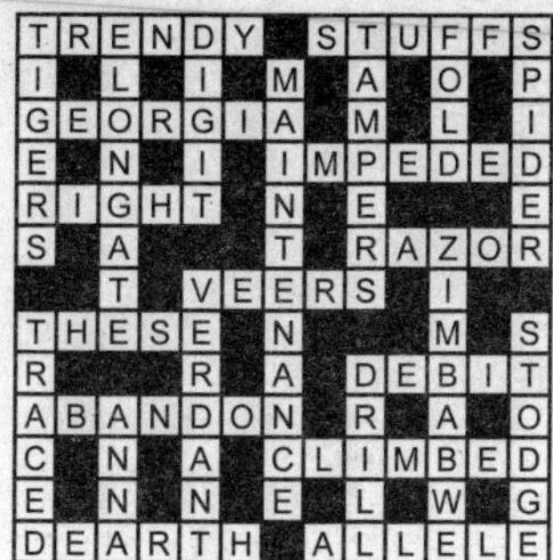

230

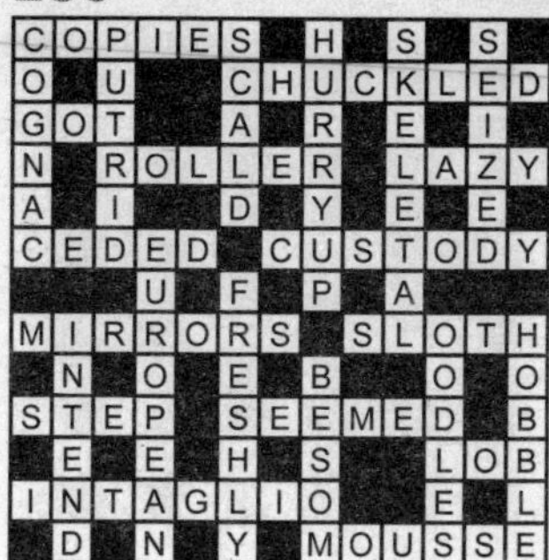

231

U	R	G	E	■	A	F	F	L	I	C	T	S
N	■	E	■	P	■	L	■	E	■	O	■	H
I	N	T	R	U	D	E	■	G	A	M	M	A
M	■	U	■	R	■	E	■	I	■	P	■	M
P	O	P	U	P	■	C	A	T	H	O	D	E
E	■	■	■	O	■	E	■	I	■	S	■	L
A	S	S	I	S	T	■	I	M	P	E	D	E
C	■	T	■	E	■	P	■	A	■	■	■	S
H	U	R	T	F	U	L	■	T	H	A	W	S
A	■	A	■	U	■	A	■	E	■	M	■	N
B	A	N	A	L	■	S	O	L	U	B	L	E
L	■	G	■	L	■	M	■	Y	■	E	■	S
E	V	E	R	Y	D	A	Y	■	U	R	N	S

232

233

234

■	D	■	F	■	S	■	V	U	L	C	A	N
L	I	B	R	E	T	T	I	■	■	O	■	A
■	M	■	E	■	O	■	S	■	■	V	E	T
O	P	E	N	■	P	O	O	D	L	E	■	I
■	L	■	E	■	P	■	R	■	■	R	■	O
B	E	E	T	L	E	S	■	B	A	T	O	N
■	■	■	I	■	D	■	C	■	V	■	■	■
T	O	U	C	H	■	B	O	R	O	U	G	H
E	■	N	■	■	C	■	R	■	I	■	U	■
E	■	F	L	O	O	R	S	■	D	O	L	L
T	O	O	■	■	V	■	E	■	I	■	P	■
E	■	L	■	■	E	X	T	E	N	D	E	D
R	E	D	H	O	T	■	S	■	G	■	D	■

235

I	C	E	D	■	E	M	B	A	T	T	L	E
R	■	X	■	C	■	I	■	M	■	H	■	X
R	O	U	G	H	E	N	■	B	L	E	E	P
E	■	L	■	E	■	I	■	I	■	M	■	A
C	U	T	■	E	■	O	■	D	R	A	I	N
O	■	■	■	R	A	N	G	E	■	S	■	S
V	■	D	■	F	■	■	■	X	■	K	■	I
E	■	E	■	U	P	S	E	T	■	■	■	V
R	E	B	E	L	■	T	■	R	■	G	E	E
A	■	R	■	N	■	U	■	O	■	R	■	N
B	R	I	N	E	■	C	R	U	S	A	D	E
L	■	E	■	S	■	C	■	S	■	I	■	S
E	F	F	U	S	I	O	N	■	P	L	U	S

236

D	U	C	K	■	W	A	T	C	H	F	U	L
O	■	H	■	M	■	R	■	O	■	A	■	A
O	P	E	N	A	I	R	■	N	U	T	T	Y
R	■	E	■	L	■	O	■	C	■	T	■	S
S	T	R	O	N	G	W	I	L	L	E	D	■
T	■	■	■	O	■	S	■	U	■	S	■	H
E	A	R	F	U	L	■	T	S	E	T	S	E
P	■	E	■	R	■	A	■	I	■	■	■	A
■	U	N	D	I	S	C	O	V	E	R	E	D
L	■	T	■	S	■	A	■	E	■	O	■	G
A	B	A	S	H	■	C	O	L	L	U	D	E
I	■	L	■	E	■	I	■	Y	■	S	■	A
R	E	S	I	D	U	A	L	■	Y	E	A	R

237

H	A	L	V	E	S	■	S	■	M	■	M	■
O	■	O	■	■	C	Y	C	L	A	M	E	N
P	A	D	■	■	A	■	U	■	C	■	T	■
P	■	G	L	A	R	E	D	■	H	E	R	O
E	■	E	■	■	P	■	D	■	I	■	O	■
D	I	R	T	Y	■	P	E	R	S	I	S	T
■	■	■	W	■	S	■	D	■	M	■	■	■
S	C	R	E	E	C	H	■	M	O	L	A	R
■	H	■	A	■	H	■	P	■	■	I	■	A
T	A	S	K	■	I	C	O	N	I	C	■	P
■	N	■	I	■	S	■	U	■	■	K	I	T
E	C	O	N	O	M	I	C	■	■	E	■	O
■	Y	■	G	■	S	■	H	I	N	D	E	R

238

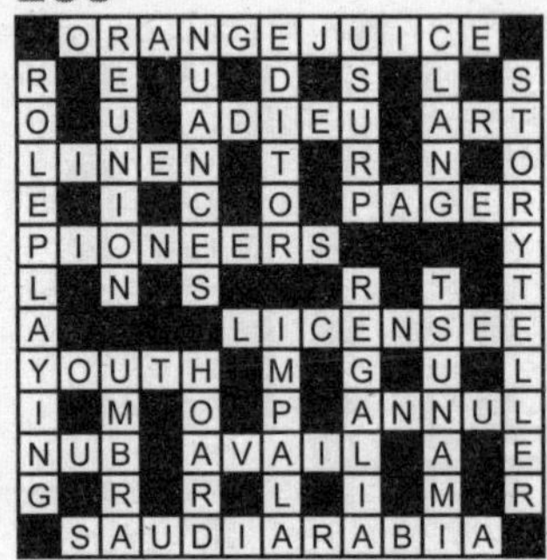

■	O	R	A	N	G	E	J	U	I	C	E	■
R	■	E	■	U	■	D	■	S	■	L	■	S
O	■	U	■	A	D	I	E	U	■	A	R	T
L	I	N	E	N	■	T	■	R	■	N	■	O
E	■	I	■	C	■	O	■	P	A	G	E	R
P	I	O	N	E	E	R	S	■	■	■	■	Y
L	■	N	■	S	■	■	■	R	■	T	■	T
A	■	■	■	■	L	I	C	E	N	S	E	E
Y	O	U	T	H	■	M	■	G	■	U	■	L
I	■	M	■	O	■	P	■	A	N	N	U	L
N	U	B	■	A	V	A	I	L	■	A	■	E
G	■	R	■	R	■	L	■	I	■	M	■	R
■	S	A	U	D	I	A	R	A	B	I	A	■

239

M	U	T	I	N	O	U	S	■	H	A	S	P
E	■	U	■	E	■	N	■	M	■	P	■	A
E	L	B	O	W	■	I	■	A	P	P	L	Y
K	■	S	■	T	■	S	■	N	■	L	■	M
■	■	■	D	E	R	E	G	U	L	A	T	E
E	■	B	■	S	■	X	■	F	■	U	■	N
C	R	A	F	T	Y	■	B	A	S	S	E	T
L	■	T	■	A	■	A	■	C	■	E	■	S
I	N	H	U	M	A	N	I	T	Y	■	■	■
P	■	R	■	E	■	G	■	U	■	M	■	H
S	H	O	W	N	■	O	■	R	A	I	N	Y
E	■	B	■	T	■	R	■	E	■	N	■	M
S	L	E	W	■	C	A	R	D	I	G	A	N

240

■	P	Y	R	O	T	E	C	H	N	I	C	■
T	■	I	■	I	■	N	■	I	■	D	■	O
R	■	E	■	L	A	G	E	R	■	I	M	P
A	T	L	A	S	■	I	■	E	■	O	■	I
N	■	D	■	K	■	N	■	D	E	M	O	N
S	P	E	C	I	M	E	N	■	■	■	■	I
F	■	D	■	N	■	■	■	U	■	V	■	O
E	■	■	■	■	C	A	M	P	A	I	G	N
R	A	D	O	N	■	D	■	S	■	B	■	A
R	■	U	■	E	■	R	■	W	O	R	S	T
E	L	K	■	R	A	I	S	E	■	A	■	E
D	■	E	■	V	■	F	■	P	■	T	■	D
■	O	S	T	E	N	T	A	T	I	O	N	■

241

O	V	E	R	L	Y			C		C	O	G
	I			I		S	M	A	S	H		U
M	A	X	I	M	U	M		R		U		E
	D			E		A		P	A	C	K	S
C	U	T	P	R	I	C	E			K		S
	C			I		K		C		E		E
S	T	A	N	C	E		L	A	N	D	E	D
T		B		K		B		N			A	
O		I			R	E	C	O	V	E	R	Y
P	A	L	E	R		A		N			N	
G		I		O		M	E	L	O	D	I	C
A		T	E	A	R	S		A			N	
P	R	Y		D			T	W	I	N	G	E

242

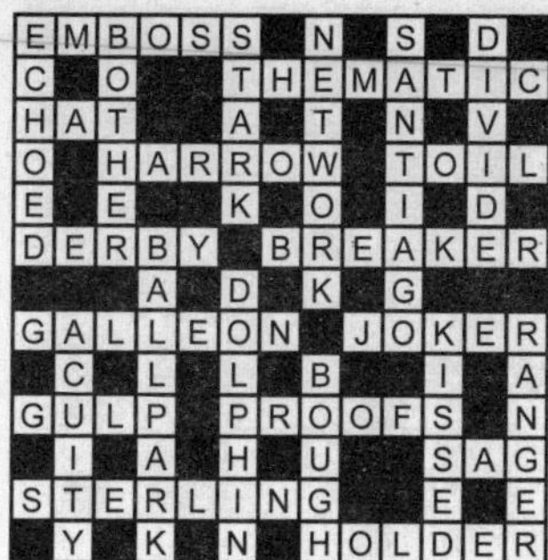

E	M	B	O	S	S		N		S		D	
C		O			T	H	E	M	A	T	I	C
H	A	T			A		T		N		V	
O		H	A	R	R	O	W		T	O	I	L
E		E			K		O		I		D	
D	E	R	B	Y		B	R	E	A	K	E	R
			A		D		K		G			
G	A	L	L	E	O	N		J	O	K	E	R
	C		L		L		B			I		A
G	U	L	P		P	R	O	O	F	S		N
	I		A		H		U			S	A	G
S	T	E	R	L	I	N	G			E		E
	Y		K		N		H	O	L	D	E	R

243

	G	R	A	S	S	H	O	P	P	E	R	
I		E		O		E		R		C		Q
L	E	E		G	R	I	M	E		O		U
L		L		G		G		M	A	N	T	A
M	U	S	H	Y		H		I		O		R
A					S	T	R	E	A	M	E	R
N		G		L				R		Y		E
N	U	I	S	A	N	C	E					L
E		R		W		O		L	O	B	E	S
R	E	A	D	Y		C		O		E		O
E		F		E	P	O	X	Y		A	I	M
D		F		R		O		A		S		E
	P	E	R	S	O	N	A	L	I	T	Y	

244

A	L	P	S		C	A	U	C	U	S	E	S
T		L		A		C		O		H		A
T	R	A	F	F	I	C		U	S	U	R	Y
A		I		T		E		R		T		S
C	O	N	V	E	R	S	A	T	I	O	N	
H				R		S		M		F		A
E	I	G	H	T	Y		L	A	W	F	U	L
D		E		H		S		R				L
	I	N	C	O	M	P	A	T	I	B	L	E
H		U		U		R		I		R		R
A	X	I	N	G		A	B	A	T	I	N	G
F		N		H		I		L		C		E
T	R	E	A	T	I	N	G		A	K	I	N

245

D	R	E	N	C	H	E	D		I	B	I	S
R		D		A		N				A		H
A	D	I	O	S		T	I	T	U	L	A	R
G		T		S		I				T		U
		E		E		T	I	P	P	I	N	G
E	L	D	E	R	L	Y		O		C		G
N				O				T				E
C		B		L		A	P	P	L	A	U	D
L	E	A	V	E	R	S		O		G		
O		Z				S		U		O		C
S	T	A	T	U	T	E		R	O	U	G	H
E		A				R		R		T		U
D	I	R	T		S	T	R	I	K	I	N	G

246

M	A	G	I	C	I	A	N		G	L	O	W
A		R		O		F		T		O		R
C	R	O	W	N		L	E	I	S	U	R	E
E		W		V		A		T		S		A
	I	N	T	E	R	M	I	T	T	E	N	T
A		U		N		E		L				H
D	E	P	O	T	S		R	E	S	C	U	E
D				I		T		T		O		S
U	N	P	R	O	F	I	T	A	B	L	E	
C		O		N		P		T		L		S
I	N	S	T	A	N	T		T	E	A	C	H
N		E		L		O		L		G		U
G	U	S	H		R	E	V	E	R	E	N	T

247

E	N	G	U	L	F		V		M		T	
R		O			O	R	I	G	I	N	A	L
R	I	B			O		E		N		R	
O		B	E	L	L	O	W		O	N	T	O
R		L			S		I		R		A	
S	P	E	L	L		A	N	C	I	E	N	T
			A		P		G		T			
A	R	D	U	O	U	S		B	Y	T	E	S
	E		G		N		L			I		L
M	A	S	H		D	R	O	P	I	N		U
	P		T		I		A			D	A	M
D	E	F	E	A	T	E	D			E		P
	R		R		S		S	C	O	R	N	S

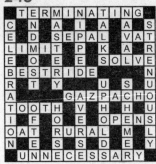

248

	T	E	R	M	I	N	A	T	I	N	G	
C		N		A		I		A		A		S
E		D		S	E	P	A	L		V	A	T
L	I	M	I	T		P		K		A		R
E		O		E		E		S	O	L	V	E
B	E	S	T	R	I	D	E					N
R		T		Y				U		S		U
A					G	A	Z	P	A	C	H	O
T	O	O	T	H		V		H		H		U
I		F		O		E		O	P	E	N	S
O	A	T		R	U	R	A	L		M		L
N		E		S		S		D		E		Y
	U	N	N	E	C	E	S	S	A	R	Y	

249

A	B	B	E	Y	S		E		C		S	
L		U			C	U	M	U	L	A	T	E
M	U	M			U		I		U		E	
O		B	A	N	D	I	T		M	E	N	U
S		L			S		T		S		C	
T	E	E	N	S		D	E	L	I	G	H	T
			O		D		R		L			
S	T	A	S	H	E	D		T	Y	P	E	S
	A		I		E		F			U		T
X	M	E	N		P	R	O	P	E	L		E
	P		E		E		I			L	A	W
P	E	R	S	I	S	T	S			E		E
	R		S		T		T	R	A	D	E	D

250

P	I	L	L		S	H	U	T	T	I	N	G
L		I		I		E		R		V		O
A	N	T	O	N	Y	M		A	D	O	R	E
T		H		A				N		R		S
F	R	E	U	D	I	A	N	S	L	I	P	
O				M		M		F		E		A
R	U	T		I	N	U	R	E		S	O	N
M		U		S		S		R				T
	C	R	O	S	S	E	X	A	M	I	N	E
S		B		I				B		C		C
C	L	I	M	B		A	L	L	T	I	M	E
U		N		L		Y		E		L		D
D	E	E	P	E	N	E	D		B	Y	T	E

251

A	M	B	U	S	H		A	L	U	M	N	A
R		E		Y		C		I		A		S
I		T		R		O	F	F	I	C	E	S
S	T	A	D	I	U	M		T		A		E
E				A		E		S	I	R	E	S
S	P	O	O	N		U				O		S
		P		A	M	P	L	E		N		
O		T				P		V	E	I	L	S
B	R	I	E	F		A		A				Y
L		M		U		N	E	S	T	L	E	D
I	D	I	O	T	I	C		I		O		N
G		S		O		E		O		K		E
E	R	M	I	N	E		U	N	T	I	D	Y

252

B	L	I	T	H	E		W	A	L	L	O	P
R		N		O		E		D		A		R
O	P	T	I	M	U	M		V		U		A
O		I		E		B	Y	A	N	D	B	Y
M	E	M	O	S		R		N				E
S		A				O		C	H	A	I	R
		C		S	N	I	D	E		N		
P	A	Y	E	E		D				A		U
I				M		E		S	A	T	I	N
L	A	N	K	I	E	R		A		H		I
L		I		N		E	A	R	N	E	S	T
O		N		A		R		I		M		E
W	H	E	R	R	Y		I	S	L	A	N	D

253

C	A	S	E		O	N	T	H	E	J	O	B
I		P		P		A		E		O		E
R	A	U	C	O	U	S		A	L	L	O	W
C		R		L		S		R		T		I
U	N	T	I	E		A	N	T	H	I	L	L
M				P		U		R		N		D
S	U	M	M	O	N		R	E	G	G	A	E
P		A		S		D		N				R
E	A	R	L	I	E	R		D	U	B	A	I
C		I		T		I		I		U		N
T	E	M	P	I		V	E	N	D	I	N	G
L		B		O		E		G		L		L
Y	E	A	R	N	I	N	G		E	D	G	Y

254

A	R	E	A	S		U	N	D	Y	I	N	G
S		A		C		P			E		O	
S		G		R		R		D	A	I	S	Y
E	L	E	V	A	T	O	R		R		E	
R		R		P		O		F	L	A	S	K
T	E	L	E	P	A	T	H		Y			N
I		Y		Y				S		G		O
V			B		H	I	S	T	O	R	I	C
E	N	T	R	Y		N		I		A		K
	E		O		I	M	A	G	I	N	E	D
S	W	O	O	N		O		M		D		O
	T		C			S		A		P		W
A	S	P	H	A	L	T		S	P	A	W	N

255

I	N	D	E	C	E	N	T		H	A	N	D
N		E		O		U		I		F		I
D	E	I	G	N		N	E	R	V	O	U	S
E		C		S		C		R		O		T
S	L	I	M	E		I		E		T	A	R
C		N		R	O	O	M	S				U
R		G		V				I		R		S
I				A	T	O	M	S		H		T
B	O	W		T		R		T	H	I	E	F
A		A		I		A		I		Z		U
B	A	S	S	O	O	N		B	R	O	I	L
L		T		N		G		L		M		L
E	V	E	R		S	E	R	E	N	E	L	Y

256

R	I	D	E		M	I	S	J	U	D	G	E
A		O		C		T		U		R		L
P	E	R	S	O	N	A		R	E	A	P	S
I		I		S		L		I		G		E
D	E	C	O	M	M	I	S	S	I	O	N	
I				O		C		D		O		P
T	R	O	O	P	S		S	I	N	N	E	R
Y		V		O		A		C				E
	D	E	C	L	A	R	A	T	I	O	N	S
O		R		I		D		I		P		S
G	R	A	F	T		E	G	O	T	I	S	M
L		G		A		N		N		N		E
E	T	E	R	N	I	T	Y		F	E	R	N

257

A	I	L	S		S	C	I	S	S	I	O	N
Q		E		C		U		H		N		O
U	P	G	R	A	D	E		O	T	H	E	R
E		A		R				R		A		M
D	E	L	I	B	E	R	A	T	E	L	Y	
U				O		A		C		E		H
C	H	I		H	U	T	C	H		D	R	Y
T		N		Y		E		A				P
	R	H	O	D	O	D	E	N	D	R	O	N
A		E		R				G		E		O
C	I	R	C	A		A	G	E	L	E	S	S
R		I		T		R		D		K		I
E	N	T	R	E	N	C	H		A	S	P	S

258

O	O	P	S		W	E	L	L	T	O	D	O
P		I		W		Q		O		V		U
P	L	A	T	E	A	U		N	E	E	D	S
O		N		L		I		G		R		T
S	H	O	O	T	I	N	G	S	T	A	R	
I				E		E		T		W		N
T	I	M	E	R	S		G	A	T	E	A	U
E		A		W		P		N				M
	I	N	D	E	P	E	N	D	E	N	C	E
S		L		I		O		I		A		R
T	H	I	N	G		P	A	N	A	C	E	A
A		K		H		L		G		R		T
B	R	E	A	T	H	E	D		M	E	T	E

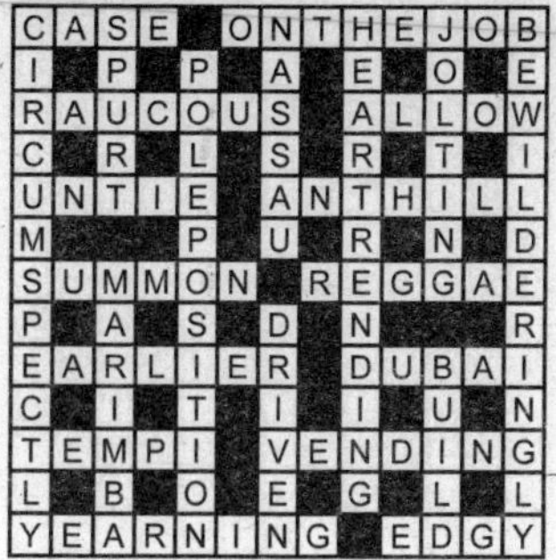

259

	C	O	N	T	R	O	V	E	R	S	Y	
M		V		A		U		L		H		P
A		E		K	E	N	Y	A		A	I	R
S	C	R	E	E		C		N		K		E
S		A		O		E		D	R	E	A	D
P	A	C	I	F	I	S	M					E
R		T		F				T		D		C
O					A	C	C	O	L	A	D	E
D	O	M	E	D		A		B		W		S
U		O		I		N		A	N	D	E	S
C	O	D		T	O	N	I	C		L		O
E		E		T		O		C		E		R
	P	L	A	Y	O	N	W	O	R	D	S	

260

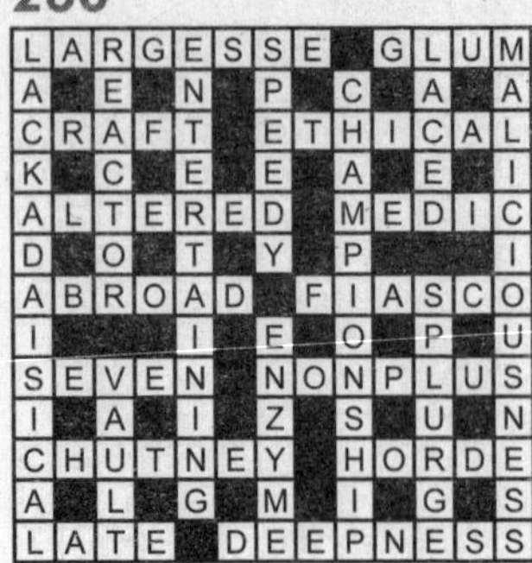

L	A	R	G	E	S	S	E		G	L	U	M
A		E		N		P		C		A		A
C	R	A	F	T		E	T	H	I	C	A	L
K		C		E		E		A		E		I
A	L	T	E	R	E	D		M	E	D	I	C
D		O		T		Y		P				I
A	B	R	O	A	D		F	I	A	S	C	O
I				I		E		O		P		U
S	E	V	E	N		N	O	N	P	L	U	S
I		A		I		Z		S		U		N
C	H	U	T	N	E	Y		H	O	R	D	E
A		L		G		M		I		G		S
L	A	T	E		D	E	E	P	N	E	S	S

261

	I	N	H	A	B	I	T	A	N	T	S	
A		E		P		M		B		R		A
S	O	P		T	A	P	E	S		O		T
T		A		L		U		C	O	U	N	T
R	E	L	A	Y		T		O		P		E
O					K	E	E	N	N	E	S	S
N		R		A				D		S		T
O	V	E	R	C	A	M	E					A
M		S		C		O		M	I	D	S	T
E	X	P	E	L		M		E		E		I
R		I		A	V	E	R	T		B	O	O
S		T		I		N		A		U		N
	D	E	R	M	A	T	O	L	O	G	Y	

262

D	U	O	S		P	O	N	D	E	R	E	R
E		D		I		G		I		O		A
T	H	I	N	N	E	R		V	E	S	T	S
A		U		T		E		E		E		H
C	O	M	M	E	N	S	U	R	A	T	E	
H				N		S		S		T		I
E	X	P	O	S	E		P	I	G	E	O	N
D		E		I		E		O				C
	C	O	N	F	I	D	E	N	T	I	A	L
C		N		Y		I		A		D		I
O	R	I	B	I		B	U	R	G	E	O	N
L		E		N		L		Y		A		E
D	E	S	I	G	N	E	R		U	S	E	S

263

U	L	N	A		C	O	M	B	I	N	E	S
N		E		F		V		A		O		T
I	N	V	E	R	S	E		T	A	S	T	E
N		E		U		R		T		T		R
H	E	R		I		D		L	A	R	G	E
A				T	H	O	S	E		I		O
B		B		F				G		L		T
I		U		U	N	D	E	R				Y
T	R	I	L	L		A		O		G	A	P
A		L		N		N		U		O		I
B	U	D	G	E		G	E	N	E	R	I	C
L		U		S		E		D		G		A
E	X	P	O	S	U	R	E		V	E	A	L

264

I	B	E	X		R	E	L	E	A	S	E	D
N		N		S		N		L		C		I
V	E	S	S	E	L	S		E	T	H	O	S
E		U		L		U		C		E		A
S	H	E	A	F		R	E	T	I	R	E	D
T				I		E		R		Z		V
I	M	M	U	N	E		C	O	R	O	N	A
G		U		T		L		L				N
A	U	S	T	E	R	E		Y	E	A	S	T
T		T		R		A		S		C		A
I	R	A	T	E		D	R	I	V	I	N	G
O		N		S		I		S		D		E
N	E	G	A	T	I	N	G		U	S	E	D

265

N	O	T	I	F	Y		E	S	C	O	R	T
A		A		E		P		P		I		A
M	O	N	S	T	E	R		E		L		S
E		Z		E		E	N	C	R	Y	P	T
L	E	A	K	S		R		I				E
Y		N				E		A	H	E	A	D
		I		L	O	C	A	L		X		
C	H	A	S	E		O				C		S
A				A		R		F	A	I	N	T
S	T	A	F	F	E	D		L		T		I
H		I		A		E	L	U	S	I	O	N
E		M		G		D		T		N		T
W	A	S	H	E	R		H	E	D	G	E	S

266

	C	R	I	M	I	N	O	L	O	G	Y	
F		O		A		O		A		U		B
A		L		D	A	Z	E	D		A	T	E
C	O	L	O	N		Z		L		V		L
T		I		E		L		E	M	A	I	L
F	I	N	I	S	H	E	S					I
I		G		S				B		A		G
N					L	A	C	R	O	S	S	E
D	O	D	G	Y		L		E		P		R
I		O		A		U		A	S	I	D	E
N	O	T		H	U	M	I	D		R		N
G		E		O		N		T		I		T
	A	S	T	O	N	I	S	H	I	N	G	

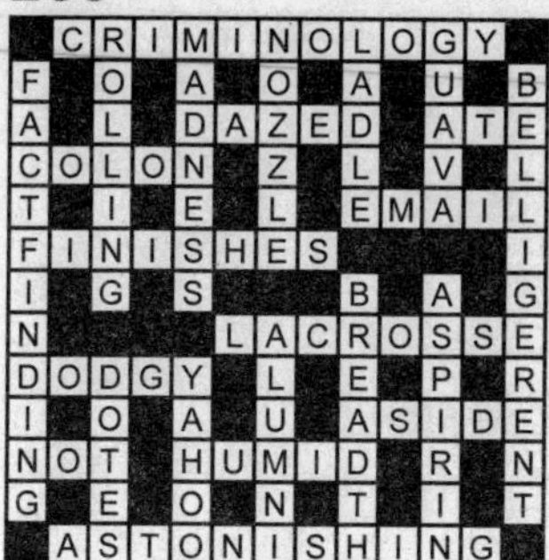

267

D	E	N	I	M	S			C		T	O	W
	T			A		S	C	O	U	R		E
L	E	V	E	R	E	T		R		O		E
	R			R		E		K	N	O	C	K
I	N	S	P	I	R	E	D			P		D
	A			A		P		A		E		A
F	L	E	D	G	E		G	L	A	D	L	Y
O		N		E		W		K			E	
O		T			D	O	N	A	T	I	O	N
L	U	R	C	H		O		L			P	
I		E		O		F	A	I	R	W	A	Y
S		A	E	G	I	S		N			R	
H	I	T		S			N	E	V	A	D	A

268

I	O	N	S		A	M	B	R	O	S	I	A
N		I		T		A		E		Q		P
A	F	F	R	O	N	T		P	L	U	M	P
P		T		G		R		E		A		O
P	L	Y		E		I		R	U	L	E	R
R				T	O	X	I	C		I		T
O		A		H				U		D		I
P		R		E	V	E	N	S				O
R	A	C	E	R		N		S		G	I	N
I		H		N		S		I		R		M
A	W	A	K	E		I	S	O	L	A	T	E
T		I		S		G		N		T		N
E	X	C	U	S	I	N	G		H	E	F	T

269

R	E	J	E	C	T	E	D		S	W	A	P
U		A		O		R				H		U
S	O	C	K	S		R	I	P	P	I	N	G
T		K		T		A				F		I
		A		A		T	A	C	T	F	U	L
M	A	L	A	R	I	A		H		S		I
I				I				R				S
N		A		C		B	L	O	S	S	O	M
E	N	G	R	A	V	E		N		U		
R		L				S		I		P		B
A	W	E	S	O	M	E		C	R	E	D	O
L		A				T		L		R		N
S	A	M	E		A	S	S	E	M	B	L	Y

270

G	O	T	H	I	C		P		E		T	
I		E			R	O	L	E	P	L	A	Y
V	A	N			O		I		I		U	
E		S	O	N	A	T	A		D	A	R	E
U		O			K		B		E		U	
P	U	R	S	E		F	L	E	M	I	S	H
			T		M		E		I			
A	B	D	O	M	E	N		S	C	O	W	L
	R		M		M		C			R		E
L	A	M	A		B	O	R	I	N	G		A
	Z		C		E		O			A	M	P
H	I	T	H	E	R	T	O			N		E
	L		S		S		N	U	R	S	E	D

271

H	E	R	E	I	N		D	R	A	P	E	R
E		U		N		D		O		R		E
N		I		D		I	S	O	T	O	P	E
R	U	N	N	E	R	S		K		H		K
Y				P		T		S	P	I	T	E
V	A	L	E	T		I				B		D
		A		H	A	N	G	S		I		
W		G				C		H	I	T	C	H
O	U	G	H	T		T		A				U
B		A		R		I	N	C	I	T	E	D
B	U	R	R	I	T	O		K		A		D
L		D		P		N		L		L		L
E	A	S	T	E	R		D	E	L	E	T	E

272

T	U	G	S		S	C	R	I	B	B	L	E
H		A		S		A		L		A		R
O	F	F	I	C	E	R		L	A	T	I	N
R		F		R				U		H		E
O	V	E	R	E	S	T	I	M	A	T	E	
U				E		O		I		U		B
G	E	T		N	O	W	I	N		B	O	A
H		R		W		E		A				C
	H	O	R	R	O	R	S	T	R	U	C	K
I		D		I				I		S		B
C	A	D	E	T		P	R	O	V	I	S	O
E		E		E		I		N		N		N
S	E	N	T	R	I	E	S		O	G	R	E

273

U	N	D	O		A	C	O	U	S	T	I	C
N		E		I		A		N		E		O
A	L	B	U	M	E	N		C	H	A	I	N
N		U		P		D		H		S		T
T	U	T		R		I		A	R	I	S	E
I				O	L	D	E	R		N		N
C		T		V				I		G		T
I		H		E	V	E	R	T				E
P	R	I	S	M		N		A		P	O	D
A		S		E		J		B		I		N
T	I	T	A	N		O	B	L	I	Q	U	E
E		L		T		I		E		U		S
D	R	E	S	S	I	N	G		Z	E	U	S

274

I	R	A	N		O	U	T	S	T	R	I	P
N		M		F		P		O		E		R
S	A	I	L	O	R	S		M	E	L	E	E
U		G		R		E		N		I		T
B	L	O	O	M		T	R	A	P	E	Z	E
S				A		S		M		V		N
T	U	M	U	L	T		A	B	S	E	N	T
A		I		D		I		U				I
N	E	S	T	E	G	G		L	I	N	G	O
T		H		H		N		I		U		U
I	T	A	L	Y		I	N	S	I	D	E	S
A		P		D		T		M		G		L
L	I	S	T	E	N	E	D		D	E	W	Y

275

M	A	R	I	N	A		A		C		U	
I		U			B	U	D	D	H	I	S	M
M	O	B			O		D		I		H	
I		R	I	T	U	A	L		T	I	E	S
C		I			T		I		C		R	
S	E	C	T	S		E	N	T	H	U	S	E
			H		S		G		A			
A	R	O	U	S	A	L		S	T	E	E	L
	U		M		N		R			L		U
L	I	M	B		G	R	U	N	G	E		M
	N		S		R		I			C	O	B
D	E	L	U	S	I	O	N			T		E
	D		P		A		S	E	N	S	O	R

276

S	O	F	T	L	Y		T	R	A	D	E	R
I		E		A		A		E		A		E
M	A	S	T	I	F	F		D		T		M
I		T		T		T	E	R	R	A	C	E
A	M	I	T	Y		E		A				D
N		V				R		F	U	L	L	Y
		A		H	A	B	I	T		U		
M	A	L	T	A		U				N		F
I				R		R		M	I	C	R	O
F	O	R	E	M	A	N		E		H		S
F		A		I		E	R	A	S	E	R	S
E		T		N		R		N		O		I
D	O	S	A	G	E		A	T	O	N	A	L

277

C	A	R	A	P	A	C	E		S	C	A	R
O		U		O		O		C		A		E
W	A	L	K	S		Y		H	A	R	M	S
S		E		T		O		E		D		I
			S	M	A	T	T	E	R	I	N	G
S		R		E		E		S		N		N
C	H	E	E	R	S		R	E	S	A	L	E
O		Q		I		A		B		L		D
R	O	U	N	D	A	B	O	U	T			
N		I		I		J		R		G		W
F	O	R	T	E		U		G	R	A	P	H
U		E		M		R		E		F		E
L	I	D	S		R	E	T	R	O	F	I	T

278

S	H	E	D		S	T	A	T	U	T	E	S
E		N		D		O		E		R		T
L	O	N	G	E	S	T		M	O	U	S	E
F		U		L		T		P		S		A
A	L	I	B	I		E	X	E	R	T	E	D
W				Q		R		R		E		F
A	T	R	I	U	M		C	A	M	E	R	A
R		E		E		O		T				S
E	X	C	U	S	E	D		U	N	L	I	T
N		L		C		D		R		Y		N
E	L	A	T	E		S	T	E	R	I	L	E
S		I		N		O		S		N		S
S	E	M	I	T	O	N	E		E	G	G	S

279

S	O	W	N		O	B	E	D	I	E	N	T
P		I		E		U		I		N		I
I	N	D	E	X	E	D		S	P	A	C	E
N		E		C				I		B		R
S	U	R	P	R	I	S	I	N	G	L	Y	
T				U		H		T		E		M
E	R	G		C	A	R	V	E		S	H	E
R		E		I		U		G				S
	S	T	R	A	W	B	E	R	R	I	E	S
S		T		T				A		L		A
H	A	I	T	I		U	N	T	Y	I	N	G
O		N		N		R		E		A		E
E	N	G	A	G	I	N	G		O	D	D	S

280

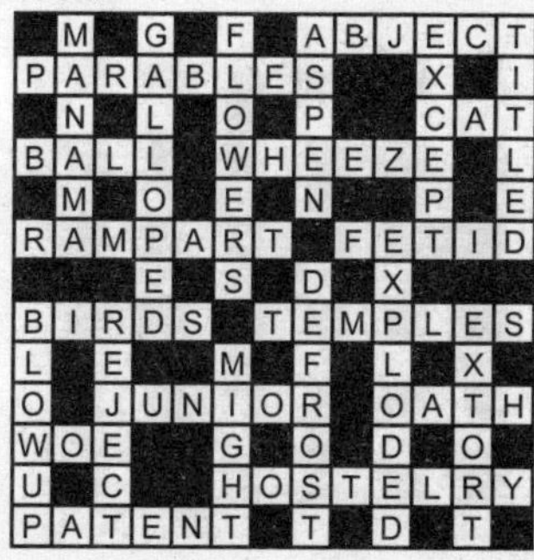

281

282

S	T	R	O	B	E		A	C	T	U	A	L
A		E		O		C		A		N		A
U		A		O		O	D	D	M	E	N	T
C	A	P	S	T	A	N		D		N		E
E				L		F		Y	O	D	E	L
S	I	E	G	E		U				I		Y
		T		G	U	S	T	Y		N		
S		H				I		E	A	G	E	R
W	A	I	T	S		N		L				O
A		O		P		G	A	L	L	A	N	T
T	O	P	S	O	I	L		I		C		O
C		I		R		Y		N		M		R
H	E	A	L	T	H		A	G	R	E	E	S

283

I	C	O	N		P	H	A	N	T	A	S	M
R		U		K		I		A		T		I
R	A	N	S	A	C	K		R	E	L	A	X
E		C		L		E		C		A		E
P	I	E	C	E		R	E	I	G	N	E	D
R				I		S		S		T		B
E	N	C	O	D	E		A	S	S	A	I	L
S		L		O		E		I				E
S	T	E	T	S	O	N		S	E	L	L	S
I		A		C		J		T		E		S
B	A	N	J	O		O	R	I	G	A	M	I
L		U		P		Y		C		V		N
E	S	P	R	E	S	S	O		B	E	R	G

284

M	A	D	E	U	P		S		T		A	
A		O			L	I	T	E	R	A	T	E
M	A	G			I		A		O		T	
M		M	O	I	E	T	Y		M	E	A	L
A		A			D		I		B		I	
L	I	S	P	S		U	N	B	O	U	N	D
			R		S		G		N			
R	E	V	E	A	L	S		W	E	E	K	S
	X		S		I		C			S		U
W	I	N	E		T	S	H	I	R	T		P
	T		N		H		I			H	O	P
A	E	S	T	H	E	T	E			E		L
	D		S		R		F	L	U	R	R	Y

285

M	I	S	T		M	O	U	S	S	A	K	A
A		T		C		R		T		U		U
G	R	A	N	O	L	A		R	E	S	E	T
I		I		M		T		A		T		O
S	C	R	A	M		E	P	I	G	R	A	M
T				E		S		G		A		A
E	X	T	E	N	T		C	H	A	L	E	T
R		Y		C		I		T				I
I	M	P	R	E	S	S		E	T	H	I	C
A		I		M		S		N		O		A
L	U	C	R	E		U	N	E	Q	U	A	L
L		A		N		E		D		N		L
Y	U	L	E	T	I	D	E		I	D	L	Y

286

P	O	D	I	U	M		A		C		I	
U		A			E	N	D	U	R	I	N	G
P	I	P			A		J		E		S	
P		P	R	O	N	T	O		D	R	U	G
E		L			S		U		I		R	
T	R	E	N	D		G	R	A	B	B	E	D
			E		E		N		L			
M	A	N	A	C	L	E		G	E	R	M	S
	R		R		A		D			U		T
B	E	A	N		T	H	E	N	C	E		O
	N		E		I		I			F	E	W
P	A	S	S	P	O	R	T			U		E
	S		S		N		Y	E	L	L	E	D

287

C	A	S	H		P	R	O	C	L	A	I	M
O		T		D		E		O		C		I
N	U	R	S	I	N	G		N	I	C	K	S
G		E		S		I		T		R		C
R	A	W		A		O		E	L	U	D	E
E				D	E	N	I	M		E		L
S		H		V				P		S		L
S		E		A	M	B	I	T				A
W	A	X	E	N		R		I		P	U	N
O		A		T		A		B		U		E
M	A	G	M	A		C	A	L	Y	P	S	O
A		O		G		E		E		I		U
N	O	N	S	E	N	S	E		E	L	M	S

288

	I	L	L	T	E	M	P	E	R	E	D	
I		E		A		A		R		L		R
M		A		S	L	I	C	E		E	W	E
P	I	P	E	S		D		C		C		F
A		I		E		E		T	U	T	O	R
T	I	N	G	L	I	N	G					I
I		G		S				R		P		G
E					D	I	S	A	G	R	E	E
N	A	M	E	S		M		M		I		R
T		U		E		P		P	A	N	D	A
L	I	D		D	R	A	M	A		T		T
Y		D		G		I		N		E		E
	T	Y	P	E	W	R	I	T	E	R	S	

289

G	A	M	E		T	A	L	I	S	M	A	N
U		O		R		B		N		A		O
N	A	T	T	E	R	S		D	A	R	E	D
M		E		Q		E		I		T		S
E	N	T	H	U	S	I	A	S	T	I	C	
T				I		L		T		N		B
A	D	D	E	R	S		M	I	L	I	E	U
L		I		E		S		N				O
	D	O	G	M	A	T	I	C	A	L	L	Y
B		R		E		R		T		O		A
L	E	A	R	N		E	N	L	I	V	E	N
U		M		T		S		Y		E		C
R	E	A	S	S	E	S	S		P	R	E	Y

290

M	O	W	N		C	R	O	S	S	B	O	W
A		O		C		E		U		U		O
T	O	R	S	I	O	N		P	E	T	E	R
E		K		R		E		E		C		D
R	I	S	E	R		W	A	R	S	H	I	P
I				O		S		M		E		R
A	V	O	U	C	H		H	A	I	R	D	O
L		U		U		U		R				C
I	S	T	H	M	U	S		K	N	I	F	E
S		R		U		A		E		S		S
T	R	A	I	L		B	A	T	T	L	E	S
I		G		U		L		S		E		O
C	H	E	S	S	M	E	N		S	T	I	R

291

	S		A		D		A	F	L	O	A	T
H	A	M	M	E	R	E	D			U		H
	C		E		I		U			S	P	Y
T	H	E	N		B	U	L	L	E	T		M
	E		A		B		T			E		U
S	T	U	B	B	L	E		K	U	D	O	S
			L		E		D		N			
C	L	U	E	S		G	R	U	N	T	E	D
Y		P			F		Y		E		M	
M		B	E	M	O	A	N		E	X	I	T
B	Y	E			A		E		D		G	
A		A			M	A	S	S	E	U	R	S
L	I	T	M	U	S		S		D		E	

292

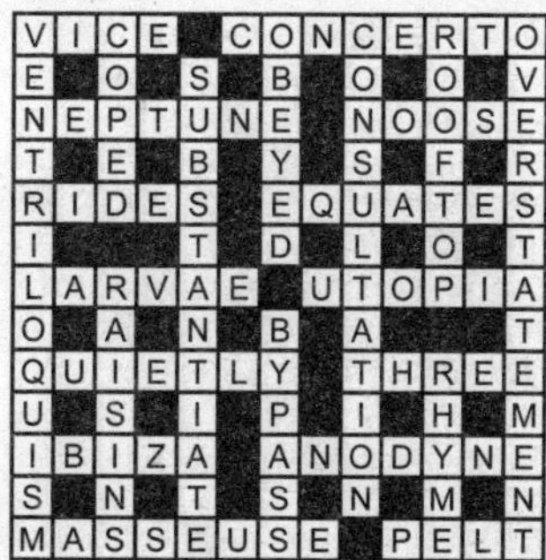

V	I	C	E		C	O	N	C	E	R	T	O
E		O		S		B		O		O		V
N	E	P	T	U	N	E		N	O	O	S	E
T		E		B		Y		S		F		R
R	I	D	E	S		E	Q	U	A	T	E	S
I				T		D		L		O		T
L	A	R	V	A	E		U	T	O	P	I	A
O		A		N		B		A				T
Q	U	I	E	T	L	Y		T	H	R	E	E
U		S		I		P		I		H		M
I	B	I	Z	A		A	N	O	D	Y	N	E
S		N		T		S		N		M		N
M	A	S	S	E	U	S	E		P	E	L	T

293

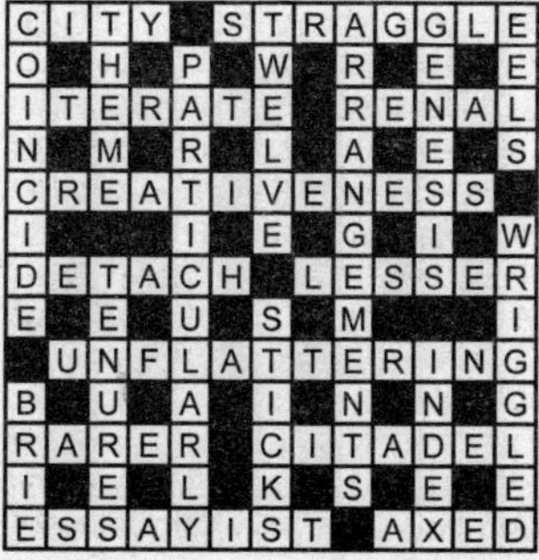

C	I	T	Y		S	T	R	A	G	G	L	E
O		H		P		W		R		E		E
I	T	E	R	A	T	E		R	E	N	A	L
N		M		R		L		A		E		S
C	R	E	A	T	I	V	E	N	E	S	S	
I				I		E		G		I		W
D	E	T	A	C	H		L	E	S	S	E	R
E		E		U		S		M				I
	U	N	F	L	A	T	T	E	R	I	N	G
B		U		A		I		N		N		G
R	A	R	E	R		C	I	T	A	D	E	L
I		E		L		K		S		E		E
E	S	S	A	Y	I	S	T		A	X	E	D

294

D	E	L	I	V	E	R	Y		Y	O	G	A
E		A		O		E				R		L
M	O	R	A	L		M	I	X	E	D	U	P
O		V		U		A				E		H
		A		N		I	K	E	B	A	N	A
G	E	L	A	T	I	N		M		L		B
L				E				B				E
A		W		E		U	P	R	I	G	H	T
C	H	E	V	R	O	N		Y		A		
I		A				U		O		N		C
E	X	P	O	S	E	S		N	I	N	T	H
R		O				E		I		E		A
S	E	N	D		E	D	U	C	A	T	O	R

295

A	L	S	A	C	E		S	K	I	L	L	S
T		P		A		B		A		I		I
T		A		R		E	R	R	A	T	U	M
A	B	R	A	D	E	S		T		E		M
C				I		T		S	U	R	G	E
K	A	R	M	A		S				A		R
		E		C	H	E	A	P		T		
P		A				L		A	X	I	O	M
R	A	G	E	D		L		S				I
I		E		R		I	S	S	U	E	R	S
M	A	N	S	I	O	N		I		V		S
E		T		V		G		O		I		E
D	I	S	H	E	S		A	N	G	L	E	S

296

A	P	P	L	E	S		K		G		E	
F		A			P	A	N	O	R	A	M	A
F	I	T			E		E		I		B	
I		R	E	L	A	T	E		D	O	E	S
R		O			K		C		L		R	
M	E	N	D	S		C	A	R	O	U	S	E
			E		C		P		C			
K	R	Y	P	T	O	N		S	K	U	L	K
	E		E		N		C			R		I
S	P	I	N		F	R	O	L	I	C		T
	A		D		U		A			H	O	T
L	I	C	E	N	S	E	S			I		E
	D		D		E		T	A	N	N	I	N

297

S	A	P	S		D	E	S	P	O	T	I	C
C		E		U		L		A		A		O
A	C	R	O	N	Y	M		T	U	F	T	S
N		I		D				H		F		T
S	E	L	F	E	M	P	L	O	Y	E	D	
I				R		A		L		T		P
O	P	T		G	E	C	K	O		A	W	L
N		I		A		E		G				A
	A	G	G	R	E	S	S	I	V	E	L	Y
C		H		M				C		Q		B
L	A	T	H	E		S	P	A	T	U	L	A
U		L		N		P		L		A		C
E	G	Y	P	T	I	A	N		F	L	A	K

298

C	U	T	S		G	L	I	M	P	S	E	S
O		H		D		A		U		T		I
L	O	U	D	E	S	T		L	E	A	S	T
O		M		C		E		T		T		E
S	U	B	C	O	N	S	C	I	O	U	S	
S				N		T		L		E		M
A	L	L	E	G	E		F	I	E	S	T	A
L		A		E		P		N				I
	D	R	E	S	S	I	N	G	D	O	W	N
C		G		T		M		U		Z		T
O	M	E	G	A		P	I	A	N	O	L	A
P		S		N		L		L		N		I
E	N	T	I	T	L	E	D		T	E	R	N

299

D	E	S	I	G	N		S	C	A	L	E	S
E		O		R		U		A		O		U
B	U	L	L	I	O	N		D		O		N
A		U		N		W	I	D	E	N	E	D
S	A	T	E	D		I		I				A
E		I				T		S	P	I	K	Y
		O		F	E	T	C	H		N		
M	A	N	G	O		I				I		S
A				R		N		C	O	M	E	T
I	C	E	B	E	R	G		A		I		Y
L		N		S		L	O	G	I	C	A	L
E		D		E		Y		E		A		E
D	A	S	H	E	S		A	D	D	L	E	S

300

F	E	T	A		G	U	M	P	T	I	O	N
E		H		A		N		Y		M		O
L	Y	R	I	C	A	L		R	I	P	E	N
I		E		Q		O		O		O		A
C	O	W		U		C		T	H	U	M	P
I				A	N	K	L	E		N		P
T		I		I				C		D		E
A		R		N	O	T	C	H				A
T	A	I	N	T		A		N		P	A	R
I		D		A		I		I		E		A
O	R	I	O	N		L	E	C	T	E	R	N
N		U		C		O		S		V		C
S	Y	M	M	E	T	R	Y		G	E	N	E

NOTES

NOTES